$

世界上最有錢的人

有錢人多有錢？從馬哈茂德到比爾蓋茲，如何生財？爲何致富？有何不同？

◆◆◆

THE RICH AND HOW THEY GOT THAT WAY

How the Wealthiest People of All Time—from Genghis Khan to Bill Gates—Made Their Fortunes

$

辛西雅·克羅森——著
Cynthia Crossen
趙恆——譯

目錄

導言

富人的過去和現在

你大概聽說過比爾．蓋茲、J．P．摩根和汶萊蘇丹的驚人財富，但你是否聽過曼薩．穆薩（Mansa Musa）這位曾經富甲天下的人？

曼薩．穆薩是非洲的一位國王，他離世已逾六百八十年。但是他的財富堪與蓋茲、摩根和汶萊蘇丹比肩，富裕程度遠遠超出你的想像。這四個人都為自己修建了無比豪華的住所，都雇用大批俯首帖耳的侍從，而且都深諳生財的訣竅。

當然，他們也有些許差別：曼薩．穆薩會處決任何膽敢在他面前打噴嚏的人，而頭腦極其敏銳的比爾．蓋茲只會罵無能之人是全世界最大的笨蛋；曼薩．穆薩騎駱駝，摩根有自己專屬的私人火車，汶萊蘇丹坐勞斯萊斯，比爾．蓋茲喜歡保時捷。但在某些方面，他們之間的相似之處遠超過他們之間的不同，那就是，能達到他們這種富裕程度的人，在歷史上寥寥無幾。

我們可以將他們稱為百萬富翁或億萬富翁，雖然在貨幣廣泛流通之前，這些稱謂毫無意義。在剛過去的幾個世紀中，擁有百萬量級的當地貨幣是成為超級富翁的門檻。而在二十世紀末之前，百萬富翁就像工業巨擘般稀少。然而，財富與貧困長久以來一直是人類社會存在的一部分。在人類的歷史上，總有人能運用權力、想像力和運氣，來聚斂更多的剩餘財富。沒有哪種祕訣可以概括或解釋他們的成功之道，因為每個富人的成功模式都是獨一無二的。

如果在西元一〇〇〇年對當時的百萬富翁做一次歸類，那麼你會發現，這些早期的百萬富翁俱樂部成員，多數出身皇室或戰功卓著。阿富汗加茲尼王朝的馬哈茂德，作為本書描繪的第一位人物，以上兩點他兼而有之。在他生活的時代，多數人仍然很貧困，人們無休止地工作只是為了溫飽。馬哈茂德身處於上一個千年來臨之際。那個時候，財富基本上就是一種零和遊戲，掌握軍隊的人透過瓜分他人財產來致富。這種方法不但危險而且不可靠。雖然會造成生靈塗炭，但在那個時代，這卻是獲取財富的少數幾種可行方法之一。

大約西元一〇〇〇年開始，財富的總量開始增加，先是逐漸增多，然後開始加速增長。隨著農業社會開始生產剩餘產品，以及世界人口的緩慢增長，十二世紀的成吉思汗等征服者得以超越簡單的掠奪，開始強迫被征服之地的人們繳稅。換言之，他們可以用細水長流的方式獲取財富，而不再依靠原來那種繳獲戰利品的間歇方法。事實上，成吉思汗和其他早期專制者運用手中廣泛而絕對的權力，將秩序強加於早期的運輸通訊系統上，使世界能更安全地創造財富。隨著貿易的擴展，很多人可以透過當託運人、銀行家、發明家、投資者以及海盜、騙子、毒販而變得富裕。

或許有一天，未來的考古學家會將西元後的第二個千年稱為金錢時代。穩定的財富創造過程帶來種種的社會變化。這些變化如此深刻地改變了世界，處於這一個千年兩端的人們，幾乎能被看做是兩個截然不同的人種。一千年之前，奢侈意味著擁有一件足以蓋住膝蓋的大衣，或一家人有不止一個水杯。今天，奢侈就是擁有一個價值一萬美元的錶盒，裡面裝著一支二十五萬美元的手錶。一千年之前，每個農民縮衣節食、精打細算，只為了死的時候有足夠喪葬費。而且他們往往年紀輕輕就不幸過世。在西元後第二個千年的後期，一個人可以花一美元買張彩券，隨意選擇六個數字，然後就有機會一夜暴富，身家達到幾百萬美元。

關於財富的一個簡單而恆久的事實就是：錢能生錢。偶爾也有例外，鋼鐵大王安德魯・卡內基（Andrew Carnegie）就是其中之一。他在美國海邊洗碗盤時身無分文，只有滿腔熱情，最終還是成為美國最富有的人之一。然而，從曼薩・穆薩到比爾・蓋茲的多數百萬富翁都從父輩或祖輩得到一個好的起點，即使只是一大片土地或耐用的武器。

例如，曼薩・穆薩繼承了一個非洲小國，而且恰好有一條世界級的貿易路線從這裡經過。曼薩・穆薩既不是生產商也不是發明家，他是早期的中間商，致力於推動不同文化間的貿易。他發財致富的方法就是為其他人提供買賣機會。對他來說，政治或宗教因素擺在第二位，擺第一的永遠是商業。

許多財富的寵兒揮霍錢財，而不是累積錢財。文藝復興時期的商人科西莫・德・麥迪奇（Cosimo de Medici），他兒子皮耶羅（Piero）浪費了父輩留給他的義大利王朝大筆財富，還贏得「敗家子」的綽號。五〇年代，以怪異著稱的美國百萬富翁桃樂絲・杜克（Doris Duke）繼承了價值三億美元的菸草生意，而她曾經荒謬地為自己的兩頭寵物駱駝舉辦聚會。湯米・曼維爾（Tommy Manville）在約翰—曼維爾公司的財力支持下，結了十三次婚，被新聞雜誌戲稱為「歌舞團女演員們的守護神」。

十四世紀，文藝復興時期誕生在波吉亞（Borgia）家族的一位神職人員成為教皇亞歷山大六世。他嫻熟地運用教皇的地位，登上世界級的財富和成功的巔峰。像多數富貴者一樣，亞歷山大六世既有與眾不同的天賦，又生逢一個適合他大展拳腳的時代。就亞歷山大六世而言，他有能力在縱情尋歡作樂的同時，既統治精神世界又操縱政治舞台。他所處的上層社會是世界歷史上最腐敗的集團之一。

無論他們如何聚斂財富，西元後第二個千年的百萬富翁們，都是一些抱定決心追求財富的男男女女。早期的百萬富翁們透過殺戮敵人致富，他們好像沒有什麼可以傳授給現代社會的電腦奇才們。但是戰功赫赫的將領也像生財有道的資本家一樣，能夠「跳出思維的框框」。對這些人而言，「他人從未做到的事情」是一種激勵而非束縛。他們每個人都明白，想累積大筆財富就需要獲取其他人的部分財產或產品。但是他們用的方式多種多樣：劫掠者強奪、君主徵稅、官僚截取政府的稅收、地主租地給他人耕種、商人從買賣貨物中牟利。雖然生財之路有很多，但不表示致富是一件輕而易舉的事。

然而，與一千年前相比，現在獲得財富變得更容易。加茲尼的馬哈茂德作為劫掠者，在連年征戰中負傷七十二次。那個成為教皇亞歷山大六世的人，曾五次與教皇寶座擦肩而過，最終才如願以償戴上教冠。白手起家的富翁都具有顯而易見的剛毅品格。他們以自我為中心，好像總被一種獸性推動著，無論占據多少東西也無法滿足。雖然好像沒有什麼支撐著聚斂財富的特定生物學法則，但這種「漫無目的的驅動力」對人類來說是最強大的力量之一。

如果說過去一千年的富人在某一點可以達成共識，那麼就是：金錢能買到有價值的東西，而且遠不止豪華住所和陳年好酒。富人知道金錢還可以滿足他們的各種欲求，包括權力、地位和愛情等等。以付小費為例，除了能確保多給小費的人可以得到高品質的服務外，小費還可以建立社會地位，並對收小費者加以控制。付小費者以此表現自己是重要人物，期望得到好的服務。總而言之，富人從商人那裡得到更可靠的服務，受到他人的殷勤對待，獲得各種小特權。而窮人甚至不知道這些特權的存在。「富人的影響力不僅在於他做了什麼，而且在於他能夠做什麼。在人們對權力及其重要性的總體認知中所展現出來的，有時候就是單純的金錢潛力……」

人們針對富人給人的印象進行實驗。在一個實驗中，把某個虛擬人物的資料提供給大學生們，讓他們描述這個人的特徵。學生得到的資料完全相同，只有一點不同。其中一半大學生聽到的是，這個人是個富人，另一半大學生聽到的則是窮人。結果學生們描述富人的特徵是健康、快樂和順心，而窮人的特徵是不快樂和不順心。正如一句猶太諺語所說：「口袋裡有錢，你就會變得聰明漂亮，甚至你的歌聲也會變得動聽。」

這種自鳴得意的優越感，在十五世紀德國銀行家雅各·富格爾（Jakob Fugger）的身上表現得淋漓盡致。雖然富格爾只是紡織工人的孫子，但是當他變得非常富有之後，他可以在宴會上為自己買到與教皇、君主同桌的座位。這些虔誠的天主教徒透過放貸賺取利息而致富，這種行徑在當時被稱為放高利貸。人們對借貸的需求如此旺盛，以致於富格爾變得比那些向他借貸的上流社會的王公貴族們還要富有。作為一名早期的資本家，富格爾發現，雖然他不能躋身於世襲土地的領主之列，但是花錢購買權力卻通常是成功的。

存在財富的地方，總會存在貧困。這幾乎是一件不容改變的事情。如果說曾經存在過一個沒有貧富差距的時代，大概也只能是人類還處於終日辛辛苦苦尋找食物與避風躲雨之處的時候。一旦大家不再採集食物，轉而在某些地方安頓下來，並且開始種植莊稼，那麼有些人就會比其他人累積更多更好的種子、工具和土地。考古學家發現的確鑿證據顯示，早在西元前四〇〇〇年，人類就出現經濟階級的劃分。那個時代的古墓中保存了一些黃金製品，顯示出當時的社會已存在階級。在約西元前二八〇〇年的富人墳墓中，考古學家發現很多僕人的屍體。他們都是主人的殉葬者，為了伴隨主人到另一個世界而被活活掩埋。早期的埃及也擁有大量財富，法老們都不甘落後地建造起大型金字塔。在回憶古代羅馬時，當時詩人荷瑞斯（Horace）的描述是「煙霧、財富和喧囂」。

在西元五世紀的時候，歐洲突然停止往財富前進。這時腐朽的羅馬帝國垮台。一些人認為，羅馬帝國的覆滅就源於羅馬人對金錢的盲目崇拜。無政府狀態的游牧部落野蠻人騎著戰馬殺入歐洲，將這一大洲拖入所謂的黑暗時代。在中國及其東部鄰國繁榮昌盛之時，歐洲社會的一貧如洗持續了幾個世紀。麵包變得非常稀少，所以在盎格魯—撒克遜人的語言中，「麵包保管人」就意味著「主人」或「貴族」。富人的生活幾乎和窮人一樣艱苦而乏味，中世紀的主要「耐用消費品」就是盔甲。除了王室成員之外，能夠果腹就意味著奢侈。而且，財富成為雙刃劍：與窮人相比，富人能得到更好的醫療條件，但是「有療效的」藥劑可能只是酒和馬糞。

歷經幾個世紀的痛苦之後，在西元後第二個千年之初，財富開始慢慢重新流入西方世界。歐洲逐漸增加的人口開始遍布各個封建莊園，同時貿易也向全世界擴展。由於生活在同一土地上的人口過多，有些流浪者便打點自己簡單的行裝，開始尋找其他的謀生之路。城鎮和貿易開始遍布歐洲。隨著航海船隻的發展和安全性的提高，國際貿易的大門越開越大。謝克爾、達克特（歐洲中世紀後期至二十世紀的流通貨幣）以及中世紀佛羅倫斯的弗羅林等各種錢幣作為財富，不僅流向國王、封建地主和征服者，也流向有想法、熱情或特殊技能的人。財富之河分岔成涓涓細流。社會關係不再只有上等人和下等人之分，還出現付款人和收款人的模式。新的現金分布狀態同時改變權力的分配，新的階級出現了。

在第二個千年中，財富、權力和地位之間的連結被重新調整，但是這些連結肯定不會遭到摧毀。政治領袖仍然試圖控制富人，而富人仍舊期盼立法者對他們的觀點給予特殊重視。時至今日，花六百美元買手提包的人不再局限於王妃、公主，不過有能力這麼做，仍可以顯示出其特殊地位。一千年之前，在二．五億人口中，很多人食不果腹地在生死線上掙扎。富人屬於「稀有物種」，他們的生活狀況往往會引起人們強烈的好奇心。雖然當時金錢並不能像今天這樣保證有高品位，但是當時和今天一樣，金錢都是衡量政治權力和社會地位的有效標準。最早期的富人幾乎都是一個國家或地區的領導者，而且他們的地位多數是可以繼承的。當武力是致富的基本手段時，這種狀況並不足為奇。而對最貧困的奴隸來說，根本就沒有出路可言。如果未死於飢餓，就已經算幸運了。

到了第二個千年後期，你可能是一個默默無聞、智力平平的傢伙，但是你的爺爺在德州有一個連鎖鞋店，像克羅伊斯（Croesus）＊一樣富有。你可能是一家瀕臨倒閉的公司CEO。你可能是中學沒畢業的運動員或喜歡破壞賓館房間的搖滾明星。你可能出現在《誰想成為百萬富翁》（*Who Wants To Be A Millionaire*）這類電視節目中，回答幾個無關緊要的問題。你可能打贏一場無聊的官司，或者作為某學校或教堂的財務主管，把部分公款放進自己的口袋。你可能成為其中任何人！畢竟，目前單單在美國就有大約一千多萬個百萬富翁。難怪坐在飛機頭等艙的人，看起來就和坐在麥當勞裡的人並無二致。無論這種現象是好是壞，財富正在失去其潛在的寓意，變得只能代表某個人花錢的能力。雖然這樣更民主，但財富作為地位象徵的意義已大打折扣。「每個人都是大人物，也就沒什麼大人物了。」

二十世紀晚期的許多百萬富翁，都是美國股市持續繁榮的年輕受益者。他們發家致富的方式，就是坐在一排電腦螢幕前，輸入指令買進或賣出不同公司發行的各種奇怪金融產品。而他們從未見過這些公司的產品，更別說製造或使用過它們。一位社會倫理學家在一九九九年指出，錢現在變得更無形了。「過去的錢就是財產或黃金。現在的錢是你電腦螢幕上閃爍的光點。它時而出現，時而消失。它更像是一種記分方式，或是一種自成套路的遊戲。玩家在相互競爭中就這樣製造出許多個百萬，而每個新增的百萬對他們的生活方式大多不會產生很大的影響。」

然而，從紙幣鼓吹者約翰．勞（John Law）的故事中我們可以發現，名目貨幣的概念幾乎像貨幣本身一樣古老。在路易十四死後，掌控法國財政大權的勞認為，錢只是一種抽象概念，是人們相互間的協議，是一種並不一定需要任何實質基礎的社會契約。雖然他的理論使法國國家銀行蒙受災難和恥辱，但是他在這一點上卻是正確的。勞建立了一套沒人知道如何控制的體系。他的概念就是，無須為現存的每一塊錢儲存相應的黃金。這一概念目前幾乎已被普遍接受。

在窮人的想像中，富有通常與花錢聯想在一起。與從前相比，現在財富與消費有更緊密的關係。這可能是因為，我們今天可以購買的東西比以往任何一個時代都來得多。早期的富人可選擇的貨物寥寥無幾：一匹綢緞、一尊小雕像或者一盒胡椒。現代的富人可以購買有私人影院、酒窖、保齡球球道的別墅，可以購買保時捷，乘坐協和式飛機到巴黎度週末，擁有私人助理，穿喀什米爾羊絨襪。在人類的每個契約中，金錢總是作為第三方存在。當代小說家和歷史學家詹姆斯．布坎（James Buchan）寫道：「金錢將人和物動員起來，去追求自己

＊　克羅伊斯，西元前六世紀呂底亞王國的國王。他非常富有，英語裡有「像克羅伊斯一樣富有」的說法。他非常願意資助學者，其中就包括伊索。——譯者注

的願望。它是人類將感覺具體化的創造發明之一。金錢將人類的欲求具體化，就像鐘錶將時間具體化一樣。」媒體理論家馬素・麥克魯漢（Marshall McLuhan）稱錢為「一個巨大的社會隱喻」。

一千年前，富有並不表現在擁有多少實在的金錢。一個人的財富按所擁有土地、奴隸、金條和珠寶的數量計算，而富人藉由炫耀自己的財產贏得尊重和服從。現在，財富幾乎都是以貨幣形式呈現，無論這種貨幣是美元、英鎊、德國馬克還是日圓。德國哲學家亞瑟・叔本華（Arthur Schopenhauer）指出，金錢能更有效率地滿足人們的願望和需求。相對而言，食物僅僅能夠充飢，酒僅僅能夠增進健康，醫藥僅僅能夠治癒疾病，而皮草僅僅能夠用於冬天禦寒。「只有貨幣是絕對的貨物，因為它不只針對一種具體的需求，而是針對需求本身。」

毫無疑問，財富使日常生活變得更輕鬆，移走了壓在多數人身上的重擔。金錢給人自由和安全感，它還可能像壯陽藥一樣提升人的自尊。金錢幫助人們獲取貴重的財物，只有富人才買得起價值兩千三百美元的枕頭或價值十六萬美元的保時捷跑車。而在藝術品收藏方面，金錢還可以剝奪其他人享受這種樂趣的機會。對有些人來說，金錢滿足他們的一種需要：以它來衡量自身相對於他人的價值。德州的石油業百萬富翁尼爾森・班克・亨特（Nelson Bunker Hunt）曾說過：「對我們來說，錢從來算不了什麼。它只是用來記分的工具。」

自然，千年之中炫耀的東西也在發生改變。從裝備精良的軍隊和懸掛巨型狩獵圖掛毯的王宮，到保鏢、電子安全系統和抽象畫。私人助理代替主人完成工作。很少再有人會在埋葬時從頭到腳蓋滿珍貴珠寶。然而，在希臘船王亞里斯多德．歐納西斯（Aristotle Onassis）的遊艇上，酒吧圓凳上鋪的是抹香鯨柔軟的陰莖包皮。女性內衣供應商「維多利亞的祕密」，推出一款定價三百萬美元的「鑽石之夢」胸罩。據說因經營集團公司而累積五億美元財富的伊拉．雷納爾特（Ira Rennert），他在紐約長島漢普頓建起一座宮殿，要是加茲尼的馬哈茂德看到這座宮殿，也一定會嫉妒得要死。這座建築物有一千三百六十多坪空間，有三十個洗手間、包含二十個車位的車庫和兩條保齡球球道。

在某些歷史時期，隱藏財富比炫耀財富更明智。二十世紀八〇年代末和九〇年代初，財富成為社會反感情緒的攻擊目標，有些富人被嚇得採取「隱藏財富」的策略。他們躲在鄉下的廚房裡圍著粗糙的飯桌用餐，戴Swatch手錶而非勞力士，開吉普車而非BMW。但是隨著整體經濟的持續繁榮，美國公司多是在吸納而非裁撤員工，財富在新的千年到來之際，及時轉換了風格。的確如此，一位曼哈頓的居民曾試圖以一萬美元價格，將自己的公寓在千禧年的週末租出去。

財富的最大魅力，也可能是最可怕之處在於，富人能有很多選擇。例如，選擇不工作，這就使他們不同於其他的社會成員，最小和最老的成員除外。有些富人不工作，成為所謂「有閒的富人」，而有史以來，「無聊」就是富裕階層的職業病。「閒暇像金錢一樣，也是一種權力形式。多數人對此豔羨不已，但未必明白它們有何用處。」

有些富裕的男男女女喜歡長時間辛勤工作，因為這是他們的興趣。作為英國工業革命奠基者之一的理查・阿克萊特（Richard Arkwight），即使在成為世界最富有的幾個人之後，他每天仍投入十五個小時的時間在自己的紡織廠。他想把各方面的潛力發揮到極限，所以他必須做到全神貫注。阿克萊特喜歡財富帶來的榮耀，但不喜歡懶惰。金錢是遊戲的一部分，誰死時擁有最多誰就勝出。

富人們無論是否工作，都不會時時刻刻將投入的勞動時間與金錢做密切連結。他們的勞動是自願的，而且他們花錢的能力幾乎不受限制。「富人不理解我們一般人每天在做選擇時或多或少感受到的痛苦」，紐約市住房管理局前局長羅傑・史塔爾（Roger Starr）這樣寫道。「這反襯出我們看待生活時所擁有的嚴肅態度，因為我們知道，一旦做出選擇通常是無法挽回的」。

財富還可能暴露出一個人身上隱藏的毛病。歷史學家賴特・米爾斯（C. Wright Mills）寫道：「真正的富有就是擁有各種手段，鄭重其事地實現一個人日常的衝動、白日夢和變態行為。」有一段時間，古怪的百萬富翁飛機大王霍華・休斯（Howard Hughes）只食用牛奶、賀喜牌條形巧克力、山核桃和瓶裝水。一位助手每天用棕色紙袋裝好這些東西，以一種正式的儀式交給他。休斯說：「金錢是衡量權力的一種標準。」他還曾經讓一名打字員將同一封信打了兩百遍。將古怪念頭付諸行動需要錢，所以沒有多少錢的人即使有這類念頭，也只能放棄。

如果說金錢幾乎可以買到任何東西，那麼能對消費行為形成約束的，大概只能是富人的想像力了。十九世紀時，一位印度王公希望自己在放屁和打嗝之後別人都鼓掌，而當他打哈欠時，周圍的人都要打響指，以阻止蒼蠅落到他嘴裡。如果惹得三世紀時的一位羅馬皇帝不悅，他會送一隻死狗到你家。中世紀時，墨西哥阿茲特克的商人會購買活人作為祭品，然後邀請其他商人參加宴會，宴會的特色菜就是被害者的肉。美國商人約翰・洛克菲勒（**John D. Rockefeller**）在指揮手下移動莊園外的樹木時，「就像室內設計師在移動椅子」。名媛伊凡娜・川普（Ivana Trump）非常討厭地毯上的腳印，所以要求當她每次進入一個房間時，要保證那裡是剛剛用吸塵器清潔過的。

富人的這些行為使人們有機會感覺自己更高尚，即使人們又津津有味地在觀看《富貴名流的生活》（*Lifestyles of the Rich and Famous*）——這部介紹全球富豪名流奢華生活的美國電視節目。富人一直是被惡意誹謗和殷勤諂媚的對象，這種矛盾心態自古有之。在中世紀，人們既崇拜又鄙視他們的領主。十八世紀的英國詩人亞歷山大．波普（Alexander Pope）寫道：「我們看到上帝對富人的評價很低，而這種評價往往經由上帝送給富人的人民講出來。」終生負債的十九世紀作家奧諾雷．德．巴爾扎克（Honoré de Balzac）有一句常常被引用的話，「每筆巨額財富的背後都隱藏著罪惡」。然而，作為美國歷史上最受推崇的英雄之一，喬治．華盛頓卻是他那個時代中非常富有的人。他在一七九九年留下的財產價值是五十三萬美元。無論人們對財富是愛還是恨，至少財富的吸引力非常大。多數人都不會拒絕財富，一旦有機可乘，他們會千方百計將財富攬入懷中。正如《老千騙局》（*Liar's Poker*）的作者麥可．路易士（Michael Lewis）所說：「富人是活動的皮納塔玩偶*。他身上裝滿富餘的東西，在生活中悠閒地漫步。我們剩下的人只能拿著小棍子在他身上指指戳戳。」

心理學家西格蒙德．佛洛伊德（Sigmund Freud）用現代語言描述了人們對於財富很早就存在的矛盾心態。能累積那麼多財富的人多多少少是反常的，所以他們的內驅力是病態的。在希臘神話中，米達斯國王觸摸到的任何東西都會變成金子，包括他女兒在內。這說明富人不但無法享受他們的財富，而且還會被財富毀掉。在早期部落中，最受推崇的不是那些累積最多財富的人，而是最肆意揮霍財富的人。例如某些印第安人的冬季贈禮節，儀式就是大家爭相贈送禮物。在這個節日裡，平時透過拳頭爭鬥不休的人們將以財產來一爭高低。甚至有的時候，贏得尊敬的方式是徹底毀掉財富。一位十九世紀九〇年代的研究者，在對阿拉斯加的特林吉特人進行觀察後寫道：「我們曾經看到，他們用一把斧頭三兩下就毀掉一艘很好的獨木舟。驕傲的主人將盤子和火爐等家庭用品砸碎，只是為了讓別人覺得他更了不起。」

毫無疑問，多數富人還是願意有錢，而不願意缺錢。的確，很少有人願意放棄許多錢來讓自己的生活方式發生巨大改變。從加茲尼的馬哈茂德、理查·阿克萊特到美國商業大亨唐納·川普，這些百萬富翁顯然都是在誇耀自己的經濟優越性。如果富人偶爾在與道德的衝突中壓力過大，他們會在之後的日子裡無拘無束地穿衣、吃飯、駕車、捐贈、居住和騎馬，直到將錢揮霍得所剩無幾。

但是，如果富人不炫耀他們的金錢，也會遭到激烈的批評，這同樣是事實。二十世紀初的股市女王赫蒂·格林因為不花自己的幾百萬美金財產，就遭到人們的廣泛指責。赫蒂對可

＊ 一種最先在墨西哥流行的玩具。在重大日子裡，大人們會在一個裝飾得漂漂亮亮的動物玩偶裡裝滿糖果、巧克力等，然後把它掛在樹上。一個孩子蒙上眼睛，拿棍子把玩偶打破，這樣其他的孩子就能將落在地上的糖果撿起來吃。後來，美國的墨西哥移民數量增多，這個遊戲就在美國流行起來。——譯者注

以用錢買到的各種商品興趣不大。她用金錢來操縱世界，就像上帝用槓桿推動人類。一如早期的股市投資者必須表現的那樣，她是一個賭徒。最初的股市沒有監管規則，沒有法律可以用來懲罰罪行。賺錢就意味著從別人口袋裡掏錢，甚至在國家處於繁榮期時也一樣。每個人都在對未來進行投資，不論他們的投資對象是鐵路、電報、石油還是鋼鐵。股市就是紙張上的狂野西部，像赫蒂．格林這種勝利者永遠都會趕盡殺絕。

過去的一千年中，學者們雖然對財富抱有極大興趣，但是沒人能解釋清楚，為什麼有些人變得富有而多數人則沒有。歷史學家、心理學家、經濟學家、哲學家、社會學家和小說家都對此絞盡腦汁，他們瘋狂研讀不完整且不可比較的資料，最終得出的理論都停留在富人的性格特點上。他們做證明時引用很多東西，從不幸的童年到過度自戀。儘管這方面的研究很多，然而沒有人能總結出：一個特定的兒童需要具備怎樣的心智或身體特徵，長大後才能成為富人。對於一個人最終能否獲得財富的最可靠預言，在現在和以往並沒有太大差別，那就是「賺錢的最好方式……一開始時就有本錢」。十五世紀時，一個名叫克勞德．卡里爾（Claude Carriere）的人在寫到巴塞隆納時曾這樣說過。

「辛勤工作可以賺大錢」的美國夢會激怒一些歷史學家和經濟學家，這就是原因所在。賴特．米爾斯寫道：「據我所知，還沒有人能透過積攢部分的薪水而躋身美國巨富行列。他必須千方百計占據一個策略位置……而且他通常能得到相當大數量的錢。」的確如此，根據哈佛大學企業家歷史研究中心的研究，從十九世紀七〇年代至今，多數重要的企業領導者都是土生土長、地位高、信奉新教、受過良好教育的盎格魯─撒克遜人，而且他們的父輩都是土生土長的企業家和行業專家。

這一千年中，站在富人對面的，是從生到死只知道飢餓、寒冷、恐懼和瘟疫的芸芸眾生。他們多數人對自己的命運無可奈何。深受時代和地域的限制，只有千載難逢的機會才可能使其中某些人發達起來。美國存在著令人痛心的嚴重貧富差距，而且這一鴻溝仍舊一直在擴大。一四三六年，英國最富有的工業巨頭的年收入為八百六十五英鎊，而一般商人每年只能掙十二英鎊。到了一六八八年，一個領主的家庭年收入大約為三千二百英鎊，一個僕人只能得到十五英鎊。英格蘭國王查理一世的年收入相當於二．四萬個農奴的總收入。這些農奴每人每天只能得到一便士。

有些經濟學家說，即便將世界上所有的錢平均分配給生活在世界上的每一個人，錢還是會漸漸回到最初擁有者的手中。承認「不公平是不可避免的現象」是一回事，衡量社會在推動這種不公平時所發揮到的作用是另外一回事。例如，多數人認同，有才能的人應該獲得更多的酬勞，但是這些人的子孫除了出身好之外，什麼也沒有，所以不應當得到這麼多好處。

在美國聯邦稅收制度中就能看到這種想法。聯邦稅制相對寬容地對待企業家累積的財富，但是卻嚴格限制他們把財富轉移給下一代。這將企業家和他們的繼承人做出了區分。

雖然財富在美國受歡迎的程度毋庸置疑，但是財富與幸福並不存在必然的關係。例如，美國人在一九七〇年所感受到的幸福程度，與在二十世紀四〇年代晚期時沒有多大差別，即便是平均收入在排除稅收和通貨膨脹因素後，其購買力上漲了六〇％。金錢的確可以使人獲得更好的醫療保健條件、營養品和健康的習慣，且富人中吸菸的較少，鍛鍊身體的更多。所以富人的平均壽命一般高於窮人並不奇怪。然而，在某一特定界限之外，沒有證據顯示幸福程度的提高與財富的增加成正比。在許多富有的男男女女的病歷上，充滿了精神崩潰、家庭衝突、酗酒、自殺等紀錄。一九三〇年，美國名媛芭芭拉・赫頓（Barbara Hutton）在二十一歲生日時，繼承了祖父法蘭克・沃爾沃思（Frank Woolworth）留下的四千二百萬美元。之後她結婚七次，與波爾菲里奧・盧比羅薩（Porfirio Rubirosa）的婚姻只持續七十三天。當時媒體稱她為「可憐的富家小女子」。早餐麥片大王查爾斯・威廉・波斯特（Charles William Post）精神崩潰，最終自殺身亡。柯達軟片公司創始人喬治・伊士曼（George Eastman）也有同樣的結局。

有些心理學家將他們的富人客戶稱為「情感怪人」。富人無須為抵押貸款和學費發愁，然而他們卻受困於那些不會困擾一般人的問題。「擁有大量選擇」會增加人們面對世界時的挫折感。法過社會學家涂爾幹（Emile Durkheim）曾指出：「一個人感受到的限制越少，這個人對偶爾會遇到的限制的承受力就越低。」由於富人享受到許多好處，人們對他們的要求常常比對其他階層更高。大家常常以同情的眼光看待其他社會和經濟階層的行為，例如酗酒或吸毒，但卻感覺這些行為與富人格格不入。他們有什麼理由要這麼做？而且，他們可能不會尋求精神病專家的幫助，因為害怕被貼上「牢騷滿腹者」的標籤。

對很多人來說，無支付能力看來是一種糟糕的約束條件，但是在消費選擇幾乎無限的時代，這也可算是上天的恩賜。買得起任何東西的能力，會使購買行為成為一種隨心所欲的非理性活動。世界變成一個超大的購物中心，在這裡沒有什麼東西因為價格太高而被排除在外。富人占有各式各樣的房屋、藝術品、珠寶、轎車、遊艇和服裝，而且他們的所有物成為他們身分的基本組成部分。他們的自尊從多個側面表現出來。哲學家威廉·詹姆斯（William James）在著作《心理學原理》（*The Principles of Psychology*）中寫道：「顯然，一個人將什麼稱作『我』，什麼稱作『我的』，這中間的界線很難劃分出來。（一個）人的自我是這個人可以稱作『我的』的所有物品之總和。其中不但包括他的身體……且包括他的服裝和他的房子，他的妻子和他的子女……他的土地、馬匹、遊艇和銀行帳戶。」

一個人無論擁有什麼，都存在失去這些事物的可能性。換言之，深植內心的不安全感折磨著富人。心理學家埃里希．佛洛姆（Erich Fromm）問：「如果我就是我所擁有的一切，那麼假如我失去了我的所有後，我又是誰呢？因為我可能失去我的所有，我就有必要不斷地擔心我將要失去我的所有。我害怕盜賊、經濟變動、革命、疾病、死亡、愛情、自由、變化和未知。」

懼怕變化的心理一定曾折磨十九世紀的中國商人伍浩官（即伍秉鑑）。一個逐漸出現變化的古老貿易體系，是他累積巨額財富的基礎，該體系之所以產生變化，是因為西方自由商人不擇手段的攻擊而導致。中國當時是心滿意足的孤立主義者，那裡的人們即便沒有世界其他地方的剩餘產品也能自得其樂。然而財富刺激變化，變化也刺激財富，中國的命運由此發生轉折。當中國對全球貿易開放更多港口後，伍浩官和其他看門人就只能坐等舊世界的崩潰。

與他人不同的是，富人不能將生活中無法避免的失意歸咎於經濟原因，雖然這種合理化解釋撫慰了其他無數人的自尊心。如果金錢不是他們不滿的根源，那麼根源是什麼？出版商亨利．霍爾特（Henry Holt）曾說過：「如果一個人的收入足夠多，想買什麼就能買什麼，那麼這種收入帶給他幸福的能力，顯然還不如稍低一些的收入。每天都喝香檳，香檳就不再是奢侈品。只有偶爾能得到某種東西，只有選擇這種東西的同時必須有某些犧牲，人才可真正能享受某種東西。」的確如此，研究者發現，對於一夜暴富的人來說，快樂會迅速退潮，他們對生活的總體滿意度會回到從前的水準上。

一九二五年，人們對六百位百萬富翁做過一次調查。調查發現人越富有，離婚率就越高。的確如此，白手起家的富人通常缺乏溫情，無法與任何人形成親密且持久的關係。「典型的白手起家的富翁，常常將妻子看作他的金錢。她是一件珠寶，一個小玩意兒。他娶她是為了增添自己的榮耀。他想讓世人透過他的珠寶的漂亮程度來對他做出評判。」

對富人的心理學研究，從未真正跳出佛洛伊德的早期分析。佛洛伊德推測，人們喜愛金錢就像兒童喜愛自己的糞便一樣。人們對金錢的反應是由厭惡到喜愛，而兒童對糞便的反應也是如此。在分析了神話、童話、迷信和夢之後，佛洛伊德寫道：「人們一直讓金錢與汙物保持最密切的連結。」佛洛伊德研究了特別吝嗇或精明之人的童年，得出結論：「最廣泛的連結，好像存在於各種明顯不同的排便情結和對金錢的興趣之間。」

這種開創性理論背後的思想，來自一個同樣有金錢問題的辛勤工作者。雖然佛洛伊德和他的大家庭從未遭遇飢餓，但他還是為了賺錢而辛苦工作。他在為病人做心理分析時，每次收費十美元。晚年時，佛洛伊德掙到了足夠的錢，開始收集古代文物，他收集的文物大約有兩千三百件。然而他好像從未對自己的財務狀況感到滿意。最近一次對富人進行的心理分析研究得出結論：佛洛伊德患有「破房子神經官能症」（poor-house nearosis）。換言之，無論他擁有多少，他都擔心擁有的不夠多。

富人經常描述自己為金錢的受害者而非主人。美國鐵路開發商傑伊．古爾德（Jay Gould）在提及鍍金時代的自己和其他富翁時說：「我們都是奴隸。擁有一百萬美元的傢伙是其中最大的奴隸，而比他更像奴隸的是擁有二百萬美元的人。」十世紀的一位伊斯蘭統治者寫道：「我在位的五十年，國泰民安，國民愛戴我，敵人懼怕我，盟友尊敬我。財富和榮耀，權力和歡樂，都隨時等待著我的召喚……在這種情況下，我仔細數了數自己曾擁有的真正幸福的日子——總共只有十四天。」有些人懷疑富人感到不快樂的說法。賴特．米爾斯寫道：「說百萬富翁發現社會上層是悲哀空虛之所，除此之處別無其他，基本上這是普通人用來自我安慰的方法。如果說富人不快樂，那是因為我們當中沒有人真的快樂。」

許多世紀以來，多種文化中都普遍存在有對財富的矛盾心態。然而目前這種情況稍有好轉。在美國，這種變化開始於十九世紀晚期一種新哲學的順利傳播。這種新哲學的推動者是廣受歡迎的浸信會牧師羅素．赫爾曼．康維爾（Russell Herman Conwell）。他行遍全美國，做了一場名為「鑽石之地」的演講。「我認為你應當變得富有。」他勉勵六千一百位不同背景的聽眾，「在主的土地上，愛是最偉大的，但是好運總是鍾情有錢人。宗教偏見如此之大，以致於有人以為，做上帝的一名貧窮子民是無上的榮耀……你應當花時間去賺錢，因為力量就在金錢中。」不能改善經濟狀況成為缺乏膽量、缺乏自信和消極的表現。

現今，財富已變得相當廣泛，不能獲得成功的人會遭到前所未有的蔑視。「我買不起」和「我不需要」已從人們的常用語中消失。買不起某種東西反應出無能或不懂人情世故。無能的人會被如此挑戰：為何沒有在正確時間進入股市？而不懂人情世故的人則會被質疑：為什麼不借錢？至於「需要」，在美國的每個家庭平均擁有三台電視機的時代，要怎麼界定它？

本書將講述九個男人和一個女人的財富故事。幾乎可以肯定，他們並不是這一千年來最富有的十個人，畢竟我們無法將今天的財富拿來和貨幣尚未成為流通手段的時代的財富相比較。在過去幾百年中，貨幣在全球幾乎得以通行，然而金錢表示的價格分屬不同時代，我們還是無法跨越多個世紀進行比較。

這裡刻畫的十個人物除了富有、野心勃勃、與眾不同之外，還代表他們身處的時代創造財富的機制。總體而言，今天的富人和一千年前的富人相比，最大的差別就是：身體的力量不再是獲得財富的必要條件。換言之，它已經變得無足輕重。在第三個千年中，人們將以位元和位元組為武器，用手指進行戰鬥。比爾・蓋茲從地處西雅圖附近、樹木濃密的公司總部操縱電腦市場，而他的淨資產大致按他的微軟股票兌現後的價值來計算。他不過是從二十世紀晚期的電腦科技巨大發展中分到一杯羹，就創造出或許是世界歷史上最大的一筆財富。

關於如何對待財富，人類一直存在這樣的選擇：他們可以生產更多或要求更少。對照美國如今的優渥生活，過去人們的生活非常艱苦。他們缺乏奢侈品，卻又一直與鮮血、汗水和淚水相伴。一般認為，每個人都想得到更多。貪慾合乎人性，節儉是出於無奈。人類學家瑪麗・道格拉斯（Mary Douglas）和經濟學家巴隆・伊舍伍（Baron Isherwood）提到蘇丹努爾人的故事。這些人在二十世紀三〇年代時不願與阿拉伯人做生意，因為他們唯一可以出售的就是牛，而他們想從貿易中獲得的唯一物品就是更多的牛。

歸根結柢，對於「誰富有」這個問題的最佳答案，或許就是「那些自認為富有的人」。

Chapter 1

戰神兼財神——

加茲尼皇帝馬哈茂德

Machmud of Ghazni

（西元九七一年～一〇三〇年）

一千年前，在阿富汗的加茲尼，一個名叫馬哈茂德的人所達到的富有程度，全世界無人能及。按照現代的標準，要在十一世紀創造、獲取和保護財富是極其困難的。首先，當時世界上根本就沒有多少財富。幾乎每個人終其一生都在為了生存而與殘酷的自然界以及其他人做鬥爭。事實上，所有生產出來的產品幾乎都會馬上被消耗掉。每天能剩餘下來的物品很少，每年的剩餘量也沒有多少。所謂的商業，基本上只是貨物及服務的易貨貿易。艱苦的勞動和聰明的頭腦，可能代表生存與死亡之間的差別，但卻無法代表富有和貧窮的鴻溝。

一千年前，成為巨富的方法很少，大規模劫掠是其中之一。掠奪的對象是幾個已開始累積金銀珠寶的地區。這些小鎮和村莊的居民仍然需要在田地裡勞動來維持生計，因為他們的財富並不能買到食物。他們無力雇用軍隊來保護他們的珍貴財產，也無力對抗意志堅決且裝備精良的掠奪者。如果做得好的話，劫掠在當時確實是一樁非常有利可圖的事情。在這方面，沒有幾個人比得上加茲尼的馬哈茂德。

馬哈茂德的家鄉位於現今阿富汗境內的山地，他在那裡是一位光芒四射且當之無愧的征服英雄。在他的王宮裡，客人們總是小心翼翼地遵守宮廷禮儀。馬哈茂德是個如公牛般健壯的男人。有一次，一位來訪者言語輕率，惹得他非常生氣，他一巴掌打過去，竟讓那個人下半生都失去了聽力。

馬哈茂德擁有一個鑲有珠寶的金色寶座。當地工匠耗費三年時間才完成這個寶座。有幾百名侍衛負責保護他，這些人穿著華麗的錦緞制服，腰帶上嵌有珠寶，手執黃金狼牙棒。侍從們小心翼翼地伺候著馬哈茂德，人們猜測這些侍從很可能是太監。在宮廷的角落裡，一群詩人編寫著讚頌馬哈茂德的詩句。他喜歡酒、女人和歌曲，但是最熱衷的還是黃金和珠寶。馬哈茂德的王冠上嵌滿珠寶。由於王冠非常重，馬哈茂德只能用一條鏈子將它懸掛在頭上而不是戴在頭上。

在馬哈茂德的時代，戰爭和財富、戰神和財神總是相伴而生。他和他的軍隊能擊垮同一地區的任何人，對他來說，顯示驚人的財富和彰顯戰無不勝的軍事才能一樣重要。馬哈茂德的王宮就是他權力和成就的展現。他能舒舒服服地享受身處的時代和地區所能提供的任何物資，但有證據顯示，馬哈茂德從未對自己所擁有的財富感到滿足。

在人類歷史的很長一段時間裡，想占有他人的部分或全部財富的最有效方法，就是宣布「那是我的」，然後殺死表示異議的人。到了西元後的第二個千年，財富創造才更常與智力而非武力連結在一起。在幾千年的時間裡，戰爭和掠奪之間沒有分別，戰爭被認為是最大的財富來源。富人幾乎全部為男性，他們往往出身望族或生來身強體健，或二者兼備。在狩獵和尚武的社會中，孔武有力者能生存下來，最強健和最卑鄙的人得到最好的土地。沒有健碩的肌肉或勇敢的戰士做為支持，智力是發揮不了多大作用的。敵對之間的談判往往以殘殺或自殺告終。在這種情形下，父母們除了期望孩子能生存下來之外，往往更希望他們身體強健而非生性好鬥。有趣的是，這種類型的人在如今的監獄裡比比皆是。對其他人來說，想要生存的最佳方式就是對惡霸宣誓效忠。

和同時期的其他帝國一樣，馬哈茂德的加茲尼王朝本質上也是一個軍事機器。任何想進行大規模掠奪的人都需要軍隊。而數以千計的小領主和掠奪成性的部落，用軍隊讓世界處於連續不斷戰爭的狀態。一般人只能眼睜睜看著軍隊橫掃自己的土地。如果他們失去的只有農作物、牲畜和水，他們會覺得自己已經夠幸運了。如果一個農民能活到四十歲，就算得上是福大命大，但是事實上，很多人根本不知道自己在哪一年出生，兒童的夭折司空見慣。在當時，為了奪取別人的財物而將其殺死並不算是犯罪。世人對受傷害者非常殘忍冷漠，但即使有人關心這些受傷害的人，也沒能力提供他們可減輕痛苦的醫療條件和藥物。西元一〇〇〇年時，全世界多數的人是被禁錮在土地上的農民，他們家中最值錢的家當或許就是一個金屬鍋。

研究中世紀早期的歐洲，比研究同時期的加茲尼、中國、非洲或美洲還容易。對於只懂西方語言的人來說尤其如此。很多大的繁榮社會實際上並未留下任何興亡記錄。馬哈茂德的臣民們的生活狀況，只能根據當時其他民族的生活狀況加以想像。

對於西元一〇〇〇年時一般人生活的最詳盡描繪是來自歐洲。在那裡，一個普通農民的八〇％工作是在為家庭籌措食物。農民比自己的家畜還要辛苦。殺蟲劑、化肥和田地輪耕對他們而言是聞所未聞的，所以農作物生長不好的情況很普遍。一次收成不好會造成當地十分之一的人死亡，連續三次收成不好可能會讓整個村莊消失。由於交通條件非常惡劣，挨餓的農民難以向相距僅幾公里、吃得飽的農民求助。人們很少有替換的衣服，想得到另一條褲子只能等到其他人死了之後。如果沒有工作可以做，一個家庭的生存就只能依靠他人施捨。惡劣的衛生條件和營養不良，導致一連串致命的流行病蔓延。人們用迷信思想和傳說來解釋自然之謎，例如巨人藏在橋下面。在歐洲各地，饑荒有時會導致人吃人，甚至還有父母吃掉子女的慘劇。雖然難以想像，但是在一千年之前，人肉的確能在歐洲某些地方的市場上找到。

由於沒有什麼剩餘的物資，一般人要改善自己的生活幾乎是不可能。多數人被束縛在一塊土地上，土地的肥沃程度決定了他們能否生存下來。由於不識字或溝通不便，他們甚至無法想像其他的生活方式。如果他們能擁有一塊豐饒的土地，而且自己又勤勞、聰明、有幹勁且運氣好，那麼他們可能就比鄰居們稍稍富有一些。但是在那種年代，財富無非是身上多一層衣服，家裡多幾根蠟燭。富人的家裡或許有壁爐，不過在寒冷的天氣裡，小小的房間會被弄得煙熏火燎。即使是領主夫婦也很難擁有一張床。社會大眾以豬牛羊的數量來衡量一個人的財富，這些動物被看作是「長著四條腿的可以走路的財富」。由於財富多數以消耗而非財物的形式表現出來，因此富人們整盤整盤地吃肉、大壺大壺地喝葡萄酒或啤酒，藉以表現出「龐大固埃*式的富有」。他們的暴飲暴食常導致痛風，所以不得不經常放血。總括來說，生活在一千年前的富人要比窮人生活得好，但是兩者間的差距遠不如現在這麼大。

無論貧富，當時的人都沒有財產權的概念。「占有」就是絕對的法律。在任何時刻，一個農民很可能會看到天際揚起的塵土，聽到牲畜的嚎叫和騎兵的呼喊，而這或許就是這個農民此生聽到的最後聲音。當時沒有中央政府的軍隊來保護普通人免受野蠻人的傷害。實際上，在西元九世紀到十一世紀，現今所謂的政府職能基本上都是由教會來承擔。農民前往貴族的堡壘之內尋求庇護。在那裡，農民們會為「保護著自己同時也剝削自己」的領主耕種土地，並且一輩子與缺衣少食奮戰。

當時沒有貨幣，貿易也很少。控制土地是基本的致富之道。從八世紀末開始，從君主到最低下的農奴，每個人都依賴田地的產出。每個狹小地區，無論地理位置和氣候如何，都力求做到自給自足。即便在這種掙扎之中，不同的莊園和村莊之間剩餘產品的交易也從未完全停滯。還有來自東方的一些奢侈品斷斷續續、曲曲折折地流入歐洲富貴階層，例如絲綢、象牙、香料和陶瓷製品。但是由於運輸成本非常昂貴，多數人並無法享受這些產品。

利潤的概念在此時還未出現。一個中世紀的大地主可能控制著分散在各處的一萬英畝土地（約四〇四七公頃），然而刻意生產過量糧食的概念與支撐他的封建體制並不相容。由於龐大的封建家庭不能銷售多出來的產品，所以貴族沒有多大動力從自己的土地或勞動者那裡榨取更多利益。

對於西元一〇〇〇年時的歐洲農奴們來說，財富不但不可企及，而且不合乎他們對天堂的理解。教會是那個時代最大的道德權威，它鼓吹土地是上帝賜予的禮物，其存在的唯一目的就是使人類得以生存，直到他們在凡間的生命達到終點，在天堂實現永生。勞動的目標不是致富，而是將自己維持在出生時的那個位置上。追求財富意味著貪婪，是一種罪惡。與宗教信仰比起來，經濟問題是次要的。農奴們既沒有機會也沒有意願去改善自己的經濟狀況。為了未來而儲蓄的做法是不存在的。的確如此，人們理解的未來是一種朦朧而樂觀的抽象概念。

當時能識字或寫字的人寥寥無幾，在任何地方都如此。這限制了人們對其他生活方式的

＊　龐大固埃，是出現在長篇小說《巨人傳》中的巨人形象，作者是法國文藝復興時期的小說家拉伯雷。——譯者注

接觸和了解。金屬活字印刷術是在四百年後才發明出來，手工印製的書籍非常昂貴。在西元八百年的西班牙，一本書的價格相當於兩頭牛。雖然教會為歐洲國家提供了一些抄寫員，但他們所用的文字都是拉丁文，幾乎沒有人詳細記錄一般人的平淡生活，對偉大統治者的描述也常常因為政治偏見或宗教成見而扭曲。例如，一本書上記載，加茲尼的馬哈茂德在某次戰爭中殺死很多敵人，以至於他的手與劍柄被鮮血緊緊黏在一起，最後不得不用熱水沖洗開來。這到底是事實還是諂媚者的杜撰，現在已無從考證。

傳說的美化作用，讓馬哈茂德和文字普及前的其他人物顯得不真實。他們聽起來更像是超級人種而非活生生的人。沒有人記錄馬哈茂德的妻子、僕人或子女對他有什麼看法，那些不識字的子民也只能相互表達他們的委屈和不平。而且，馬哈茂德還使用宗教狂熱來掩飾自己的暴行，使得人們更加難以弄清楚他的真面目。有些傳記作家以他的宗教語言去理解他，另外一些人則懷疑他不誠實。無論哪種情況，人們都在對他的敘述中悄悄摻進自身的憎恨或讚賞。

穆罕默德・納齊姆（Muhammad Nazim）和莫霍默德・哈比卜（Mohommad Habib）都是馬哈茂德的傳記作家，他們兩人對馬哈茂德的著述充分展現出歷史記述的對立性。哈比卜厭惡馬哈茂德，認為他貪婪、野蠻，在管理方面平庸無奇。納齊姆則堅持認為馬哈茂德是個正直的人。他寫道，「可以肯定地說，（馬哈茂德）並沒有像許多生活不檢點的東方暴君那樣，沾染上聲色犬馬的習氣」。把這兩人的敘述結合在一起，再輔以其他美化後的詩歌和宗教誇飾後的歷史資料，就能描繪出人們希望的馬哈茂德的樣子：戰無不勝並擁有超越夢想的財富。這正是人們心中比較理想的統治者模樣。

馬哈茂德出生於西元九七一年，在當時的時代和地區中，他的家庭相對富有。他父親大權在握，還是一位好戰的戰士。馬哈茂德在家庭教師的教導下鑽研軍事。他擅長使用長矛和弓箭，能將狼牙棒在頭頂揮舞幾圈後再擲出，並準確無誤地擊中目標。十五歲時，馬哈茂德追隨父親參加了一場激烈的戰役。歷史上並沒有記載這次戰爭的敵人是誰。馬哈茂德的父親或許是因為在這次作戰中見識到兒子的殘暴，所以後來指定另一個兒子為繼承人。然而在父親死後不久，馬哈茂德就發動內戰，輕而易舉地從兄弟手中奪得王位。

命運在向馬哈茂德微笑。他的國家緊鄰著印度，而印度是當時世界上最富有的國度之一。貿易的不均衡和當地的礦產資源，讓印度累積了大量金銀和其他財富。世世代代虔誠的印度人將大量貢品送到國內的寺廟裡。當時，封建王公、小邦主、地區首領和村莊領導者紛爭不斷，印度在政治上處於分崩離析的狀態。到馬哈茂德的時代，印度因擁有大量財富而聲名遠播，導致財富竟成為整個國家的危險所在。

馬哈茂德和他的軍隊成為印度無法避免的威脅。從西元一〇〇〇年到西元一〇二六年之間，他們踐踏印度的平原十七次。馬哈茂德率領五萬多名戰士、戰馬和大象殺入印度，占領城鎮、寺廟和堡壘，「像鋪天蓋地的蝗蟲般」吞食這片大地。一位歷史學家乾巴巴地評論道，馬哈茂德在一〇一〇年曾用一個夏天的時間，「讓一些自高自大的古爾（Ghor）居民認識到自己是多麼微不足道」。城鎮中大批百姓被殺戮，在馬哈茂德離開的時候，街道上血流成河。

在四十年的長期征戰中，馬哈茂德從未失利。他以巨大的代價建立了一支訓練有素的軍隊，這支軍隊是那個時代最強悍的軍隊之一。他的戰士具有高度的靈活性。「他們上山如同靈活的山羊，下山如同奔湧的激流。」他們策馬穿過茂密的森林時，「就像梳子在頭髮上划過」。馬哈茂德喜歡用的戰術是，先用騎兵快速進行攻擊，然後佯裝撤退並對敵人進行伏擊。但是在必要的時候，他也會進行圍攻。在一次進攻中，他把許多裝有蛇的麻袋投入敵人的據點，防守者被嚇得魂飛魄散。

他與後來的很多劫掠者不同，馬哈茂德沒有興趣占領或吞併自己屢次進犯的國家。在每次戰役結束之後，馬哈茂德都會班師回到加茲尼。回國時，馱運戰利品的牲畜一個個都不堪重負。一位伊斯蘭教的神祕主義者對馬哈茂德的評價是：「他是個愚蠢的傢伙，不知道如何治理已占領的國家，即便如此還要屢屢出擊去征服新的國家。」

然而，馬哈茂德不需要控制印度人民就能讓自己變得富有，而且他的軍隊規模也沒大到能占領的地步。他無法透過稅收等方式細水長流地獲取收益。馬哈茂德像他的祖先們一樣，更願意採取「打完就跑」的戰術。一個城鎮或城堡遭他洗劫後，在幾年或幾十年內便不值得再進行劫掠。在印度北方的曲女城（Kanauj），馬哈茂德的軍隊屠殺了所有居民，搗毀一萬座寺廟，他們口袋中裝滿金銀珠寶，還捕獲五．五萬奴隸和三百五十頭大象。

若以富人的標準來衡量，馬哈茂德對財富的胃口算是大得驚人。事實是，一個名叫伊斯法拉尼（Isfaraini）的人，他忠誠地為馬哈茂德做了十年的稅收官。這份工作的任務，就是從馬哈茂德在阿富汗的子民那裡榨取錢財，以支付軍隊的軍餉，這樣軍隊就能為馬哈茂德的寶庫繼續掠取寶物。最後，伊斯法拉尼告訴馬哈茂德，他已經無法從人民身上榨取更多油水，而且他拒絕自己掏腰包彌補赤字，於是馬哈茂德將他折磨至死。其他未收足稅額的稅收官，有的被絞死，有的被剁掉雙手和雙腳。

對於多數臣民，馬哈茂德是不必動用刑罰的，因為這些臣民了解馬哈茂德的名聲。馬哈茂德想成為唯一的富人。一次，他聽說有一位臣民變有錢，就下令把那個傢伙帶到自己面前。馬哈茂德指控那人為異教徒，那個富人極力否認這項罪名，提出花錢購買一份文件以證明自己的宗教觀。在黃金和珠寶的誘惑下，馬哈茂德同意了。

馬哈茂德的貪婪看起來有悖常理，但卻反應出一個問題：人性中是否存在某種正常的占有慾？有些人沉迷於購買和占有事物，但是也有些人對黃金和珠寶不感興趣。是人類的基因中自然就存在最低程度的貪慾，還是人類由於文化灌輸才產生了占有慾？占有慾強的人是天生就神經質且有不安全感，還是說這些特質實際上是「自然選擇」過程中長期累積的結果？

人們通常認為，動物在基本需要得到滿足後就會停止占有（雖然很明顯有些狗會一直吃到撐死）。研究者曾經訓練黑猩猩為了錢而「工作」，讓牠們操作分發食物的機器來獲取金錢。但是黑猩猩一旦得到兩三塊錢，就會停止工作。毫無疑問，動物也有自己的財產，例如巢穴、地盤和儲藏的食物等。在一九三一年，針對昆蟲、鳥類、嚙齒動物、猿等生物的占有行為，進行過一項詳細研究，得出的結論是：動物對事物的占有，局限在特定的事物。這種占有實際上是「對未來可能缺少的事物」的本能反應。同一個地方不會既有肥海鷗又有瘦海鷗。或者如亞當．史密斯在《國富論》（*The Wealth of Nations*）中所寫：「沒有人見過一隻狗和另一隻狗公平而有意識地交換骨頭。」

然而，自從進入世界舞台的那一刻起，智人好像就與財產建立起獨特的關係。史前人類擁有的東西都是他們自己製造出來的，他們賴以生存的工具，就是他們的財產。這些東西被看作他們自身的延伸。事實上也是如此，人們通常會把他們的工具帶入自己的墳墓。

除了食物，早期的採獵者需要的生活物資很少：只有穿在身上的獸皮和製作工具用的石頭、金屬和木材。游牧者通常是透過血緣關係而結成幾十人的小團隊，他們會根據季節、氣候和物產的富饒程度來移動。最早能代表富足的物資或許是銅和鐵，控制這些稀有資源就能掌握權力。但是想要累積剩餘產品、並為此而養育後代的動機卻受到抑制，因為對當時的人們來說，占有事物就意味著需要把這些事物攜帶在身邊。「對獵人來說，財富真的是一種負擔。」

由於狩獵的成功率無法確定，所以「慷慨」在團隊內部就成為理所當然的事情。某一天，一個狩獵小隊有所收穫，另一個小隊空手而歸，但一星期後的情況很可能會反過來。考古學家有一句妙語：「自私的採獵者必死無疑。」在游牧者之間，能提供更多東西的強壯者備受尊敬，但是他們沒有強制性的權力。而且，通常成員在威望上的差別非常微小，在生產和消費過程中完全沒有階級的差別。

獵人和游牧者一般來說，每天只工作幾小時，休息的時間遠多於現在的工作者。如果他們突然獲得遠遠超過當天需求的大量食物，他們會選擇把這些食物吃光。因為如果不這樣做，多數食物就會腐爛變質。具諷刺意味的是，最早期的人類或許是以更樂觀的態度在看待世界。換言之，他們至少是滿懷信任地屈服於自然。他們堅信明天能找到更多的物資。「個體的自立性更強，很少結群。游牧者在曠野上四處移動，所以對生活有更廣闊的視野。」

從二十世紀的富庶生活中回望過去，有時兩三天才吃一頓飯的採獵者好像生活在貧困的邊緣。但是這種觀點只是二十世紀的價值觀，而不是採獵者的真實感受。採獵者踏上的是「禪宗達到富足的道路」。與具有無限需求和有限手段的社會不同，游牧部落以「懷有更少的欲求」去適應他們有限的手段。需求少，缺的也就少。能夠吃喝不愁，他們便能體會到「無欲無求帶來的富足」。古希臘哲學家伊比鳩魯（Epicurus）曾寫道：「財富不在於擁有大量財產，而在於擁有較少的欲求。」

如果上述社會形態不具有占有性的特點，那麼也許占有慾根本不是與生俱來的，而是人們在定居下來、組成更大群落之後出現的。無論占有慾是如何出現，考古學家傾向於對部落的「共有制」進行浪漫化的描述。這種「共有制」似乎能證明人類可以和睦共處，可以沒有經濟階層，可以與其他部族成員同甘共苦。然而，如果摘掉過度樂觀的玫瑰色眼鏡來看，公社制度（communal system）只能抑制天然的占有傾向：

> 部落成員既不自由也不安全。他是部落中每個比他強壯者的奴隸……財產權不能

得到認可，沒有人能占有某種東西並且順理成章地稱之為自己的東西。如果他耕種一塊土地的話，他不能確保自己能獲取收成。如果他辛苦工作且善於狩獵捕魚，最終累積了一些財物的話，他無法確定自己會不會被迫與陌生人分享這些財物……努力的唯一目的就是滿足眼前的需要，任何多餘的付出都是無利可圖的，因為這種累積沒有安全性。

早在二萬年前，人們就能在小範圍之處找到足夠多的資源，然後定居下來生產自己的食物。在西元前六〇〇〇年，有幾百名居民的定居村莊已經存在，裡面的居民多數有血緣關係。他們共同在土地上工作，生產出的糧食儲存在一起，歸大家所有。隨著耕作水準的提高，他們偶爾會有些剩餘產品。他們把這些剩餘產品拿去和相鄰的村莊交換打火石或次等寶石。由於固定生活在一個地方，人們能夠累積財產而不必操心運輸問題。

在多數氣候條件下，棲身之所都是值得花費資源和精力建造的。所以人們開始修建房屋，並常常用到泥磚。有些人修建的房屋比其他人的更大或裝飾得更好，這就成為財富的表現。從這一點上來講，現在和一千多年前並沒有差別。在早期的農業社會，人們開始將物品傳給下一代。這種習俗在當今的各個經濟階層依然盛行。工具和家畜對下一代的生存有關鍵作用。

早期的農業村落常常建在農民們至少能對水源有部分控制的地方，而這種控制通常是為了灌溉。當今時代的許多有錢人，他們往往喜歡大海的景色和波浪的聲音。和他們一樣，一千年前的有錢人也想要接近大江大河。因為在那些地方，他們的土地排水更好、更容易得到灌溉。意義重大但不可移動的複雜灌溉系統建立起來後，人們在生活上便失去了「逃離暴力侵擾」的這個選項。此時，各個村落開始需要軍隊來保護土地和資源。暴徒這時依然可以因為自己的攻擊而受益，然而一些平民開始願意出資建立軍隊。人類開始使用金屬製造武器，這相對於更早期的石製武器來說是一種進步。戰爭的規模也隨之升級。

戰鬥離不開傷亡。想像一下發生在西元一〇〇〇年時的遭遇戰。男人們騎著狂躁不安的戰馬，手中揮舞著長矛、十字弩和刀劍。激動的大象吼叫著，在地上踱來踱去。戰士們拚死相搏，誰敢稍有懈怠呢？在中世紀的戰爭中，由於有盔甲保護身體的重要部位，所以砍殺是造成更多的傷殘而非死亡。戰場上沒有多少醫生，當時的外科醫生很多同時也是理髮師。

人們用石腦油（naphtha，俗稱輕油）製作簡單的燃燒彈在城垛上放火，以恫嚇敵軍的戰士和動物。馬鐙當時還未被廣泛使用，這意味著「勇猛的騎兵揮舞著兵器全力砍向敵人時，很可能沒砍中對方，自己卻摔到地上」。所以人們經常有被戰馬踐踏的危險，而且特別是可能被自己的戰馬踩到。在一些軍事行動中，如果一支軍隊是被迫行軍，那麼受傷的戰士會被殺死而不是和大隊人馬一同撤離。

馬哈茂德的作戰優勢之一，就是他擁有大約一千三百頭大象。在戰鬥中，大象不但可以讓指揮官居高臨下觀察戰情，還可以當成破城槌。大象被安排在戰鬥隊伍的前列，頭盔鏗鏘作響的騎象人會用馬刺扎大象，刺激牠奮力衝向敵軍陣營。受傷的大象胡亂衝撞顯然是一個讓人觸目驚心的場景。人們曾經把大象運到羅馬與格鬥士搏鬥，然而這種龐然大物掙扎和死去的情景令人毛骨悚然，所以這類活動就沒有再持續下去。

馬哈茂德軍隊的人數在五萬到十萬之間浮動，他們多數人都有兩匹戰馬。要維持規模如此龐大的軍隊需要大量資金，因此從臣民那裡獲得日常賦稅，這對馬哈茂德來說至關重要。除薪餉之外，戰士們還常常得到戰利品的獎賞，大多是武器和奴隸。在幾千年的時間裡，奴隸與財富一直相伴相隨。富人們不是購買珍稀物品，而是花錢尋歡作樂和尋求保護。馬哈茂德的部隊中，很多人是早期被擄掠的奴隸，他們經過訓練成為戰士。同樣，他的保鏢也是奴隸。相對於自由人，這些人對主人更加忠誠。由於與家鄉和家庭斷了連結，奴隸們唯一的效忠對象就是讓他們繼續活下去的主人。在當時的世界裡，地方的派系紛爭連續不斷，家庭成員往往也彼此開戰，所以忠誠是一種稀缺商品。

在當時，無論對被征服者還是勝利者，在運用武力統治他人的眾多征服者當中，馬哈茂德只是最新的一個罷了。普通農民對馬哈茂德的忠心，與對其他統治者毫無二致。馬哈茂德的經濟需求就像是季風一樣的自然力量。多數農民對世俗財富懷有宿命般的宗教態度：人們被攻擊後，立刻開始重建家園，並在數年之後恢復以往的生活，直到下一次襲擊的降臨。

馬哈茂德身為戰士的名聲越來越響，他輕而易舉地將成千上萬人聚集到他麾下。其中很多人熱衷於和印度異教徒作戰，如果幸運的話，他們在為馬哈茂德的事業奮鬥過程中會成為烈士。無論怎麼說，馬哈茂德的士兵都不會白白放棄讓自己蒸蒸日上的機會和越來越多的農田。「那些山民既貧窮又勇敢，既貪婪又虔誠。印度的巨額財富成為他們心中的夢想，對這些飢餓的狂熱分子來說，印度具有不可抗拒的魔力。」不久之後，宗教熱情和財富夢想的結合同樣引發歐洲的十字軍東征。

約西元一〇〇〇年時，馬哈茂德進行了第一次大規模的戰爭，當時他的軍隊包括大約三．二萬名騎兵和一百四十頭大象。戰爭結束後，二千名士兵死亡，而馬哈茂德的軍隊俘虜了二千五百名敵軍。這些統計數字只能視為大概的猜測。一位英國歷史學家指出，「伊斯蘭歷史學家喜歡取整數，而且常常誇大其詞」。

西元一〇〇八年，馬哈茂德的軍隊遭到印度各邦聯軍的抵抗。馬哈茂德先安營紮寨，幾週後派出一大隊弓箭手。弓箭手後面是手持刀劍和長矛的士兵。然而，在手持匕首和長矛的敵軍追趕之下，弓箭手開始往營地的方向潰逃。敵軍攻入馬哈茂德的軍營，戰況激烈，「在一眨眼時間裡，三四千名穆斯林嘗到了做烈士的滋味」。正值此時，幸運之神降臨到馬哈茂德頭上。背載著敵軍將領的大象莫名其妙地逃離戰場，敵軍因此四散奔逃。有時候，在印度的和平談判儀式中，被打敗的君主會削去一個手指尖，送給勝利者作為戰利品。據說馬哈茂德擁有很多這樣的手指尖。

有一次，馬哈茂德連續七天對一所寺廟進行攻擊，直到防守者最後打開大門。馬哈茂德從未見過如此多的金銀珠寶，他把它們悉數據為己有。在戰利品中有「一座白銀做成的房屋，就像富人們的房屋那麼大，長二十七公尺，寬十三．五公尺」。一位名叫烏比（Utbi）的伊斯蘭歷史學家寫道：「這座房屋可以拆成小塊，然後再重新拼在一起。」財富如此之多，以至於「會計人員無法想像大概的數字是多少」。回到加茲尼後，馬哈茂德公開展示他的戰利品，其中有「大小及重量與石榴相當的鑽石」。

在馬哈茂德遠征的過程中，有些城鎮不戰而降。這些時候，馬哈茂德就會要求當地居民納貢，來換取他們的性命和房屋不受侵害。如果當地駐軍進行抵抗，馬哈茂德就會按照老規矩：不僅僅屠殺敵軍士兵，還會屠殺當地的男人、女人和兒童，甚至狗也難逃魔掌。由於馬哈茂德出征時有幾千匹戰馬、駱駝和大象，他的軍隊對受害者領土上的農業造成嚴重破壞。

所過之處劫掠一空，食物和飲水全部被吃光，常常造成當地的饑荒。

掠奪者的另一常見行徑，就是摧毀他們無法帶走的東西。對馬哈茂德來說，自己變得更富有還不夠，別人必須變得更窮。如果有什麼東西價值不菲，但太大太重無法運回加茲尼，那麼不管它有多貴重都要將其摧毀，這樣別人就無法再享有它。在印度北方的馬圖拉市，就連馬哈茂德都對其建築的精美感到震撼。「各式各樣的寺廟不但建造得非常牢固，而且設計得非常優美。」馬哈茂德將寺廟中的東西洗劫一空後，又將寺廟付之一炬。

在很長的時間裡，到處都有人用武力劫掠另一些人的財物，人們對此早已習以為常。西元四世紀和五世紀時，聲名狼藉的匈奴人從幼年起就被訓練能毫不留情地殺人，他們也成為最強悍的掠奪者。西元四一〇年，匈奴人和哥德人占領羅馬後就開始屠殺富人、姦淫婦女，還把藝術品熔化以獲得金屬。僅僅過幾十年，汪達爾人又占領羅馬，並用十四天的時間進行大規模劫掠。而汪達爾人的名稱也已成為肆意破壞者的代名詞。從西元九世紀到十一世紀，由於人口過多和饑荒，維京人不斷對歐洲北海岸進行「打完跑」的襲擊。據說這些人非常冷酷和貪婪，他們常常放火把房屋燒得一乾二淨，不管裡面有沒有人或其他活物。這是他們的慣例。

在馬哈茂德的時代過後，西元十四世紀的印度出現了職業殺手。他們喬裝改扮成行人，在受害者的護衛放鬆警覺時，他們會伺機用古老而嚴格的方式勒死受害者。十八世紀時，印度穆斯林軍隊中的平德爾人（Pindaris）戰士沒有薪餉，但被允許進行劫掠。第二次世界大戰時，德國和俄國軍隊裡的「戰利品分隊」就負責奪取被征服國家的文化藝術品。美國和其他西方國家的軍隊，對於歐洲的掠奪就顯得不那麼正式。

以劫掠作為一種職業大致上已經消亡，繼之而來的是趁火打劫和竊盜統治（kleptocracy）。現在的趁火打劫是一種機會主義的偷盜行為，通常發生在戰爭、偶發的爆炸案或社會騷亂之後。竊盜統治是指政府對其人民進行掠奪，透過武力威脅將財富從平民階層轉移到上層階級手中。有過這種行徑的人包括菲律賓前總統斐迪南．馬可仕（一九六五年至一九八六年統治菲律賓）和他妻子伊美黛．馬可仕，還有比他們早一個世紀的比利時國王利奧波德二世（King Leopold II）。兩種行為都是相對少見的。武力奪取東西畢竟危險且不可靠，而且人民也不願意屈服於暴力掠奪。在二十一世紀，有成千上萬種致富方式，不會讓你承擔身體受到傷害的風險。在馬哈茂德的時代，這樣的方式則幾乎不存在。

每個夏季開始時，馬哈茂德都會回到加茲尼的家，去享受大權在握的部族首領應有的榮耀。不在戰場上時，馬哈茂德就在自己的巨型王宮裡縱情享樂，被多個妻子簇擁著，周圍滿是黃金製家具，還有一個藏書豐富的圖書館，各類書籍中還包括色情抄本。

根據定義，劫掠者幾乎就是物質主義（materialism）者。他們透過擁有的財產價值去衡量自己的價值。無論受迫害方的文化如何優越，他們都無意跟隨引進。他們不會用愛、滿足或健康來衡量財富。他們衡量財富的標準只有實實在在的財物，並認為這些東西多多益善。對他們來說，根本就沒有「過分誇耀」這種概念。羅馬天主教向信徒成功灌輸了對於財富的矛盾心態，但是馬哈茂德和追隨他腳步的其他劫掠者們則從未有過這種心態。那麼，物質主義到底是人類的自然狀態，還是文明的副產品？

我們很難對這個問題進行經驗主義的研究。人們長大後，對自己的財產產生看法時，就已經受到文化的浸染。物質主義這個詞描繪出人們對世俗財產的各種反應。早期關於物質主義的研究集中在「收集」，心理學家對此特別有興趣，因為被收集起來的物品並非是偶然或碰巧進入人們生活中的。有些心理學家認為，收集是人們將占有慾合理化的方法。

在十九世紀末做的一次調查中，二百一十七名青少年被問到是否收集郵票、硬幣或其他東西，當中九二%的人至少收集一種東西。一九〇〇年的一項類似調查發現，美國加州的男女學生都是收藏者。這些結果證實了研究者們的想法。其中一位的說法是，「『收集』具有驚人的普遍性」。佛洛伊德說，他收集的二千三百件文物是僅次於尼古丁的嗜好。因為社會不平等在當時被解釋為理所當然且難以處理的現象，所以將占有慾看作是一種本能，就有一定的安撫作用。

在二十世紀，對物質的依戀成為毋庸置疑的事。因此，人們如何變成物質主義者的問題，失去了解答的緊迫性。想要更多更好的東西好像成了天經地義的事，物質主義因而成為理所當然而非不正常的狀態。的確如此，今天的窮人如果對自己擁有的財富感到滿意，就會被描述為「滿意度弔詭」的受害者。心理學家將這種滿意度弔詭歸因於「長期無法控制自己的處境而造成的適應性和習得性無助」。人們如何達到長期盼望的理想處境，並不比這種理想處境如何影響人們的行為更重要。

漸漸地，人們對物質主義的研究重點有了變化。從研究占有慾的起源轉向對占有慾的分級以及測量方法。研究者為該領域取了一個恰當且響亮的名字：財產依戀性研究（possession attachment research），並且把他們的研究領域稱為對財產含義的研究，開發出標準化的評估工具。從他們用來進行測試的問題可以看出，物質財產在很大程度上已發展成為一種新的語言。

在使用里奇斯和道森的物質主義量表（Richins and Dawson Materialism Scales）進行測試時，接受測試者被要求對以下類型的問題做出回應，例如，「我在生活中非常喜歡奢侈品」或著「如果我買得起更多東西，我就會更快樂」。迪特默資產量表（Ditmar Possession

Rating Scales）要求被測試者針對某種特定財產做出評論，如它「使我社會地位更高」或「使我心情更舒暢」。貝爾克物質主義量表（Belk Materialism Scales）測試人們的「非慷慨性」、占有慾、妒忌心以及收集和保留紀念物的收藏行為。

雖然物質主義這個詞具有貶低的意味，但是實際上人們對財產的一些依戀有利於健康。這就是所謂的工具物質主義（instrumental materialism）。「財物是我們的定心丸。它們使我們想起過去，使過去成為當前現實中實際且重要的一部分。」財產是社會溝通系統的組成之一，有助於人們將文化分門別類，從而為自己的身分和角色找到有形的現實載體。

但是，如果人們過於依戀財物，就很容易因為財物而產生憤怒、焦慮和歉疚等情緒。和其他任何一種嗜好一樣，治療手段就是疾病本身。由於消費對物質主義者非常重要，所以他們對於一個新財物能帶給他們的快樂持有過高期望。物質主義還可能導致病態消費，例如強迫性購物（compulsive buying）。在這種情形下，興奮感來自占有的過程，而非對物品的擁有。

在一個人的一生中，物質主義的程度並非一成不變。小孩有強烈的占有慾和貪慾，表現在他們很喜歡說「我的，我的」或「給我，給我」。在少年和青年時期，行為舉止比財物更能代表身分。對成人而言，財物能夠帶來舒適感和安全感。中年之後，人們將物質的東西當作是與各種回憶或其他人的紐帶。最後，在老年時，人們經常會將財物送出去。當然，並非所有的財物都是一樣的。「即使對方提供的替代品明顯比我們的更好，我們也不太可能拿自己的寵物、結婚戒指或子女來和他人交換。」

馬哈茂德的仰慕者為他實現了多數的文化訴求。由於他非常慷慨（偶爾使用武力），一大批文化菁英被召集到他的宮廷中，包括科學家、劇作家、詩人等。從雅典到西非廷布克圖（**Timbuktu**）的每個富足文明之地，富人們總是積極贊助有創造力的工作，為作家、畫家和詩人的開銷買單。馬哈茂德的宮廷中常年聚集有四百名詩人，有些人專門寫關於酒的詩。雖然流傳下來的詩句非常少，但是能為馬哈茂德寫出最動聽的讚頌之詞的人，總會得到豐厚的獎賞。有一次馬哈茂德為了表達自己的滿意之情，用珍珠塞滿一位詩人的嘴巴多達三次。

同時，馬哈茂德用他的部分財富改善了加茲尼的基礎設施。他讓自己的臣民充當免費勞動力，為自己修建多處王宮，同時建造很多清真寺、橋梁、導水管道和灌溉溝渠。

馬哈茂德的個人道德品格在歷史研究中也存在爭議。穆罕默德．納齊姆相信，馬哈茂德的生活大致符合穆斯林的道德規範：他好像沒有超越穆斯林對妻子數量的限制。但是莫霍默德．哈比卜則認為，馬哈茂德過分沉迷於「戰爭和女人」。而且，馬哈茂德還特別迷戀一個叫阿亞茲（**Ayaz**）的男童。這名男童是來自土耳其的奴隸，有漂亮的體態和明亮的膚色，而且據同時代的紀錄，「他天生懂得取悅人的各種手段」。在情愛詩中，馬哈茂德被描述為「他的奴隸的奴隸」。

按照西元一〇〇〇年時的標準，馬哈茂德算不上英俊。天花在他臉上留下了斑斑點點，有一次他在鏡子裡看到自己的模樣時竟厭惡地說，看到國王本應該是一個令人大開眼界的事情，但是看見他自己「或許會傷害觀看者的眼睛」。如古羅馬詩人奧維德（Ovid）所寫，「只要有錢，就連野蠻人也魅力無窮」。馬哈茂德對自身形貌的自我感覺並不妨礙他縱情享樂。據說他在宴會上「大把大把地賞賜東西」。在馬哈茂德的時代，送禮物或者「必要的慷慨」是對財富進行重新分配的方法。「在未開化的社會中，『劫掠的習慣』和『給予的需要』廣泛存在。掠奪和給予這兩種互補的行為，完成了大部分的物品交換。」

然而，馬哈茂德的四處掠奪好像從來都無法滿足他，反而加重了他的心理負擔。中國先哲莊子說過，「今富人……若負重行而上阪，可謂苦矣。」（引自《莊子．盜跖》，意為背負重物而登高山）馬哈茂德和其他透過傷害他人來獲得權勢的人一樣，他從來不敢放鬆警覺。在財富與劫掠緊密相連的情況下，占有財富缺乏道德合理性和安全性。馬哈茂德在家中安排了很多密探，這些人甚至對馬哈茂德的兒子們都進行祕密監視。當馬哈茂德想對一位官員下達口頭命令時，他通常會派兩個人前往。一個人負責監視另一人，以確保命令傳達無誤，並準確帶回官員的答覆。富有的代價常常包括對他人的不信任，因為富人們常常認為別人嫉妒和憎恨自己。「富足使占有慾強的人免於依賴他人，但是付出的代價就是過於依賴物質條件。」

馬哈茂德擁有的任何東西，都不能與他每次勝利回到加茲尼時的興奮感相比。他總是策馬走在軍隊前面，身後是從敵人手中奪取的大批財物，以及一大批俘虜的奴隸。確實如此，在馬哈茂德變得異常富有後的很長時間裡，他還是會率軍殺入印度的沙漠和高山，去掠奪更多東西。對那些致力於獲取財富的人來說，他們很難停下自己的腳步，因為慾望是沒有止境的。

對馬哈茂德來說是這樣，對某些人來說一直都是如此。雖然在幾個歷史時期中財富相對較少，但是在有記錄的歷史裡，世界的財富在大部分時間裡都是穩定增加的。到目前為止，人們從來沒有在達到某個財富水準後就止步不前。多數人總想占有更多的財富，雖然他們並不知道這樣做的確切原因是什麼。對他們來說，幸運的是，人們使用和享受金錢的方式也一直在增加，並且從未停止。

對財富的渴求曾經徹底改變過一些文明，最早的就是西元前四世紀的雅典。作為雅典人的柏拉圖曾經寫道：「對財富的熱愛完全使人們著魔，他們除了自己的私有財產之外，無暇顧及任何其他事物。」然而當時奢侈品相對缺乏，不像現在甚至有情侶直升機或鑲鑽石的狗項圈。也許正是這個原因刺激了希臘人「投資」體育運動、藝術、哲學和科學。儘管雅典人因為對文明做出的重大貢獻而受到尊崇，然而他們對於世俗的消費也是毫不吝嗇的。他們穿著華麗服飾，享受著被大批奴隸服侍，而且大吃大喝、暴飲暴食。

雅典人的炫耀性消費，和幾百年後的羅馬共和國上層相比，簡直是小巫見大巫。「有錢能使鬼推磨」的表述就是在那時產生的。古羅馬整個都「鑽進了錢眼裡」。「那是一個純粹貪婪和為錢瘋狂的歷史時期，歷史上很少有哪個時期能在這方面和古羅馬相提並論」。

羅馬人與中國、印度和阿拉伯進行貿易，以獲得烏木、象牙、藥材、鸚鵡、舞女、獅子和格鬥士。他們同時發現，錢可作為工具產生出更多的錢。換言之，這是一種與實物交換無關的永動機。在羅馬時期並沒有商業這個詞，但是羅馬人知道錢可以用來投機，可以用來買賣土地，也可以用來幫助朋友。英國小說家赫伯特．喬治．威爾斯（H. G. Wells）曾寫道：「在當時人們的體驗中，錢是新興的、狂野不羈的事物，沒有人能夠駕馭它。」

有一個可能是杜撰的故事，是關於羅馬皇帝卡利古拉（Caligula），這個故事能說明當時的社會風氣。據說卡利古拉曾經要求子民們上供給他，要求人們將錢從皇宮外面扔進皇宮的地上。當所有人都扔下金幣離開後，卡利古拉脫掉拖鞋，光腳踩進大堆大堆的金幣裡。然後他躺倒在金幣堆裡，整個身體在上面滾來滾去。

還有一個故事可反應古羅馬的貪婪，說的是高貴但唯利是圖的布魯托（Brutus）。他以四八％的利率提供貸款給賽普勒斯的一個城市。當市政委員會拒絕還錢時，布魯托的代理人把委員會成員關進市政廳，直至當中五人餓死。

生活於西元前一世紀的馬庫斯・李錫尼・克拉蘇（Marcus Licinius Crassus），他是古羅馬最富有的人。和之後二千年裡任何老謀深算的賺錢高手一樣，他參與了整個城市的各種投機生意。克拉蘇獲利最多的生意之一就是建立消防隊。他訓練很多奴隸，讓他們學會對付羅馬那些鱗次櫛比且經常發生火災的木製房屋。羅馬當時沒有公共的消防部門，所以克拉蘇的想法恰逢其時。發生火災之時，他的五百名消防隊員會帶著繩子、梯子和水桶迅速趕往現場，然後站在一邊，等著克拉蘇和著火房屋以及鄰近房屋的主人談定滅火價格——或是買下那些房產的價格。

即使在早期財富使人眼花繚亂的時候，在基督教給貪婪加上道德限制之前，有些人就對財富抱有矛盾心態。他們看到金錢讓某些人變得行為怪異，令人厭惡。富裕的古羅馬政治家西塞羅（Cicero）寫道：「要當心對財富的野心。因為除了對財富的熱愛，沒有什麼能使靈魂如此狹隘和渺小，而且，沒有什麼比漠視金錢更令人尊敬。」

克拉蘇發現，他無法用金錢買到自己最渴望的東西——羅馬貴族的尊敬。他在戰場上發洩自己的挫折感，抓住一切機會發動戰爭。克拉蘇宣稱，除非能供養一支軍隊，否則誰都不能說自己富有。然而在他死於戰場上後，他的屍身因為自己的財富被認了出來並受到懲罰。根據傳說，他被斬首後，敵人把熔化的黃金灌進他嘴裡。敵軍的指揮官說：「既然你對黃金感到飢渴，那就給你喝黃金。」古羅馬詩人賀拉斯（Horace）在西元前一世紀時寫道：「人們常常說，克拉蘇的許多優點都被他的貪婪染黑了。」賀拉斯同時指出：「如果可能的話，要老老實實地賺錢；如果不可能的話，無論如何，也要賺錢。」

富有的羅馬變得非常墮落，羅馬元老院議員「一直懶洋洋地睡到中午，很少開會議事。有些議員的兒子穿著和走路就像娼妓，穿著有褶邊裝飾的長袍和女人的涼鞋」。人們花大筆錢財裝飾室內，牆壁都鍍上了金並點綴著鑽石。「吃」成為羅馬上層社會的主要活動。餐桌上排列著母豬乳房、公豬頭、魚、鴨子、水鴨、野兔、家禽、牡蠣餡餅、鳴禽以及甜點。富裕的男男女女身上掛滿黃金和珠寶，就像裝飾好的聖誕樹，他們每根手指上都戴著好幾個金戒指。

古羅馬在苟延殘喘。它幾乎不生產什麼東西，卻在極力揮霍。在古代文明中，財富來自「投機欺詐、武力掠奪、政治優勢或剝削大眾。社會還未將尋求財富與生產商品連結起來」。的確如此，當時人們還未意識到「生產」對於創造和維持財富的基本作用。對古羅馬人來說，世界上的財富數量有限，致富之路不是生產或創造，而是奪取和利用。對加茲尼的馬哈茂德來說亦是如此。

一〇二六年，加茲尼的馬哈茂德發動了最後一次戰爭，最後一次將戰利品運回家。之後，他感染上瘧疾，發展成慢性病，又轉變為肺結核。在臨終時，他讓人將他的黃金和珠寶都擺出來，以便他能夠看到。他死時五十九歲。

馬哈茂德從來就不具備管理才能。他的帝國是一個包括印度人、阿富汗人、土耳其人、韃靼人和波斯人在內的聯合體，是靠他的個性和軍隊力量聚合而成。在他死後，他帶給加茲尼的巨額財富助長了奢靡之風，而且由於各種暴行和貪汙腐化，宮廷的力量大大削弱。靠劫掠建立起來的國家很難成為一個王朝，馬哈茂德的財富如他的名聲一樣，很快就煙消雲散。

馬哈茂德之類的君主只接受過戰鬥訓練，非常缺乏其他方面的才能。這類君主的時代早已結束。隨著戰爭技術的發展，士兵的身體力量已不再那麼重要。隨著居所穩定下來，各部落漸漸開始和平相處。如二十世紀的經濟學家托爾斯坦·范伯倫（Thorstein Veblen）所說，作為致富工具，殘酷的武力已明顯被「精明的手段和狡猾的詭計」給取代。在馬哈茂德的時代，他是最終的富人。他無畏、傲慢又貪婪。

雖然馬哈茂德之後的那些最富有的人無須在大象背上拉弓射箭，但是在戰勝他人、追求財富的過程中，他們和馬哈茂德一樣堅決果斷。唯一的差別是，他們從別人那裡獲取財富的手段不同而已。

Chapter 2

土地控制者——

擁有四海的成吉思汗

（西元一一六二年～一二二七年）

在貨幣出現之前，在運貨的輪船甚至貨物運輸出現之前，更遠在網路股票、昂貴工藝品、陶瓷盤碟和室內管路出現之前，擁有財富的最顯著標誌是對土地的控制。在世界歷史上控制土地最多的，莫過於傳奇性的征服者成吉思汗。

從人類歷史之初，土地就是人類財富的最大源泉。土地曾經是、現在也仍然是食物的來源，無論獲取食物的方法是狩獵、捕魚還是農耕。即使在地廣人稀的社會中，有些人仍試圖從他人手中奪取土地。甚至最早期的人類也意識到某些特定財物的優越性。

然而，土地無法被運走，所以擁有土地的所有權，就需要對這個寶貴的財產進行維持控制。但這種控制是無法用鎖和鑰匙做到的，僅有幾百名衛兵也不夠。在十二世紀，針對土地的法律契約或地契是不存在的，在成吉思汗成長的地方更是聞所未聞。土地就像戰利品一樣，屬於其占有者，直到另一支強大力量將它奪走。要獲取被征服的土地上的財富，需要同時擁有軍事和行政力量。前者用以保護邊界，後者用以對當地居民徵稅。加茲尼的馬哈茂德和其他劫掠者，滿足於搶奪珠寶、黃金和奴隸這些可運走的財富，而成吉思汗的野心是占有全世界。到成吉思汗和他的戰爭機器停止征服時，他們已經統治了約一千二百九十萬平方公里的土地。

在游牧部落展開對東方和西方文明社會的攻擊中，成吉思汗的襲擊時間最晚、規模也最大。他和他的繼承者占領的土地涵蓋現在的中國、伊朗、伊拉克、緬甸以及朝鮮半島和俄羅斯的大部分地區。相比而言，亞歷山大大帝只征服了約五百七十萬平方公里的土地。成吉思汗作為中亞殘酷的大草原文化產物，他早年就了解到攻擊是生存的關鍵，而生存就是與所有事物和所有人進行無休止的戰鬥。一旦占有土地之後，他就將一連串的殘暴紀律強加在當地人身上，來使他們順從。

在不斷擴大的土地上建立秩序和共同的法律，這種做法產生了一個副產物，就是幾乎無可避免的貿易發展。因為其他地區的商人發現了能到達更遠之處的安全路線。的確如此，成吉思汗的極權主義為世界發展提供的便利，遠遠超越他所建立的帝國疆域。為征服和統一中國，成吉思汗的部隊控制了稱為「絲綢之路」的商隊路線，這些路線將中國和地中海地區連接起來。控制這些通道後，他和他的繼承者對道路進行重建並加以保護，而且建立一套驛站和客棧系統。蒙古騎兵部隊駐紮在戰略要地，以確保道路安全。蒙古人的馬隊運輸穩定，使得經過亞洲其他幹道的條件也大大改善。

雖然蒙古人改善交通和通訊系統的基本動機是為了遠距離管理分散的臣民，但是他們同時也在積極鼓勵國際貿易。成吉思汗本人就非常歡迎西方的傳教士和商人。在幾十年時間內，東西方交流的大幕被揭開，世界各地人民的往來也在增加。人們的視野得到擴展，慾望也受到強烈的刺激。「絲綢之路」在東西方的文化技術交流中發揮重要作用。它的安全性讓義大利探險家馬可·波羅（Marco Polo）得以從威尼斯到達北京，還順便拜訪了成吉思汗的孫子忽必烈。

在現代美國，擁有地產幾乎是擁有了與生俱來的權力，即便在美國，土地一樣被看作是財富和地位的象徵。多數非常富有的人都擁有好幾處住宅，基本上都是周圍有幾百英畝私人土地的住屋。在幾個世紀以前，擁有土地的鄉紳即使負債累累，也遠勝過擁有其他形式財富的人。今天，這種區別幾乎已經消失，但是有些富人仍喜歡看到以土地形式呈現的財富。例如CNN創辦人泰德·透納（Ted Tuner）在美國西部擁有一百四十萬英畝土地，而演員勞勃·瑞福（Robert Redford）在猶他州擁有五千五百英畝土地。

對土地的熱衷可追溯到古代。約西元前二三五〇年，阿卡德帝國的薩爾貢（Sargon of Akkadia）對他的臣民課以重稅，逼得他們不得不以每月八〇〇%的利率借債。為了還債，很多家庭先是賣女兒，然後賣兒子，實在沒辦法才賣土地。在世界其他地方，土地被看作是非常貴重的商品，所以轉讓土地所有權需舉行公開儀式。賣地人給買地人一些象徵性的泥土，買地人則給賣地人一枚象徵性的錢幣。中世紀的歐洲也舉行土地的轉讓儀式。為了讓子孫後代能牢牢記住所做的交易，在場的年幼男孩都會被打耳光，好讓他們不會忘記這一場面。

在美國，土地曾經是許多最富有者的主要財富。其中最廣為人知的，是十九世紀的約翰・雅各・阿斯特（John Jacob Astor）在紐約購置土地，以及企業家馬歇爾・菲爾德（Marshall Field）在芝加哥擁有的地產。即使在美國這樣幅員遼闊的國家，土地也是有限的，而一座繁榮城鎮或都市的土地更是寸土寸金。在二十世紀的美國，人們開始盼著能從每樁地產生意中獲利。不過事與願違，二十世紀初，對於洛杉磯和佛羅里達州土地的投資，就曾使眾多三流的投資者遭殃。

然而在成吉思汗的時代，土地不是一種投資，土地是事關生死的問題。無論是種植大麥還是飼養綿羊，世界上的多數人都依靠土地來獲取食物和棲身之所。直到約一〇五〇年時，歐洲人口的分布仍舊比較稀疏，土地相對人口還是很豐足的。在土地上工作的農民中，沒有幾個人會像現代人一樣，認為土地是自己的，多數地主也不這麼想。土地被看作是一個大集體的衣食來源，而非只是占有或耕種土地的個人所有物。在蒙古大草原上，人們以飼養成群的綿羊、山羊和馬匹為生，沒有財產權這種概念。土地作為所有財富的源泉，不能輕易交付給懷有私心的個人。

隨著游牧社會逐漸過渡到農業社會，像成吉思汗之類的人，被迫改變傳統劫掠者打完就跑的方法。數個世紀以來，生產糧食的社會一直是游牧掠奪者的固定襲擊對象。但是隨著剩餘產品的增加，定居的人們開始集資雇用專職防衛的軍隊。防禦性軍隊不斷加強他們抵禦游牧部落的能力，游牧部落的圍攻從成本效益的角度看，越來越沒有吸引力。防禦的城牆越築越厚，也越來越堅固。隨著城鎮的發展，人們建起第二道甚至第三道城牆。在成吉思汗的時代以及之後的幾個世紀裡，很多地方投入大量錢財建造防禦性城牆，費用比其他公共工程加起來還要多。這些城牆至今有很多仍矗立著，足以證明其堅固的程度。第一次世界大戰期間，德軍在行進中就曾經被比利時列日市的城牆阻擋，並且延誤了一星期。在成吉思汗的時代，圍攻有城牆的城市可能需要數月而不是數日的時間。所以即使是在最佳條件之下，這種攻擊方式的糧草補給是非常困難的。

而且，襲擊者對所征服地區行使統治權的時間還很短暫。成吉思汗擁有廣闊的帝國疆域，當一處邊境出現戰鬥，幾乎不可避免地會吸引入侵者攻擊另一處邊境。從經濟角度考量，讓一個民族順從比多次征服他們更划算。因此，隨著時間的流逝，襲擊者成為了統治者。他們開始細水長流地徵收賦稅，不再依靠原來那種賭博式的掠奪。畢竟，徵稅可以使獲得的戰利品更有序且更有規範。反過來，納稅人也受到保護，從而免受其他掠奪者的侵擾。從納稅人的角度看，他們是否願意用固定的賦稅代替不定期地被掠奪，取決於他們擁有多少東西、以及掠奪者可能出現的頻率。

幾個世紀以來，許多統治者經歷過很多周折才發現，徵稅的權力也是造成毀滅的權力。有些貪婪成性、目光短淺的君主對國民課以重稅，國民被逼得走上絕路，這無異於殺雞取卵。稅收必須要達到一種艱難的平衡狀態：一方面要索取可能的最大額度，另一方面要讓國民能活到下一年的收穫季節。

雖然成吉思汗的權力是以強大的軍事力量為基礎，但是他的人生軌跡顯示出：智力在財富累積的過程中正變得越來越重要。就成吉思汗而言，智力表現在收集情報、控制以及策略性的傳播。成吉思汗熱衷開放貿易，不僅是因為商人們用盔甲、武器和衣服交換蒙古的羊毛、毛皮和馬匹，而且還因為他們帶來了歐洲各地的情報。成吉思汗對軍隊的運用相對節制。儘管他們被描述為游牧部落，但是他們在戰爭中往往是數量較少的一方。因此，作為軍事領袖的成吉思汗，更多時候是狡黠和機警，而不是單純的勇敢或喜愛冒險。他的日常生活聽起來更像加茲尼的馬哈茂德而非比爾．蓋茲——吃著難吃的食物、在沒有床的帳篷裡睡覺、面臨死亡的危險。但是成吉思汗一直都知道，更大就會更強，而且運用槓桿作用能四兩撥千斤。成吉思汗更像是十九世紀的強盜資本家，而不是十三世紀的野蠻人。

在同一時代的歐洲，地產投資正在成為資本累積的主要手段之一。在中世紀晚期，歐洲人口大量增加，超出了田地和牧場的承載能力。雖然人們已花大量時間和精力開墾荒地，但還是有一些剩餘勞動力進入城市，成為商人和工匠。從西元一二〇〇年到西元一四〇〇年，歐洲各地湧現出很多城市，而且它們的規模不斷擴大，租金也穩定攀升。商人們為獲得威望和安全感，紛紛將錢財投到土地上。「中世紀的房地產商購置房產，將它們出租給工匠和其他勞動者。他們的經營比起現代的同行有過之而無不及。」

成吉思汗經常被滿懷敬意地稱為「強大的統治者」、「絕對的統治者」、「世界征服者」、「戰無不勝的君主」、「正義的統治者」等等。在他死後的七百五十多年裡，這些名號仍然在世界歷史上迴響。有些對成吉思汗一知半解的人把他的名字與殘酷的恐怖主義畫上等號，而且常常說他是「恐怖的極權主義統治者」。然而，成吉思汗的經歷非常複雜，遠遠超出那些有關他的傳說。

與多數世界上最富有的人不同，成吉思汗從小飽受貧窮之苦。在他的家族所生活的亞洲高原上，鄰近部落為了獲取更多更好的牧場經常相互攻擊。連綿不斷的戰事造成大規模的貧困、混亂和不安。在最窮困的日子裡，他的家庭靠釣魚、獵取小動物、採集蔥頭和漿果來充飢保命。與此同時，草原各部落道德敗壞的問題相當嚴重，導致搶劫和性侵犯被當成是男性力量的象徵。從其他部落綁架適婚女子的事情經常發生。

高原各部落之間的相互殘殺帶來了一個好處，就是培養出大量凶悍的鬥士和精通伏擊作戰的軍師。如果能勸服這些部落停止互相攻擊，聯合起來對付更大的敵人，這股力量將使全世界都不敢小覷。經過幾年時間，成吉思汗透過征服鄰近部落，如韃靼人和蔑兒乞人，建立自己的帝國。他勸那些被俘虜的戰士加入自己的軍隊。俘虜們往往心悅誠服地加入成吉思汗的陣營，其中一些人還逐漸晉升為高官。成吉思汗的士兵在大多數情況下，除了戰利品之外沒有其他薪餉，還需要自己準備食物、馬匹和武器。然而，只要一聲命令，蒙古人就會馬上收起帳篷，騎馬到一兩千公里以外的地方為他們的領袖戰鬥。

成吉思汗的帝國是典型的命令式社會。戰爭、賦稅的徵收和公共工程的修建，一切都井井有條地進行。執行機制靠的是高壓政治而不是傳統，社會的總體經濟和政治目標就是領袖的目標。沒有有閒階級，每個人都要工作。成吉思汗的子民們不會理解個人主義或自由的含義。他們和那個時代的農民一樣，幾乎完全沒有自我。他們或許擁有自己的工具和武器，但他們的土地和牲畜是集體掌管的。他們的個體觀念如此模糊，以至於他們基本上對個人隱私漠不關心。

成吉思汗本人同樣生活得相對簡樸。他曾寫信給一位道家的哲人：「我只有一件大衣。我與自己那些簡樸的牧人吃一樣的食物，穿同樣破爛的衣服。」成吉思汗擁有華麗的帳篷、成千上萬的奴隸和一支約萬人的私人禁衛軍。這支禁衛軍是歷史上最令敵人聞風喪膽的軍隊之一。但是他並沒有黃金製成的傘和鑲著寶石的權杖。占有珍稀物品對他來說並不重要。對中國人的描寫在某種程度上同樣適用於成吉思汗。一位歷史學家指出：「（他）會脫下身上的衣服送給別人，他會下馬將自己的坐騎送給別人。這是因為有一種對貧困的迷信縈繞在中國思想家和詩人的心頭。這種做法是團結窮苦階層的表現，是古老的兄弟友愛精神的延續。」

對成吉思汗來說，比金錢更重要的是下級對上級的絕對效忠。他相信對於貫徹命令最為重要的就是忠誠，所以他會處死任何背叛主人的士兵或僕人，即使他們背叛的主人是自己的敵人。成吉思汗曾反問：「怎麼能讓背叛主人的人活下來呢？殺死他們，還有他們的兒子和孫子。」

在嚴格的階級制度中，每個人的地位從生下來就是固定的。決定人們未來的是他們的出身，而非他們的見識或才能。報復是殺戮的合理理由，任何侮辱都不會被忘記。有一次，成吉思汗提議將自己的一個女兒嫁給一位王子。那位王子對成吉思汗說：「你女兒看上去像蛤蟆和烏龜。」結果這成為他的遺言。

在孩提時代，成吉思汗畏懼的只有一個人，就是他母親。他承認道：「當我惹她發怒時，我會在她面前瑟瑟發抖。」然而任何惹怒他的人都會感受恐懼。成吉思汗被稱作「上帝之鞭」、「上帝的懲罰」或者「上帝之災」，並非浪得虛名。

成吉思汗小時候的名字叫鐵木真。像所有的蒙古小孩一樣，他很早就開始學習騎馬。一般男孩在三歲時就會被綁在馬背上。一兩年後，蒙古男孩會得到他的第一套弓箭。從那時起，他們就要在馬背上度日，透過射鳥來練習箭術。

鐵木真的父親是一個具有貴族血統的小首領。鐵木真九歲時，他父親決定為他找一個新娘。鐵木真的父親從兒子未來的新娘家回來時，路過一個敵對部落，他停下來向那裡的人討水喝。敵人認出他，在給他的水中下毒。他到家後不久就死掉了。鐵木真和母親、還有六個兄弟姐妹被他們的部落趕出去，他們變得無依無靠。

人們對鐵木真的少年時代知之甚少。就算他曾經講過，也沒有人寫下來。鐵木真不會讀書也不會寫字，而且除了蒙古語之外不會任何的其他語言。但是歷史學家一致認為，鐵木真在十四歲時，曾設圈套殺死他父親與第一任妻子的兒子。有人說，鐵木真如此憤怒是因為他哥哥奪去了本該屬於他的魚和獵物。另外一些人說，鐵木真要將未來的競爭者扼殺在萌芽之時。無論原因為何，少年弒兄的事件成為鐵木真恐怖傳說的一部分。他母親對此大發雷霆，他一定被嚇得身如篩糠！但他母親最終還是饒恕他，而其他人也沒有追究。在大草原上謀殺是常發生的事，如果被害者是殺人者的兄弟，殺人者更加不會被看作是罪犯。

在冬季，鐵木真的家鄉既黑暗又寒冷。在夏季，天氣非常熱，以至於土地乾裂、植物枯萎。周圍沒有什麼樹，一年四季降雨都很少。由於氣候原因，當地人需要經常遷徙，而且需要有幾萬畝的牧地來飼養他們的牧群。因為流動頻繁，游牧民無法掌握生產技術，無法生產商品，也無法學習採礦。他們不懂建築，甚至沒有定居的概念。赫伯特・喬治・威爾斯寫道：「不能簡單地認為這個游牧民族尚未開化。他們沿著自己的路線發展，有自己的特長。」

就人種而言，蒙古人與日本人、中國人和其他亞洲人種相近。但是他們的身體非常健碩，軀幹大四肢短。他們的體貌特徵與幾個世紀後的蒙古人可能大不相同。他們的衣服用羊皮或狗皮製成，食物包括老鼠、狐狸、在路邊發現的動物死屍，或是母馬的胎盤。如果實在太餓，他們會吃掉自家養的狗或貓。他們很少購買人造產品，鐵製的馬刺被看作是富人的標誌。宗教禁忌不允許他們在春天和夏天洗衣服，所以他們必須將衣服穿到破爛為止。

根據普遍的觀點，蒙古人骯髒、吵鬧、凶殘、散發臭味，而且喜好爭鬥。一位歷史學家寫道，「蒙古人以極其魯莽和懶惰著稱。整個游牧生活的方式，就像其他愚昧的連續性工作一樣，因此造成他們這種性格特徵」。

在那個時代，世界各地所有農民的生活水準都不高。有一則故事說，在中世紀歐洲的某個城市，一位農民走過一條有多家香水店的小巷，結果被香味熏得暈過去。直到有人把一鏟糞便放在他鼻子底下，他才甦醒過來。在冬季，農民們經常與自己豢養的家畜生活在一起。有錢雇用男僕的富人會用男僕的衣袖擦鼻涕。在歐洲身體最乾淨的是妓女，但是年輕女孩的平均壽命只有二十四歲。

這種生活環境一方面使蒙古人在生存中飽受折磨，另一方面將他們鍛鍊成寧死不屈的勇士。「這裡沒有犯錯的餘地。土地的稀少和氣候的惡劣影響了人、馬以及裝備，使人們拋棄所有的非必需品。成長於此的戰士冷酷、不拘泥於形式、凡事自力更生。」

蒙古人另一個巨大的軍事優勢是他們嫻熟的馬術，大家說他們就是馬背上的民族。健壯的蒙古馬敏捷、耐寒、耐力無與倫比。雖然性情暴烈，但是蒙古馬即便沒有被拴著也不會亂跑。牠能夠非常靈活地拉車和載物。馬可．波羅為此感到非常驚奇，說這些馬「就像狗一樣」。蒙古人在馬背上吃喝睡覺。如果一個蒙古人在沙漠中快渴死了，他可能會劃開馬的血管喝牠的血，但是之後會馬上為馬包紮傷口，因為馬是蒙古人最寶貴的財產。

在成吉思汗的時代，財富不一定能買到戰場上的勝利，所幸蒙古人自己製造的武器裝備尤其好用。他們所用的複合弓（compound bow）短小強勁，由牛羊角、動物筋和木頭製成，其射程、穿透力、射速都無與倫比。馬弓兵裝備上這種弓，對敵人來說就是最致命的武器。蒙古騎兵攜帶兩張弓、三袋箭、一把斧頭和用來拖拉東西的繩子。他們身穿不太重的護胸，帶著盾牌。除此之外，他們身體的大部分部位都暴露在敵人面前。

相比而言，同時代同樣依靠馬匹的西歐和俄羅斯軍隊，簡直成為亮閃閃的散光燈。每個騎兵都穿著大量盔甲，攜帶大量武器，單單裝備的重量就超過四十五公斤，等於增加了馬匹的巨大負擔。蒙古戰士裝束輕便，更加靈活機動，所以能做出各種複雜動作。甚至在火器發明後的很多年裡，粗糙、準確性差、裝填彈藥慢的手槍還是無法與複合弓的射程或穿透力相比。直到十六世紀，火炮才大大降低了騎兵衝鋒的威力。

當其他軍隊都還在緩慢移動時，蒙古的馬弓兵代表了速度和出其不意。「蒙古人和馬成為一體，就像是半人半馬的怪物。」因為使用馬鐙，所以射手在馬飛速前進時也能射箭或使用套索，他們甚至能夠平躺在馬的脊背上。不像歐洲的茂密森林或高聳的山脈，大草原是騎兵進行衝鋒的理想地帶。由於缺乏自然屏障，中原成為蒙古人鍾愛的侵犯目標。中原人稱蒙古人為「馬背上的北方蠻夷」。為了抵抗他們，中原人修建了萬里長城。

西元一二〇六年，「住在毛氈帳篷裡」的各宗族和部落聚集在一起，以史無前例的團結推舉當時四十四歲的鐵木真為王中之王和大草原的統治者。雖然每位蒙古首領的稱號都是「汗」，但是成吉思汗被稱作眾汗之汗。一位當時備受尊敬的「薩滿」進一步推動自己的事業，他宣稱蒙古人泛神論中的神「永恆藍天」已經認同成吉思汗。這位王中之王很快就認可這一說法：「上天命令我來統治所有人。」從此之後，他的職責變得非常明確：領導軍隊爭取勝利，讓戰士們都能享有美麗的俘虜、優良的馬匹以及大量的狩獵場。

成吉思汗曾說，「男人最大的幸福，就是追逐和擊敗他的敵人，奪取他全部的財產，讓他的女人們痛哭和哀號，騎上他的戰馬，用他的女人們的身體做睡衣和鋪墊，欣賞和親吻她們玫瑰般馨香的乳房，吮吸她們漿果般甜美的嘴唇」。

成吉思汗身材高大，體格強健，有寬闊的肩膀和長長的鬍鬚。他對敵人的女人懷有的渴望，就像沙漠離不開沙一樣。他有四位皇后、多個嬪妃和不計其數的侍妾及女僕。如果說成吉思汗除了征服之外有什麼放縱的弱點，那就是性。甚至在軍事行動中，他總是讓「十七八個美貌少女」伴隨左右。據說在一次行軍時，他身後跟隨著一萬二千名從俘虜中挑選出來的處女。成吉思汗偶爾會將自己的侍妾賞賜給戰功卓著的將領。

在成為至高無上的大汗之後不久，成吉思汗命令一位博學的謀士為蒙古人起草一部思慮周全的法典。這為他的帝國奠定了體制基礎。雖然這部法典沒有完整地被保存下來，但是中世紀的學者還是重新整理出一本。法典中規定，叛逃者、偷盜者或三次破產的商人都要判處死刑。由於通姦可能會造成戰士之間不和，所以被規定屬於非法行為。基於顯而易見的原因，游牧民不願關押犯人，所以死刑成為最普遍的懲罰方式。同樣，通姦的男女也都難逃厄運。這部法典包含了一些瑣碎的規定，像是一個人每月喝醉酒的恰當次數是三次，它也包含很籠統的戒律，如必須尊重不同宗教信仰的人。它還規定必須處死任何往灰燼和水中撒尿的人。該法典得到鐵面無私的貫徹，使得蒙古人成為「世界上對首領最順從的人」。方濟各會的修道士約翰．普蘭諾．加賓尼（**John of Plano Carpini**）曾於西元一二四六年訪問過蒙古帝國，他這樣描述：「如果（汗）命令一個兒子殺死他的父親，這人也不得不服從。」

與此同時，由於成吉思汗不關押犯人的管理方式（通常直接處死），這個高原從無法無天的社會變成可以夜不閉戶的地方。相鄰部族間的小規模戰爭和突襲消失了。成吉思汗的軍事組織要求子民全力支持他的征戰事業。所有十五到七十歲的男子都要徵召入伍，平民根本不存在。男人們要準備好參戰用的武器和馬匹，他們的弓弦都已上緊，箭袋中也裝滿了箭。女人們對家庭開銷擔負起更大責任。游牧民族的婦女和兒童早已習慣帳篷中的流動生活，所以軍隊無論前進還是撤退，基本上都不會引發社會動亂。然而，連續不斷的戰事仍然讓蒙古的經濟付出慘重代價。無休無止的戰鬥使部落無法飼養牲畜，疆場上的死亡造成人口的大量下降。

對於被征服的地區來說，成吉思汗的入侵對經濟造成的衝擊是災難性的。戰鬥持續不斷，春耕和秋收都被打斷。在城市裡，房屋被夷為平地，圖書館付之一炬，灌溉系統被破壞得亂七八糟。然而，對於未正面抵抗蒙古人的農民們而言，在新領袖的領導下生活也沒有很大差異。安分的中原人在改朝換代之時仍在播種、收割和交易，並沒有偏向戰爭中的任何一方。

歷史學家經常提醒我們，不要用現代人的道德標準來評判五百年前或一千年前的人。雖然現今的世界面臨核災的威脅，但還是要比西元後第二個千年的早期時安全得多。最明顯的差別是「個人的生命價值」。當馬哈茂德和成吉思汗之類的人統治世界時，暴斃和慘死簡直就是家常便飯，雖然這類事件的恐怖並不比現在低。在戰爭中，尤其是「聖戰」，殺人成為高尚和英勇的表現。一位歷史學家曾寫道，「像所有時代、所有民族的偉大征服者一樣，（成吉思汗）認為只要有利於實現他的目標，他就會對一個城市的平民進行大屠殺。」然而，即使在他最大規模的軍事行動中，他的「冷酷或殘忍並沒有超過同時代其他國家的軍隊」。

例如，成吉思汗從未像後來的亞洲征服者帖木兒（Tamerlane）那樣，將二千個活人疊成一座塔，然後在外面砌上磚、抹上灰泥。有些戰士在勝利後喜歡把釘子敲進敵軍戰俘的耳朵來取樂，但是成吉思汗不樂意看到這種景象。傳說成吉思汗曾經懷疑幾個女人在被俘之前把珍珠吞進肚子裡，所以下令剖開她們的胃。但是歷史學家對這個故事表示懷疑。如果他真的在處決戰俘時採用烹煮的方式，那只是因為他認為這麼做可以防止戰俘們的靈魂回來復仇。

但是成吉思汗瞧不起那些他攻擊的村落居民。對他來說，跪著工作的人還不如馬的價值大。他對基層勞動者的蔑視，和工業革命前的貴族們沒有太大差別。他們心中的英雄是軍事、宗教或皇室的人物。不得不靠雙手勞動的人一般都受到鄙視。西塞羅在西元前一世紀時曾寫道：「被雇用的勞動者辛勤工作……與自由人的身分不相稱，被看作是下賤的事。」但是，如果成吉思汗能對這些賤民所製造的東西有一丁點的了解，那麼他們活著或許比死去更有價值。

成吉思汗的軍隊既是生產組織，也是一個複雜的商業機構。由於規模龐大，成吉思汗的軍隊採用垂直指揮系統。成吉思汗將自己的十萬大軍分為一萬人、一千人、一百人和十人的各級單位，他是最早採用這種編製的軍事將領之一。他嚴厲要求部隊盲目且絕對地服從命令，無所畏懼地進攻，視死如歸地戰鬥。成吉思汗在向一位軍官下達命令時說，「如果有人不服從你，要是這個人我認識，就帶過來讓我審問他，要是我不認識就當場處決他。」

在戰鬥中，如果十人分隊中有一人或多人逃跑，那麼所有的十人都會被處死。如果有一個十人分隊逃跑，所有的一百人都會被處死。在一次戰鬥之前，成吉思汗告訴他的士兵，「如果誰臨陣退縮不進攻，就會被斬首」。如果有指揮官犯錯，「無論他離可汗多遙遠，即使是天涯海角，可汗都會派一個騎兵去進行恰當的懲罰。如果他罪已至死，傳令兵會毫不客氣地割下他的頭」。

軍事訓練的基礎是來自於蒙古人久經磨煉的狩獵技巧。在一次軍事演練中，幾千名士兵騎在馬上圍成一個巨大圓圈。信號一發出，他們開始慢慢向內移動，不管地形如何，都要一直嚴格保持好相對應的位置，進而不用武器就可以驅趕面前的每個動物。讓動物逃出圓圈的士兵將受到懲罰。當圓圈的中心累積了大量獵物時，成吉思汗會發出信號，戰士們便開始對被激怒的老虎、野豬和熊發動攻擊。戰士們為表現自己的英勇，與野獸搏鬥時只用一把匕首，甚或是赤手空拳。

在世界的其他地方，農民們不必透過與老虎搏鬥證明自己的力量和忠心。然而除此之外，他們的主人並不比成吉思汗仁慈多少。在歐洲，封建農奴一般無法選擇自己種什麼農作物，結婚要得到許可，不能離開自己耕種的土地，只能用主人家的烤爐烤麵包。實際上，成吉思汗的子民和歐洲農奴之間的唯一明顯差別，就是前者繳稅而後者繳納地租。英國經濟史學家陶尼（R.H. Tawney）曾經寫道，封建制度的本質是「最赤裸裸、最無恥的剝削形式」。

在多數農業社會中，統治階級會變本加厲地剝削勞動者，強迫他們修建道路、防禦城牆、灌溉系統，以及運送被收作賦稅的糧食。國家還透過徭役的形式強迫人們提供免費勞動力，以修建金字塔或萬里長城。

與相鄰的地區比起來，蒙古族的人口相對較少。蒙古族人總共約二百萬，當時的中原人有一億。為改變人數劣勢，成吉思汗發展出一套心理欺詐戰術。例如在對抗兵力更多的軍隊時，成吉思汗會派一個小隊繞到主力部隊後面，用拴在馬尾上的樹枝揚起灰塵。這會使敵人以為援兵要到了。有時候，蒙古士兵會每人帶上幾匹馬，將他們的妻子、小孩，甚至假人放在備用的馬匹上，讓部隊顯得更加龐大。在晚上，每個士兵點燃五個火堆。中世紀方濟各會的約翰．普蘭諾．加賓尼寫道：「他們不值得信任，沒有哪個國家的人會把他們的話當真。他們的行為和承諾充滿了欺騙。」

成吉思汗憑藉直覺就已理解到現代社會的一種信念，那就是訊息、權力和財富是編織夢想的紐帶。在成吉思汗的一生中，世界的範圍一直在擴大，各種文明在貿易和戰爭中碰撞。世界人口正變得越來越多。各種文化的相互作用越大，各地人們交流的知識和資源就越多。由於地球蘊藏著數量驚人的自然資源，這使得更多的財富被創造出來。

當然，成吉思汗的時代沒有電，更別說電子郵件。他的通訊系統靠的是像箭一樣快的騎兵，騎兵們身上和頭上都裹上繃帶，以緩解整天全速奔跑造成的擦傷。在戰鬥中，他的軍隊白天使用信號旗，夜晚使用火焰箭。成吉思汗建立起一套間諜系統，他付錢給旅行者，讓他們充當自己的耳目，因此蒙古軍隊極少遭遇意外。

在不識字的成吉思汗和他的官員之間，消息的傳遞是依靠記憶力好的人來進行口述。為了讓消息便於記憶，它們常常被編成韻文。成吉思汗首創一套更加複雜的通訊系統，並由其子加以完善。他們沿著帝國的幹道設立驛站，每兩個驛站之間的距離為四十～四十八公里。這些驛站為騎兵補充補給養、更換馬匹，有時騎兵是在飛奔的狀態下更換馬匹。騎兵戴著鈴鐺或吹響號角，提醒驛站自己將要到來，讓他們提前為替換的馬備好鞍，將一切準備妥當。這種服務對使者和成吉思汗的信使是免費的，訊息傳遞的速度能達到每天四百公里。

經過事先的打探和策反，蒙古軍隊會對那些固若金湯的城市發動攻擊。西元一二一七年，蒙古人包圍金朝首都中都（今北京）。這座城的城牆有十三公里長、十二公尺高，並且有九百座塔樓和三條護城河。不肯屈服的居民一直躲在城牆後面，最後糧食耗盡，竟出現人吃人的場面。他們最終投降，結果，他們最擔心的事發生了：蒙古士兵焚燒這座城，成千上萬的平民淪為刀下魂。一位前去訪問的使者稱，蒙古軍隊的大屠殺結束後，白骨堆積如山，街道被人體油脂弄得黏滑難行。

大規模屠殺對於瓦解未來敵人的士氣非常有效。蒙古人擅長使用這種方法。但是，構思出最令人毛骨悚然的懲罰方式的，是十一世紀拜占庭帝國的皇帝巴西爾二世（Basil II）：他下令將每一百個保加利亞俘虜中九十九人的眼睛全部刺瞎，讓第一百個人保留一隻眼睛，由他領著其他人回家。成吉思汗殘忍的名聲四處流傳，終於發揮了作用。一二一八年，朝鮮人因聽說蒙古人進攻中原的事，未進行抵抗就直接投降，並同意提供大批貢物。

成吉思汗透過戰爭增加人口，為他的帝國注入活力。他和他的將領們挑選俘虜就像挑選舊衣服一樣。幸運的犯人被允許進入蒙古社會。有教養、有才華的中原人被吸納到蒙古人的政府，獲此殊榮的還有受過良好教育、被征服的土耳其人和波斯人。成吉思汗挑選出樂意效忠他的藝術家、工匠、勞工和士兵。按照游牧民族的畜牧方法——為保證未來的好收成，需要對畜群中的動物進行篩選清理，他們也以此處理被征服的人們：年老、年幼、生病或不順從的俘虜會被殺掉，其中更不幸的人，會在蒙古軍隊對下一座城市猛烈進攻時被放在軍隊最前面。

成吉思汗給他的子民和俘虜一種自由，就是他們可以信奉任何自己喜歡的宗教。蒙古人的宗教是某種形式的薩滿教，他們崇拜人類與神的連結。但是蒙古人不是加茲尼的馬哈茂德那種狂熱分子，他們允許人們信奉其他宗教。他們的包容並不全是因為寬宏大量，而是因為他們覺得任何宗教都有其合理性。所以，為什麼不讓所有的宗教都站在可汗這一邊呢？

當時，世界上的其他國家正在生產更多的產品，而貿易的範圍和規模也在慢慢擴大。貿易的對象大多都是小型的「奢侈品」，例如蠟燭、餐具、小雕像和珠寶。這些東西的運輸成本低，而糧食和燃料等大宗貨物就不同了。在歐洲的大型集市上，人們聚集在一起交換商品，最早的鈔票就隨之出現了。由於農業剩餘產品的增多，大量財富被創造出來。但是財富並不安全：毀滅性的自然災害或瘟疫爆發時，都可能毫無徵兆。

蒙古人的經濟體不生產東西，也不創造多餘的產品，所以他們得不斷進行地域擴張。成吉思汗的軍隊也需要這樣做：如果不將士兵們的攻擊導向共同的敵人，他們就會開始自相殘殺。成吉思汗知道，聯合軍隊的最好方法，就是發動對中原的全面進攻。

對於大草原上的牧人而言，中原是可以定期進行掠奪的富足區域。雖然中原地區幾乎全是農業經濟，但是那裡的人們也製造漂亮的奢侈品，例如絲綢、漆器、瓷器、紙張，還有金、銀和銅的裝飾品等等。多數的中原居民是在小塊土地上進行精耕細作，每家通常擁有兩三畝地。現在，這種農業方式有時會被稱為「花園農業」。中原人也沒有多少食物儲備或陳年穀物，所以像歐洲一樣，當農作物嚴重歉收十，就會是巨大災難。

在中原的早期歷史中，統治這塊土地的常常是幾個地區性政府，而非一個中央政府。這種分崩離析的狀態，使中原人無法有效組織起來去抵禦鄰近的侵擾，也缺少一支強大的軍隊。中原人分散定居在國家的各個地方，對侵略者往往採取防禦的姿態。他們可能嘗試藉由納貢來購買和平，貢品包括鐵器、糧食、水果、奴隸、黃金和各種奢侈品。但如果這些都不奏效，他們就會蹲在有城牆保護的定居點裡，希望他們口中的「蠻夷」自己走開。不過成吉思汗不像以前的攻擊者，他拒絕離去。他的襲擊變成占領。

成吉思汗在戰場上的一些智勇故事令人叫絕，有些人真的信以為真。在某個傳說中，成吉思汗對一個防守堅固的城鎮指揮官說，如果自己和部隊能得到一千隻貓和一萬隻燕子，就願意不戰而退。他們的要求得到了滿足，想想這需要花多少時間才能做到。然後，成吉思汗的士兵就在貓和燕子的尾巴上綁上羊毛，點燃羊毛，再把這些動物放走。當燕子和貓回到牠們在城中的家後，煙開始升起來，不久整個城鎮就成為一片火海。

在開闊的戰場上，蒙古人的典型戰術是派出一支敢死隊做先鋒，對敵軍陣地發起進攻。到達攻擊敵人的範圍之內後，他們的隊列突然打亂，大家都轉身往回跑。看到蒙古人逃跑，多數敵軍指揮官會有一種無法抗拒的誘惑。敵人常常會進行追擊，這就正好落入蒙古軍隊的埋伏圈套。若敵人離得較遠，蒙古人會用輕的箭進行射擊，敵人靠近後，他們便使用更重的穿甲箭進行攻擊。最後，他們抽出劍將敵人砍死。

遇到堡壘時，蒙古軍隊會將它包圍，有時甚至在它四周建起圍欄。如果有壕溝，他們會運來石頭和泥土將其填平。他們整夜用石弩、破城槌和箭進行攻擊，讓城中的居民無法入睡。他們同時往堡壘中拋投巨石和一罐罐點燃的輕油。一位目擊者說，蒙古人把死人身上的脂肪割下來，化成油後撒到房屋上面，點燃火之後根本無法撲滅。

如果這樣做仍然無法奏效，蒙古軍隊就會查看附近是否有河流。如果有，他們就引水將堡壘淹沒。要是這一招不靈，他們就會在城牆下挖地道潛入城中。而如果這也沒用，他們就會在敵人的對面修建自己的堡壘，並用寬大為懷的虛假諾言誘惑當地居民。在多山的地區，堡壘常常建在高處，難以進行攻擊。他們這時會進行封鎖，直到飢餓在堡壘中蔓延。有一次，一支蒙古軍隊圍困一座堡壘長達十二年。成吉思汗曾說：「守衛者的勇氣有多堅固，城牆就有多堅固。」

蒙古軍隊強行招募中原的工匠組成特遣隊，要他們教蒙古人使用炸藥。他們把爆炸物綁成炸藥包，再將炸藥包發射到敵人的陣營中，這會造成極大混亂。為了解這些進攻的規模，讓我們看看其中的一次圍攻：成吉思汗的軍隊架起三千個石弩，從山上拉來二千五百車石頭，豎起七百台拋火焰彈的機器，並製造四千個攻城用的雲梯。

成吉思汗活著的時候，蒙古鐵騎無論走到何處，總會使當地人的心中充滿畏懼。這種情況改變的那一天他已經不在。他在征服党項人的過程中病倒。臨死之前，他對兩個兒子說：「我的子孫後代會穿金戴銀，他們會吃經過千挑萬選的食物，他們會騎最好的戰馬，他們會抱著最美麗的女人。但是他們不會記得，是誰給了他們所有的一切。」他死於一二二七年八月，終年六十五歲。

成吉思汗的遺體被放在一輛大車上，然後是漫長的回鄉之路。他已經下令對他的死亡消息進行保密，所以碰上這個送葬隊伍的倒楣鬼都會被處決，「在另一個世界效忠他的主人」。在正式入葬時，四十名「面如滿月、活潑開朗、完美無瑕的處女」身上綴滿珠寶飾物，成為成吉思汗靈魂的殉葬品。

成吉思汗的繼承者們繼續征服更多的土地，最引人注目的是征服俄羅斯。但是成吉思汗以無數生命為代價所建立起來的帝國，在他死後只持續四十年。在兩三代人之後，文明社會的舒適生活侵蝕了蒙古軍隊的強悍作風。一二九四年，忽必烈死去，蒙古帝國分裂為四個部分。在四個首領的爭吵聲中，成吉思汗的蒙古帝國走向衰落。

如果成吉思汗能看到今天的世界，他可能會對人類和土地之間的關係演化感到非常驚奇。在他的時代，他控制的土地就是他的，但是如果別人能逼迫他離開，那塊土地就不再是他的了。而現在，控制土地的人既不需要守衛也不需要占領。這個概念對他來說可能不合情理，而且荒謬透頂。今天獲取土地只涉及文件交換。實際上，美國的每塊土地都是由某人擁有，而唯一「自由的」土地就是政府擁有的部分。

在現代社會，土地作為私有財產的觀念已被廣泛接受。曾有一種觀念認為，土地應當屬於需要或使用它的人。但是這種觀念在十九世紀時的美國就消失了，現在看起來，它好像是一種理想化的奇怪思維。但是，從長遠來看，現代社會對土地所有權的態度好像也不合邏輯。如英國法學家威廉．布萊克斯通（William Blackstone）所寫：「我們認為，只要以前的所有者贈與我們，只要祖先留給我們，只要所有者在臨死前立下最後的遺囑和證明，我們就擁有（對土地的）權利。我們並沒有考慮到……在這個過程中沒有自然或自然法則作為基礎。為什麼羊皮紙上的幾個文字就能決定土地的占有？為什麼兒子有權把他的同胞從特定地點趕走，只因為他父親在他之前曾經這樣做？」

在西元二〇〇〇年，土地可以買入和賣出、租用和出租、借用和借出。但是它幾乎不可能再被占領。就連成吉思汗和他強大的軍隊也會發現，現在已不可能再透過奪取他人的土地來致富。土地仍然是通往財富的路徑，同時也是慾望的載體。然而，現在要想占有土地，就得使用不同類型的力量，不同於成吉思汗的騎兵力量。

Chapter 3

控制貿易要衝的中間人——

幾內亞王曼薩．穆薩

Mansa Musa

（？～西元一三三二年）

總是有些人願意做旅行者，騎著馱畜走村串戶，用來自其他地方的零碎物品交換當地的產品。儘管幾乎沒有道路，儘管有強盜不斷襲擊，貿易的溪流還是越流越遠，也越流越寬廣。人們不曾停止前進的腳步，直到發現世界的每個角落。越來越多的社會在創造剩餘產品，富人慢慢意識到他們可以得到遙遠地方的很多物品。由此，透過收購和出售貨物賺取差價成為一種致富之道。當哥倫布在西元一四九二年誤打誤撞發現美洲時，他原本的期望是透過貿易發大財，並不是成為榮耀但身無分文的探險家。

與此同時，人類商業活動中的另一古老力量正在日益壯大，就是對金錢的慾望。人類一直以來就崇拜黃金，在中世紀，歐洲人口的增加和經濟的繁榮將這種需求不斷推到新高度。歐洲的富人可以購買土地、毛皮、上好的衣料和寶石，但黃金是終極財產，無論被打造成高腳酒杯、小雕像還是項鍊，它都保持著自己的價值。

人們越想擁有黃金，黃金就越發顯得稀少。在十四世紀和十五世紀，歐洲黃金的基本來源是德國薩克森、奧地利提洛爾和匈牙利的金礦，但原始的開採技術限制了生產。更重要的是，古代東西方貿易的不平衡使黃金流向東方。亞洲人不想要歐洲的貨物，所以他們用自己的貨物換取歐洲的金屬。黃金的稀少造成一種惡性循環：人們一旦獲得黃金，就想把它牢牢握在手裡，黃金因此脫離了流通。貴金屬的供應如此短缺，使得歐洲的一個教堂把擁有的十字架熔化，並鑄成金錢。

黃金像貿易一樣，刺激人們選擇各種新的冒險方向。遠征的風險很高，但是回報同樣豐厚。在十四世紀，聰明的商人能夠發財致富，聰明的黃金交易者也可以，而用黃金做交易的商人，就可能成為世界上最富有的人之一。

曼薩．穆薩就是一個這樣的商人。雖然他統治的帝國像歐洲一樣幅員遼闊，也像歐洲一樣文明，但是曼薩．穆薩在當今的知名度還比不上西方許多平庸的領導者。在曼薩．穆薩統治之下的西非地區，社會呈現一片和平景象，人們自由且安全地旅行和交易，修建了大量的教堂和學校。當曼薩．穆薩於一三三二年去世後，他留下的是一個「疆域和財富都令人驚嘆」的帝國。

曼薩．穆薩是非洲人，名字的含義是「統治者摩西」（the ruler Moses）。正因如此，西方歷史多少會有些瞧不起他。非洲的早期歷史大多出自幾個阿拉伯作者之手，這些人之前接觸的黑人只是一些奴隸。一位中世紀的旅行者寫道：「我自然而然地熱愛智慧、創造性、宗教、正義和合格的政府，因此我沒有描述非洲黑人的國家。我怎麼能關注這些人呢？」

從另外一個角度講，曼薩．穆薩不能進入歷史的主流，或許是因為他是個機會主義者，是一個幸運生在正確的時間和正確地點的人。可是，今天的一些幸運兒，他們用錢去賭馬、玩極限運動，或乾脆安安全全、舒舒服服地混日子，而曼薩·穆薩卻憑藉他的錢成為一個中間商。曼薩·穆薩既不是發明家也不是生產商，但他發現，只需要將購買者和銷售者聚集在一起，並確保他們的交易有序地進行，自己就可以變得非常非常富有。

要在早期的全球貿易裡擔當中間商，這個人必須是具有組織、外交、財務和管理方面的通才。曼薩·穆薩的非洲國度遠離世界多數地方，他必須克服非洲、阿拉伯和歐洲商人之間巨大的文化差異和語言鴻溝。地理鴻溝相比之下甚至更大，因為撒哈拉沙漠是人類商業活動的最大障礙之一。為了進行食鹽、奴隸以及最重要的黃金交易，歐洲人必須苦撐三個月才能穿過地獄般的沙漠。其間，商人們不但可能死於口渴，而且可能成為蘇丹或廷布克圖劫掠者的獵物。一個好的中間商，需要確保商人們能安然無恙地帶著完好無損的貨物到達目的地。這種保護就意味著滾滾的財源。

由於歷史本身的局限性，重新建構一個生活在十四世紀的非洲人的人生絕非易事。由於人類的疏忽和自然災難，留存下來的史料少之又少。而僅有的東西也常常帶有古人的偏見。而且，不少資料都經過一次翻譯，有的甚至更多。用現代非小說類作家的說法，這些故事往往「太精采以致無可考據」。世界上的說書人往往都是為了填飽肚子才講故事，誇大其詞甚至憑空杜撰都是可能的。因此對曼薩·穆薩的描述，哪些是歷史事實的確很難說。以下是說書人的描述。

曼薩・穆薩出身很好，至少按照他所生活的時代衡量標準來看是這樣。他的祖父出生在一個部族中的首領家庭，家中兄弟十二人，他年齡最小。他的十一個哥哥全部被敵對部落謀害。作為唯一的倖存者，曼薩・穆薩的祖父繼承了一個擁有農民、牧場主和少數商人的王國，這個王國漸漸擴展成馬利帝國（Mali Empire）。曼薩・穆薩的祖父和父親都從黃金交易中撈取好處。他們用早期從領土上慢慢獲取的收益擴充軍隊，然後征服越來越遠之地的農民和牧民，並且對他們徵稅，就這樣進一步擴大他們的王國。

他們的土地位於非洲西部尼日河流域肥沃的洪泛區。馬利大致處於非洲北海岸和蘇丹的中間位置。當時，歐洲和阿拉伯的商人已在北海岸建立據點，而距離北海岸往南約一千六百公里處的蘇丹有出產天然金塊的金礦，那裡產的金塊有鳳梨那麼大。據說有一個金塊非常大，國王甚至可以拿它當拴馬的樁子用。嚴格來說，蘇丹人的金礦區是馬利的一部分。但是沒有人管理那些排外的礦工——他們如果被惹惱就會直接降低產量。

對世界上的領袖和商人們而言，減少黃金供應給他們是最大的災難。歐洲人對黃金有瘋狂的慾望。沒有黃金，他們就無法購買東方的奢侈品、支撐龐大的軍隊或付錢給稅務員。所有社會都重視黃金，但在歐洲這是一種狂熱，有些人甚至已經成癮。富人們想要把金盤子黏在牆上，用金線裝飾室內，在手指套上金戒指。

在蘇丹這塊盛產黃金的土地上，礦工們極度缺乏一種人類生存所需要的東西——鹽。在現代社會中，鹽既便宜又豐富。但是在鹽能被輕輕鬆鬆運輸之前的幾個世紀裡，如果一個地區沒有天然的食鹽儲備，人們就會經常在死亡的邊緣掙扎。在天氣悶熱的蘇丹，礦工們經常會大量流汗，鹽就像黃金一樣貴重。有時候，這兩樣東西的交換率是一：一。在非洲的一些地區，鹽塊既是食物又是錢幣。實際上，現代英語中薪水（salary）這個詞的拉丁語詞根就是鹽（salt）的意思。只有見過這種現象的人才能理解，人們如果得不到充足供應的話，會多麼強烈地渴望得到鹽。

無論歐洲人多麼想要黃金、礦工們多麼想要鹽和其他物品，地理位置讓雙方的願望都非常不容易實現。非洲的沙漠和叢林成為長途旅行者的極大障礙，最合適的方式就是雙方在中間位置的一個貿易中心會合。到達非洲北海岸的歐洲人艱辛地向南穿越撒哈拉沙漠，而黃金商人或他們的代理人乘船沿尼日河北上。雙方在馬利會合。會合地點有幾個城市，最著名的是廷布克圖。廷布克圖什麼都不出產，也什麼都不生長，是一個由土坯建築而成的不毛之地。但在幾十年時間裡，它是非洲內陸最大、最繁華的交易市場，人們稱它為黃金之城（City of Gold）。

根據傳統，馬利以及那些規模不大的小城市都由「大人」來統治。身為負責重新分配財富的人，大人對他的臣民們慷慨仁慈，而且擁有武器的控制權，以維護法律、維持秩序和發動軍事行動。一三〇七年，曼薩．穆薩成為馬利的大人。不久，他就成了非洲最大的中間商。

歐洲人從最早訪問非洲時開始，就察覺到他們需要當地中間人的幫助。整個大洲的地理狀況讓他們只能從北面進入才不那麼困難。岸邊淺淺的海水使得船隻在很多地方都無法靠岸，而通向內陸的河流又有太多激流和瀑布。歐洲人幾個世紀以來一直在練習航海技術，但是他們發現這些技術在非洲的多數地方都毫無用處。與此同時，瘧疾和黃熱病等非洲疾病對歐洲人來說尤其致命。這等於是為外來者設置了更難以踰越的障礙。

有一段時間，歐洲人試圖自己去進行黃金貿易的談判，以免讓他人分一杯羹。但是他們發現那些礦工行為古怪，無法預測。蘇丹人喜歡採用所謂的「沉默交易」方式，也可以稱為不出聲的易貨。商人們到達塞內加爾河岸邊的某處，把他們的貨物擺在地上，然後待在一個看不見的角落。這時當地人出現，檢查貨物，認為東西值多少金子就放下多少金子，然後走回去躲起來。當商人回來的時候，如果他感到滿意就拿走金子，一邊敲鼓示意成交，一邊離開。如果他不滿意，遊戲就會繼續下去。

雖然不出聲易貨可以完成交易，但是代價高昂且效率十分低。歐洲人數次試圖尋找金礦的地點。蘇丹人知道，人們會為了黃金而殺戮，並帶來死亡，所以他們對黃金的來源嚴守祕密，說金子像蘿蔔一樣是從地裡長出來，或者是螞蟻從地底搬上來的。有一次，那些商人試圖綁架一個當地人來找黃金，但是他守口如瓶，至死也沒露口風。礦工們為此罷市三年，拒絕進行交易。最後因為急需得到鹽，才放棄不通商的做法。

西方的商人們最終不得不雇用中間人。最初，他們嘗試訓練自己的中間人，所以帶一些非洲人回歐洲學習他們的語言。但是不久，馬利和非洲的其他地方出現了一批當地的中間人階層。這些人是代理人、設備管理人和商隊頭領，他們的工作是消除跨文化交易的三大障礙。這三大障礙分別是安全性、貨幣問題和運輸問題。

十四世紀是一個各自為政、政府軟弱的時代，「安全」是長途貿易的嚴重障礙。雖然沒有當時的可靠資料，但有些歷史學家相信，保護貨物的成本要高於運輸的成本。當富裕的商人們載著貴重貨物經過貧窮地區時，這些貨物通常會成為有吸引力、不可抗拒的誘惑。俠盜羅賓漢劫富濟貧的故事是經過美化的，以不浪漫的角度看，他們就是一群貧窮的林中居民，靠打劫運貨去市場的流動商人為生。要想平安通過，商人們必須做出選擇，要麼雇用武裝的護衛，要麼賄賂強盜。

如果運送的貨物是黃金，那麼被搶的風險通常就會急劇上升。黃金不但是世界上最昂貴、最具流通性的商品，而且相對容易攜帶和隱藏。在馬利，曼薩·穆薩有一支十萬人的軍隊，專門負責打擊偷盜黃金的活動，其中多數是裝甲騎兵。偷盜者會被判處死刑或罰做奴隸。「旅行者和居民一點都不害怕強盜或匪徒。」探險家伊本·巴圖塔（Ibn Battuta）這樣描述馬利。這在十四世紀中期是一種罕見的生活情況。

貨幣問題也一直是貿易的攔路虎。直到曼薩·穆薩時代之後的幾個世紀，這個問題仍在阻礙經濟發展。雖然在當時全球流通的貨幣數量不斷增加，但是沒有通用的貨幣標準，包括馬利在內的很多地方，都還在用貝殼作為貨幣。鑄幣很重，難以運輸，而且容易被竊。一三三八年，要將一船鑄幣從法國北部運到六百四十公里外的南部，需要花三週時間。一路上還要面臨各種風險，如遺失、遭到強盜襲擊或運送人監守自盜等。多數貿易處於以物易物的階段，這就出現了討價還價的機會，例如多少根圓木可以換一個茶壺，多少堆鹽能買一個年輕的奴隸。

十四世紀時，貿易的最大障礙，是將貨物從一處運送到另一處時會面臨到的現實困難。包括非洲在內的世界大多數地方，道路和橋梁很少，根本就沒有四輪馬車，而且實際上也沒有停車補給或躲避風雨的地方。在一些穿越高山叢林的路線上，運載貨物的工具只有一種

——人的頭頂。在歐洲，雖然羅馬人在幾個世紀前就修建了道路，但是冬季運輸仍會陷入停頓。反覆踐踏的道路變成泥沼，據說還有人因陷入泥潭死去。有些馬匹陷入泥坑，泥漿都高過馬的肚子。有些橋梁只有一頭馱畜那麼寬。馱畜通常是騾子，牠可以運送重達一百六十公斤左右的貨物。羅馬人修建道路是為了行軍，不是為了商人們的馬車通行。與此同時，許多鋪路的石頭被偷走當做建築材料。即使有人對這種道路進行維護，不過也是無計畫性的。而且，如果要走幾百公里的路程，旅行的商人需要經過好幾個不同的主權國家，每個國家都有不同的法規、重量單位和貨幣。

水路旅行效率更高，但是價格更加高昂。擺渡者會在河道中央停船抬價，有時旅行者涉水過河還需交費用。由於缺乏優質的航海設備，因此船必須靠海岸行進，儘管這樣會增加遇到海盜的可能性。實際上，摩洛哥、阿爾及爾、突尼斯和的黎波里（今利比亞）等北非國家，都是著名的海盜出沒之國。河流和航道上的通行費更是無處不在且價碼很高。十五世紀末，萊茵河上有六十四個收費處，多瑙河僅一段航程上就有七十七個收費處。這些收費處多數是由當地王公掌控。高昂的運輸成本打擊了大宗薄利貨物的貿易，例如糧食和普通紡織品。

在中世紀，穿越撒哈拉沙漠如同渡過海洋一樣危險重重。撒哈拉地區有大約七百七十六萬平方公里，部分是高山、部分是沙地。這裡一片荒蕪，以致有些極渴的旅行者把他們的駱駝殺死，只為得到駱駝胃裡的水。撒哈拉的白天非常熱，有記錄顯示，背陰的溫度都高達攝氏五十八度。但是夜晚很寒冷，狂沙埋沒印跡和路標，將人和動物活活埋葬。深一些的水渠是從轉瞬即逝的洪水而來。撒哈拉的確有幾十個大一點的綠洲，而且一直有生命存在。實際上，有些撒哈拉的動物能在無水狀態下存活數月甚至數年，有幾種動物甚至從出生到死亡根本不飲水。但人類旅行者大多必須等八天時間才有機會重新將水袋裝滿水。甚至到曼薩・穆薩時代後的五個世紀——一八〇五年，一支前往廷布克圖的商隊，因缺水造成超過二千人和一千八百頭駱駝死亡。

商人們運貨穿過範圍廣而且不安全的地域時，最早採用的方式之一就是組成商隊。這種商隊是被稱為「踩鋼絲的人」的經濟組織，它對於打開非洲的大門有關鍵的作用，如同鐵路對美國西部的意義一樣。商隊在中東是最常見的，但他們同樣穿越了歐洲。商人們組成團隊，配備刀劍或弓箭，將他們的馱馬圍在中間，馱馬載著麻袋、箱子和木桶。個人旅行者和朝聖者為獲得保護有時也加入商隊，而商人們偶爾會冒充朝聖者來逃避關卡的收費。

在十八世紀和十九世紀，許多大型貿易商隊穿過美國西部，從密蘇里到聖塔菲，再向南到墨西哥。十九世紀二〇年代，穿越大平原的一夥人，在水已用完的情況下割下騾子的耳朵，用騾子的血解渴。

組織一個商隊，無論走多遠，其難度都令人驚愕，更別說穿過二千四百公里的沙漠。這種行程需要花費七十天到九十天，商隊規模最大的時候需要將一萬二千頭駱駝連在一起。平均每個商人有四頭駱駝，其中三頭載貨，另外一頭馱食物和水。雖然作為馱畜，駱駝比馬、牛和驢的速度都更快而且更省水，但是疲憊又滿載貨物的駱駝所組成的商隊，每小時只能走三公里。無論準備有多充分，商隊穿越撒哈拉的行動總是危險重重。「穿越這一荒原的任何一次旅行，都像在重新擲骰子。」

隨著長距離貿易的繼續擴展和繁榮，冒險的商人開始分化，一些商人不想再與他們的貨物同行，尤其是在通過荒涼地區的危險行程中，他們更願意付費請別人把貨物帶給他們。在曼薩・穆薩之類的中間人幫助下，商人們第一次能把握和計算貨物的轉運和護送成本。貿易變得更易於管理，這大大地促進了貿易的發展。

在一三七五年出版的《加泰隆尼亞地圖集》（*The Catalan Atlas*）中，介紹了曼薩・穆薩的王國。其中有一幅畫，畫中是一位身材魁梧的黑人國王，一手執權杖，另一手握棒球大小的金塊，畫像底下的文字注解是：「這位黑人首領叫作穆薩・馬利，是幾內亞的黑人領袖。他的國家盛產黃金，他是那塊陸地上最富有、最高貴的國王。」這幅畫及注解讓英國作家強納森・史威夫特（Jonathan Swift）寫出以下的詩句：「繪製非洲地圖的地理學家／用野蠻的景象來填補空白／在荒無人煙的丘崗上／找不著城市，就畫上大象。」

在描述曼薩・穆薩的生活的僅有資料中，他被塑造為虔誠但有些滑稽、新崛起的富有部落首領。實際上，西方製圖員在試圖描畫曼薩・穆薩時遇到障礙。他們印象中的君主和衣衫短小的曼薩・穆薩存在差距，所以就讓他裝束整齊，而且還加上長長的鬍鬚。

曼薩・穆薩的確有滑稽的一面，至少從現代人的角度來看是如此。他要求臣民，當他在場時，要跪下並擊打自己的胸部以示謙恭。然後，當他說出任何話時，他們都要喃喃低語表示稱頌和贊成。當他在場時，所有人只能按照他的吩咐行事，這場景就像成人在玩小孩子的「媽媽，我是不是可以……」的遊戲。突然打噴嚏會被看作是無禮的表現並判處死刑。如果是曼薩・穆薩自己打噴嚏，周圍所有人都得用雙拳連續重擊自己的胸脯。曼薩・穆薩是透過一個發言人與大家進行交流，發言人會大聲重複他的話。他的臣民在對這位統治者講話之後，要用土或灰撒在自己的頭上，以表明他們的無足輕重。像自己的祖先一樣，曼薩・穆薩不讓任何人看見他用餐，以免他們錯將他視為凡人。

曼薩・穆薩對人民的絕對控制，是他成功成為國際中間人的重要關鍵。和當時的多數國家一樣，馬利既非組織周密，凝聚力也不強大，國王需要對下面各省進行嚴密監控。為達到這一目的，曼薩・穆薩需要一支卓越的軍隊。為使軍官們效忠，他賞賜他們大量的奴隸、黃金和馬匹，甚至村莊。成功的騎兵指揮官會獲得越來越寬的褲子，甚至有一種獎勵叫國家榮譽褲。褲子越寬大表示身分越尊貴，當然國王的褲子一直都是最寬的。

處在貿易路線周邊的土地總是會升值，因為商人們經過時，不得不留下他們的一部分貨物。有些土地擁有者會向過境的商人們收費，才放他們過去。還有一些人會事先聲稱，他們不同意任何人通過他們的土地運輸商品。在歐洲，有些城市會向任何通過那裡的船隻要求「優先購買權」。在這種情況下，船隻必須將貨卸下來，擺在外面出售。有時週期會長達兩星期。如果沒有人購買這些貨物，商人們可以將它們重新裝船然後繼續前進。

曼薩・穆薩擁有十四世紀最具價值的特權：任何在他帝國裡轉手的黃金，都必須上繳一定的比例。據說曼薩・穆薩將所有的金塊留給他自己，只讓商人們保存金粉。黃金交易熱絡了起來，交易體系得到改善。大量黃金從非洲流出，以至於有一段時間，歐洲鑄幣廠三分之二的黃金都來自蘇丹。然而，多少黃金也無法滿足世人無底洞般的胃口，這正是曼薩・穆薩財源廣進之路從無間斷的原因。

黃金對人類而言是最古老的貴重金屬，在《舊約全書》中被多次提及。它是一種神祕的物質，誘惑力與其本身的真實價值不成比例。一八六〇年，藝術評論家約翰・拉斯金（John

Ruskin）寫道：「最近加利福尼亞有一艘船失事。其中一名乘客身上牢牢地綁著一個小包，當中有九十公斤黃金。人們事後在水底發現他和他的黃金。想想看，當他正在沉沒時，是他擁有黃金，還是黃金擁有他？」幾個世紀之前，義大利半島上年輕的伊特拉斯坎女孩們，在結婚前透過做妓女來積攢黃金當嫁妝。在她們的心目中，黃金比貞操更重要。

縱觀人類歷史，黃金一直與權力、成功和健康連結在一起。在中世紀，食品有時候會鍍金，調味料裡也會摻入金或銀，因為人們認為這兩種金屬能加強心臟功能。溶化於酸的黃金被稱為「可飲用的黃金」，被視為對所有病症都有效的治療藥物。具有誠信美德的事物和人被認為「具有黃金品質」。下金蛋的鵝、金羊毛、黃金分割、金科玉律、黃金機會，這些描述都彰顯出黃金在人心目中的價值。人們總是拿金幣作為標準，去衡量其他貨幣。人類「一致地為黃金和白銀添加想像的價值，由於它們的持久性、稀少性和不易偽造」，英國哲學家約翰．洛克（John Locke）這樣寫道。

除了漂亮和不易毀壞，黃金還有很大的工業用途。它不生鏽也不易被腐蝕，這意味著它能夠躺在海底幾個世紀也不會失去光彩。它雖然很重，但柔韌度很好，藝術家可以將它敲打成各種精緻的形狀。它可以被壓成剃刀那麼薄的金箔，也可以拉成只有顯微鏡才能看到的金線。而且它容易熔化，所以能反覆使用。

對黃金的渴求不但推動人們對土地和水域的探索，而且刺激了一代代的業餘化學家，他們嘗試用基本金屬來合成黃金。發現點金石的人不但可以將金屬變成黃金，而且能使人返老還童。有些煉金術士更善於招搖撞騙而非研究科學。他們先將一塊黃金塗上水銀，然後用一種化學品將水銀洗去，隨即聲稱他們可以把便宜的金屬轉化成黃金。煉金術士基本上都是各種危險試驗的倖存者。他們建立化學這門科學，而且還在這個過程中發現了酒精和無機酸。煉金術代表了從巫術到科學和從非理性到理性的轉變階段。

然而，對黃金的沉迷也將一些人推向麻煩和犯罪。英國作家塞繆爾．詹森（Samuel Johnson）稱之為「腐朽人類的最後墮落」，莎士比亞將黃金描述為「人類心靈的毒藥」。有一位年輕的羅馬皇帝，他喜歡把黃金和珠寶往成群的奔牛中間扔，然後看人們衝進牛群去撿金銀財寶，從而被牛踐踏至死。他喜歡的另一個遊戲，是從皇宮屋頂上向下投金幣，然後觀看下面的人為搶奪金幣而相互殘殺。

曼薩．穆薩時代之後的兩個世紀，南美的黃金開始大量湧入西班牙。西班牙人的行為顯示出人們對黃金的渴望真的沒有止境：

他們將黃金嵌在窗框、鏡子和壁掛上。他們將金葉子嵌入門和樓梯扶手。他們用黃金覆蓋馬車，用黃金包裹椅子、沙發、床、箱子和櫥櫃的框架。他們用黃金裝飾獵槍和刀具。他們用黃金做盤子和鼻煙盒。他們以金絲覆蓋書，裝訂書時加入黃金鉸鏈。他們將金線繡入衣服和襯裡中，以及桌布、帷幕和掛毯中。

幾個世紀後，人們在美國加利福尼亞州的薩特鋸木廠發現黃金。從一八四八年開始，歷史上出現了少見的大規模人口遷移，成千上萬的人突然降臨加利福尼亞州，為了一夜暴富而做著徒勞的努力。一八四五年，大約七百人居住在加利福尼亞州；三年後，這塊土地上的人口激增至一．四萬人；到了一八四九年，在加利福尼亞州淘金的人有十萬人之多。

曼薩．穆薩的黃金為他在世界歷史上贏得一個適當的位置，尤其是在一三二五年，他與六萬名隨從前往麥加朝聖時，將黃金撒在路上。《古蘭經》要求，每位穆斯林一生之中至少要到麥加朝聖一次。當曼薩．穆薩準備出發時，他詢問一位長者哪一天適合出發。長者說，他應該等到某月十二日是星期六的那一天。第一個這樣的機會在九個月之後出現。

曼薩．穆薩帶上幾千名搬運工、五百名僕人，以及當時一位作家說的「令人一生難忘的大量黃金」。他攜帶的黃金由八十頭到一百頭駱駝馱著。曼薩．穆薩的大夫人也一同前往，她的隨從包括五百名婢女和奴隸。在開羅，曼薩．穆薩「以其慷慨布施淹沒這座城市」。的確如此，他在那裡一擲千金。埃及人自然對這樣大方的人熱情歡迎，而曼薩・穆薩的淺色皮膚——有些地方描述為紅色或黃色——也有助於他的旅途更為順暢。一位二十世紀初的英國歷史學家寫道：「沒有跡象顯示飽經世故的東方人在傳統上蔑視黑人。實際上，在膚色偏見這一鐵幕將黑人與文明世界隔開的時代，他是穿透鐵幕的第一人。」

十四世紀的非洲，對歐洲人和阿拉伯人來說，最有利可圖的商品就是黃金。但是不久之後，他們就發現另外一種可以獲得巨大利潤的商品，那就是奴隸。像需要黃金一樣，世界上很多地方的富人需要奴隸。富人願意買下奴隸，讓他們到軍隊、皇宮、礦區和農田中服役。奴隸制並非是由外來者引入非洲，有些非洲部落的確自己就有奴隸。然而正是中東以及隨後的「新世界」的需求，將奴隸變成了非洲基本的出口商品之一。

奴隸制大約在一萬年前出現雛形。從那時起，奴隸制一直是經濟剩餘的象徵。採獵者不可能有足夠的食物為家裡找一個提供服務的人。然而，人們一旦安定下來，並開始拿占有物來進行相互交換時，土地和奴隸就成為財富最常見的象徵。一座王宮中有成群的奴隸，他們消耗食物、房屋空間和衣物，什麼也不生產，只提供服務使主人過得舒適。最能顯示地位的莫過於此。實際上，在北美一些印第安人的部落中，奴隸被當作消耗品。在炫富的宴會上，為了炫耀財富或顯示對財產的蔑視，主人偶爾會殺死奴隸。奴隸交易是人類最早的商業形式之一，這應該是剩餘財富讓人類付出的最大代價。

然而，直到幾個世紀前，奴隸制還是人類生活中可以接受的正常部分之一。奴隸在奴隸主眼中不比工具、馬車或馬高級。人類當時相信上天的安排不平等，有些人富有，有些人貧窮，有些人做奴隸。在恐怖統治的社會中，自由的抽象概念根本沒有任何意義。在曼薩・穆薩的時代，人的生命是廉價的，奴隸的價格是以鹽粒來衡量。

像其他奢侈品一樣，奴隸在最初的幾個世紀裡基本上是國王、首領或者軍隊才會有的財產。但是隨著世界財富的增長，更多人能夠買得起奴隸。在羅馬，有些奴隸甚至都擁有奴隸。在第一個千年中，奴隸的基本來源是戰爭。奴隸制度一方面能處置敵人的軍隊和平民，一方面可以拿來獎賞獲勝的士兵。有些歷史學家認為，奴隸制度對被征服者來說是福音。在奴隸制度出現之前，對男人來說戰敗就會被折磨至死。由戰俘成為奴隸的人，包括白種人、黑種人、黃種人和棕色人種，人種和奴隸制度之間沒有關係。主人需要為奴隸付出很高的監管成本，而且由於沒有其他發洩方式，奴隸們往往會粗暴地對待主人家的工具和牲畜。

在被稱為「民主的搖籃」的雅典，奴隸制度是正常現象。城市人口中約有二五％是被當成動產的奴隸。連亞里斯多德都將奴隸比作牲畜，認為這兩個群體都需要一定的控制。雅典的奴隸主可以處死自己的奴隸而不用承擔什麼罪責。在羅馬，多達三分之一的人口遭受奴役，總數約三百萬人。據說有些奴隸主擁有幾千名奴隸。西元三一九年，君士坦丁大帝（Constantine）曾經針對奴隸的問題頒布法律。雖然奴隸主在懲罰奴隸時可以將他們打死，但不能夠「灌毒藥」或「讓野獸用利爪將奴隸撕成碎片」。

富人們還以奴隸取樂。在羅馬，人們會觀看經過訓練的奴隸角鬥士進行殊死搏鬥。奴隸們別無選擇只能接受訓練或者死亡，因此他們接受搏鬥訓練。如果不接受訓練，奴隸們就會被用燒紅的烙鐵刺身體。羅馬人聚集在競技場觀賞角鬥士們與他人或野獸搏鬥，這些野獸甚至包括來自非洲的獅子。有時候，一次搏鬥要持續數日。據說奴隸們的鮮血和痛苦可以讓觀眾蔑視疼痛與死亡。

在西元後第一個千年，歐洲大致上是農業社會，所以奴隸制度也具有這方面的特點。在中世紀之前的英國和歐洲部分地方，農業奴隸制度逐漸轉化為農奴制，農奴成為社會的最底層。一位主教在一〇二五年寫道，「農奴是一無所有的悲慘群體」。不過，農奴不像奴隸那樣完全生活在服從的狀態中。即使農奴擁有的食物不比奴隸多，但相對於奴隸，他們擁有一點點的人身自由。

蘇丹人經常在曼薩・穆薩的王國裡進行奴隸交易。這種交易在他們之間發展很快，對他們來說不是什麼恥辱的事。偷竊小孩賣作奴隸的事情非常普遍。對太監的需求一直存在，因為東方的君主們樂於讓太監來守衛他們的後宮。而威尼斯則被稱為「歐洲最大的太監工廠」。蘇丹人會在劫掠來的奴隸中挑選強壯的男孩進行淨身，而在一些部落中閹割常常被用來懲罰罪犯。在經歷這種殘酷的手術後，受害者大約只有十%的人能夠活下來。倖存者還要穿越撒哈拉沙漠，再一次面對死亡。一路上一直能看到白骨和鐐銬，這些都是渴死或累死的奴隸留下的。

在之前的五百年中，歐洲多次遭到野蠻人的侵略。從加茲尼的馬哈茂德到曼薩．穆薩之間的三百年時間裡，歐洲處於相對穩定的時期。由於對未來信心漸增，人們開始生養更多小孩，所以人口開始緩慢且穩定地增長。從西元一〇〇〇到一三〇〇年，歐洲的人口成長了一倍。有些地方甚至成長兩倍。農業生產率也因此提高，小工業和商業的規模同樣在擴大。多數富人仍是統治階級的成員，而獲得財富的管道開始多了起來。

在中世紀的歐洲，奢侈品消費以調味品為主。它們是最早的外貿商品，而且在幾個世紀裡一直都是最重要的商品。調味品在十四世紀的地位，相當於銅在十五世紀的地位、茶葉在十九世紀的地位和石油在二十世紀的地位。商人船主們為尋找調味品遠赴重洋，就像現代的投機分子尋找石油那樣。調味品相對容易運輸，而且可以賣高價，不枉商人們經歷遙遠的航程。根據一項統計，印度的調味品在到達消費者手中之前要轉手十二次。富人對加入調味品的菜餚已有了永不滿足的胃口。的確如此，食物只不過是調味品和佐料的載體。另外，調味品不但可以用來保存食物，而且可以用來掩蓋變質食物的腐爛味道。這種情況持續到十六世紀三〇年代，當時一位葡萄牙國王向一家比利時佛蘭芒公司訂購一批昂貴的掛毯時，還承諾說一定會用胡椒支付。

然而，對於生活在那個時期的多數歐洲人來說，努力達到溫飽耗去了他們所有的時間和精力。歐洲一些本來人口稀少的地區，這時卻變得過於擁擠。人們遷往擁有教堂、小學校、小酒館以及商人的城鎮居住。但是，城鎮中的水往往不乾淨，而人們還沒有意識到衛生條件的惡劣和疾病有關聯。生活在小村莊裡的多數人仍要靠耕種土地為生。在靠天吃飯的情況下，雨水顯得尤其重要。「生存空間如此狹窄。中世紀的歐洲已處於災難邊緣。」

十四世紀的首次大災難是一三一四到一三一七年之間的饑荒，連年莊稼歉收使人們開始吃樹葉和剛遭處決人犯的肉。許多瀕臨餓死的人在田野中四處尋找食物，監獄裡的犯人根本就沒飯可吃。

接著是空前絕後的大瘟疫。黑死病於一三四八年降臨，從義大利逐漸擴散至英國，奪去大約二百五十萬人的生命，相當於歐洲總人口的三分之一。之後歐洲發生了劇烈的改變，經濟陷入一片混亂之中。有些歷史學家相信，黑死病代表中世紀的結束和現代史的開端。對於富人來說，在對抗瘟疫的過程中，金錢根本發揮不了多大作用。然而這種流行病對歐洲的財富進行了重新分配，創造出新的富裕階層。

黑死病是從亞洲傳入歐洲，媒介是身上帶有跳蚤的老鼠。瘟疫最早是在黑海沿岸引起人們的注意，當時作為成吉思汗繼承者之一的金帳汗國，一位蒙古可汗正在攻擊敵人，此時流行病在蒙古軍中爆發，可汗下令用彈射器把死屍彈入城中，希望被感染的居民死去或停止抵抗。此事件被一位歷史學家稱為人類歷史上有記載的第一場生物戰。這次行動在軍事戰術層面上失敗了，但是一些跳蚤和老鼠受到感染，而且後來進入西行的船隻。

能夠成功分銷貨物的歐洲貿易體系幫助了瘟疫的傳播。這種「令人毛骨悚然的風暴」席捲整個歐陸，所到之處的感染者有六〇%到七五%難逃一死。相比之下，肺炎的感染者幾乎無人得以倖存。無論是國王還是農民，在黑死病面前都沒有分別。一位倖存者寫道：「教堂執事和醫生被拋進同樣深度和寬度的墳墓中，立遺囑者、他的繼承人和遺囑執行人被一起投入同個洞穴。」

財富的好處之一就是能幫助你遠離人口密集的地區，而這些地區糟糕的衛生條件加速了瘟疫的傳播。醫療機構提供的意見對有能力照辦的人也幫助不大。有些人認為，瘟疫是由有毒的水蒸氣引起，水蒸氣會透過皮膚上的毛孔進入人體內，所以洗浴和做愛一度被禁止。他們建議人們待在家裡，將門窗緊閉。他們還在房間裡和衣服上灑香水。一位醫生建議：「趕快逃走，多吃瀉藥。」

有些人從瘟疫中醒來後發現，他們成為家中唯一的倖存者。他們突然間變得富有。土地、工具、家畜和貴重金屬不會隨著想擁有它們的人減少而消失。所以富人變得更富有，窮人也一樣。這次瘟疫為很多人打開機會之門。店員成為店主，從前的工匠成為老闆和承包商，農場中的勞動者成為鄉紳。農場主需要供養的人變少，因此可以放棄產量最低的土地，集中精力經營品質更好的土地。

大瘟疫之前的富人在醒來後，則面臨著不同的後果。由於勞動力驟減，實際工資水準上漲約五〇%，土地的價值卻在下降。大片土地的所有者被迫為勞動力支出更多、收更少的租金。新的租金和工資體系使農民獲得更多的獨立性。瘟疫之前，人們自願到船上去做非常辛苦的划槳手。瘟疫過後，只有奴隸或犯人才願意做這種工作。

這次瘟疫對倖存者的心理影響，改變了人們對未來的思考方式。如果死亡隨時可能降臨，為什麼不活在當下？奢侈品變成了必需品，人們不加節制地購買皮毛、絲綢和珠寶。舊有的貴族階層垮台，新興的富裕階層出現。社會風氣敗壞，富人們開始穿華麗的服裝，披掛閃閃發光的珠寶。然而他們的歡慶是短暫的。多餘能量一旦被吸收，歐洲就變得更窮，因為實際上生產已停滯了數個月。

在每個不僅靠出身、而且透過運氣或技能也可致富的社會，都會產生一個人們稱為新貴、暴發戶或偽善者的階層。他們跨越階級，攪亂已有的社會秩序。單單從表面上看，他們與生而富貴的人沒什麼差別。對於依靠社會約束來維持穩定的世界來說，這是不可接受的。因此，出現了「以法律限制揮霍浪費」的奇特現象，這通常還有一個附帶的好處，就是減少商品的進口。

限制揮霍浪費的法律最晚從羅馬帝國時便存在。西元前二一五年，羅馬通過了相關的法律，其中包含很多條款，例如規定女性一次掛在身上的黃金不能超過十五克。但是長期以來，限制揮霍浪費的法律普遍被忽略。十三世紀時，中國宋代的一位官員寫道：「如果將一個人從頭到腳看一遍，你就會發現，十有八九他已經觸犯法律。」

法國的亨利三世國王是限制揮霍浪費法律的狂熱信徒。他在西元一五八三年頒布法令，規定只有王子可以穿戴珍珠或繡金邊的衣服。雖然法國國王無須為自己的命令說明理由，但亨利宣稱：「上帝會生氣，因為祂無法從一個人的衣著上辨別他的地位。」

然而，多數限制揮霍浪費的法律，都是為了確保一個僅僅擁有財富的人不能像貴族般行動。例如，英王愛德華三世在一三六二年宣布，商人可以穿騎士的衣服，但前提是他的財富必須是騎士的五倍。自耕農以及之下的人禁止穿有鈕扣的衣服。亨利八世頒布的法律更詳細規定，禁止女伯爵或伯爵夫人以下的英國女人戴金銀首飾或穿紫色衣服。只有一種例外，「女子爵或子爵夫人可以將它們穿戴在裙子裡」。

到一三三二年曼薩．穆薩去世之時，穿越非洲的其他路線越來越多，其他部落的力量也越來越大。但是，曼薩．穆薩所推動的貿易仍在繼續。貿易為致富提供了眾多機會，高貴的出身、強大的軍隊和強健的肌肉，這些不再是成功的唯一條件。海外貿易是鍛鍊企業家能力的大型學校，受益的不只是親自出海的船長、押貨員和商人，還包括參與貿易的商人、保險代理人、造船專家、轉口貿易商、食物供應商以及各種公司的雇員。而且，隨著市場的擴大，人們的富裕程度能夠達到更高的水平。

如果說西元後第二個千年的早期是劫掠者和地主的時代，那麼中期就是企業家的時代。由於剩餘財富不斷增加，有些人能夠積攢或借到資本，從而投資於貨物運輸、出租新的運輸工具、組織探險、找尋新市場。在這個人口更多、技術變得更複雜的世界，花錢組建軍隊的代價極其高昂，除了國王之外其他人根本無法實現。而透過貿易比透過戰鬥更容易致富，這樣做成本也更低。曼薩．穆薩是盜賊與商人之間、劫掠者與小販之間的紐帶。不久之後，商人就將盜賊擠出了市場。有史以來的第一次，所謂的「大人」不必再是人高馬大之徒。

Chapter 4

以神的名義斂財——

教皇亞歷山大六世

Pope Alexander VI

（西元一四三一年～一五〇三年）

徵稅的權力曾多次在歷史上創造巨額財富。而聚斂財富最多的人物中，有一位就是精明且腐敗的教皇亞歷山大六世。為了從眾多的子民身上刮取他們少得可憐的財富，亞歷山大六世運用了甚至比暴力更有效的權力——神的命令。羅馬天主教會是當時最大的經濟組織。作為教會的領導者，亞歷山大六世管理著大量財富，能很方便地揩油，而且他對自己的貪婪絲毫不感到羞恥。他認為自己是上帝在世間的代表，如果他生活得不體面，會使上帝蒙羞。尼古拉．馬基維利（Niccolò Machiavelli）在著作《君主論》（*The Prince*）中寫道：「比起其他的教皇，亞歷山大六世明確地展現出，教皇能夠在多大程度上運用金錢和權力，將他自己的意志貫徹到極致。」

亞歷山大六世以及他身處的那個匕首加毒藥的時代，現在看起來太過離奇，不像是歷史事實，但亞歷山大六世本人卻像牧師比利．葛理翰（Billy Graham，二次大戰後福音派教會的代表人物之一）一樣真實。亞歷山大六世只是生活在一個「財富能使朋友獲得肥缺、使敵人遭受恐怖暗殺」的時代。亞歷山大六世在做紅衣主教（樞機主教）的三十年間，將大量的財富據為己有。利用這些財富，他最終成功地買到了世界上最具權勢的位置。沒人指望教會的領導人能做到公正廉潔。加理多三世（Calixtus III）於一四五五年成為教皇，他手下的一位高級法官，曾荒謬地准許一位伯爵與自己的妹妹發生性關係。

在十五世紀的歐洲，尤其是在重商主義的義大利，人們為眼前的繁榮景象感到眼花繚亂，對法律和規則感到漠然。從黑死病的陰影走出來後，歐洲的人口又開始增加，人們又漸漸富裕起來。人類知識的擴展加快了世界貿易的發展。人們有更好的道路和地圖，更大更適合航海的船，以及更堅固的馬車。農業技術的提高生產出更多剩餘產品，使得更多工匠、零售商和貿易商在城市中聚集。維持生計仍然是多數人的生活目標，不過他們已經能在鞋子裡藏上幾個銅便士。家庭手工業已發展到需要分工的階段。在每個地方，可以購買的東西更多了，用來買東西的金錢也更多了。

對於富人來說，世界就是一個充滿新鮮玩意兒的琳瑯滿目店鋪，來自遙遠地方、具有異國情調的各種奢侈品，令人目不暇給。他們能夠買到有貂皮襯裡的大衣和銀質的壁爐罩、馬檳榔蜜餞和獨角獸的角。城市中住得很近的富人會刻意地炫耀和攀比，願意花大筆錢購買稀缺和少見的商品。他們想要荷花軟膏、小步快跑的驢子、斧頭和齊特琴（Zither）等東西。「要做到『光彩奪目』，就要占有在不斷擴展的貿易中所有令人垂涎的東西，就要藉由公開賣弄自己的服裝和飾品，來誇耀自己的購買力。」

雖然多數富人都能夠享受經濟發展的好處，但教會這個世界上最富有的機構卻陷入糟糕的困境。自從聖彼得開始，教會一直宣揚貧窮和謙遜的美德。然而在整個中世紀，每位繼任的教皇都生活得像個君主。教皇和紅衣主教一面欺騙農民交什一稅，一面收集珍貴的石雕和貝雕，還舉辦盛大奢華的聚會。教會不再是一個精神性的組織，它已經變成一棵搖錢樹，像喝醉的地主一樣斂財和花錢。「教會變得像一家沒有競爭對手的公司，將大筆利潤作為董事們的薪水，讓銷售團隊人心渙散或陷入絕望。」在十五世紀，歐洲的一些溫順、不識字的農民都在懷疑，羅馬是不是出了什麼問題。

實際上，問題多得不勝枚舉。羅馬已變成一個巨大的藏汙納垢之地，但丁寫道，「基督每天都被出賣」。此時梅毒禍害社會的各個階層，在教皇的眼皮底下，賣淫嫖娼風氣日盛，教皇還向城市的高級娼妓徵稅。一位前任教皇的私生子是「最驕奢淫逸的放蕩子」，令整個城市大為震驚。而一位紅衣主教據說在二十八歲就死於「太過放縱」。社會各階層都湧動著暴力的潛流，被判刑和公開處死的罪犯與日俱增。夜晚的恐懼氣氛令人毛骨悚然，夜晚就是魔鬼的白天。在外出之時，所有有辦法的人，包括神職人員，都隨身攜帶武器——通常是匕首。幾乎沒有什麼用錢買不到的東西。

神職人員應該是禁慾的，他們不能結婚，但是很多人公開與情婦在一起。由於很多神父有子女，所以私生的恥辱感已減退。亞歷山大六世本人就放縱情慾，擁有好幾個情婦，其中一個的年紀只有他的三分之一。而且他還生下九個私生子女。其中一個女兒就是路克蕾琪亞・波吉亞（Lucrezia Borgia），亞歷山大六世為了推動自己的政治事業，曾經為她安排了政治聯姻。只有一次，在他的大兒子被殘忍謀殺之後，亞歷山大六世經歷了良心上的危機。其他時候，他就是一個毫不知恥的人。

羅馬天主教教會從人們身上攫取的財富之多，超過歷史上任何其他組織。整個歐洲甚至包括冰島和格陵蘭島上的人們，都向教皇的金庫納稅。首先每人要繳納年收入的十分之一，即什一稅。當地教會的官員負責確保每一戶人家都上繳了稅款。每一層級的神職人員都有成千上萬人，他們必須以更高的比例納稅。他們將第一年收入的一半交給教皇，之後每年至少交十分之一。經常還有附加稅，例如為十字軍東征而繳的稅。

除了巨額的現金流入，教皇還掌管著大量的貴重物品。這些物品的所有者本來是委託教堂代為保管東西，卻因為參加戰爭或朝聖而未能返回。在其他情況中，靈魂受煎熬的人在彌留之際，為了避免遭受煉獄之苦，會在最後一刻向教堂買一份「火災保險」，將金錢或財產捐贈給教會。中世紀時，神職人員是唯一能讀會寫的一群人，因此多數遺囑自然而然地都出自他們之手。

教皇的金庫財源還包括關稅、通行稅、食鹽專賣權、礦山、糧食出口許可，以及牲畜從山地到牧場的季節性遷徙費用。據估計，到一二五〇年時，教會擁有英國五分之三的可耕種土地，以及德國三分之一的土地。這些土地多數不進行商業買賣。明礬是用於製作布料和皮革的材料，教皇擁有一個明礬礦，因此禁止信徒從其他地方購買這種物品。到一四八〇年時，明礬的利潤已占教會長期收入的三分之一。在擁有大量的財富之後，教堂開始崇拜財富。

在中世紀早期，儘管財源廣進，教皇們仍舊入不敷出。十四世紀，教皇們大部分時間都住在法國亞維儂的行宮中，那裡有一座監獄、一個武器庫、一個屠宰室，還有所謂的廁所之塔。兩層樓高的廁所說明了當時居住的人員之多。一位德國編年史學家曾經這樣描述主教們的手：「戴著昂貴戒指的雙手，驕傲地放在他們的大腿上。他們風光地騎著最好的馬匹，身後跟隨著數列穿著華麗的傭人。他們為自己修建宏偉的宮殿，在宮殿裡上演種種娛樂節目，縱情於聲色犬馬。」

在大手大腳花錢幾十年後，教堂債台高築。為了要有更大的鋪張浪費，借債成了籌資的有效方法。借債需要付利息，所以亞歷山大六世把教堂變成商品，將精神上的名分和好處賣給出價最高的人。亞歷山大六世用他的錢買下一座巨型宮殿，裡面有像紅色絲綢般光滑的家具、織金錦緞、白銀花瓶和超大的掛毯。擺闊成為一種統治方式。「他們從未想過，可以不必炫耀也能完成服務上帝的職責。他們在經濟方面只有一種態度——為了上帝的榮耀而花錢。」

這與基督教的本義已完全背道而馳。根據基督教的本義，私有財產都是偷來的財產，除非以他人做犧牲為代價，否則一個人不可能擁有更多財產。真正的信徒不會在乎這個世界的種種狀況，「足夠維持生計」就是目標。農民的勞動會在另一個世界展現出價值。貪婪是七宗罪之一，與懶惰、嫉妒和通姦不相上下。根據道德義理，一個人除了基本需求之外，多餘的財富都屬於上帝。馬太在《聖經．新約》中警告說：「一僕難事二主，他既不可恨此而愛彼，亦不可厚此而薄彼。你無法既效忠上帝又效忠於財神。」在亞歷山大六世的時代，教會好像已否定了馬太的格言。教會不但成為歐洲財富的保管者，更成為占有財富的最大優勝者。

西元三八〇年，在基督教成為羅馬帝國的國教之後，教皇和教會就有效掌控著人們生活的多個方面。宗教法庭管理所有與誓言、承諾有關的法律事務，所以它掌管遺囑、婚姻、慈善捐贈和合約。「教皇如果高興，可以剝奪任何人的權利……什麼能夠取悅他，什麼就具有法律效力」，十四世紀，方濟各會的一位修道士這樣寫道。教會還透過接受人們對較輕罪惡的懺悔，來監控人們的行為並了解他們的祕密。

教會的權威有部分來自將人驅逐出教會的權力。這種權力除了詛咒被驅逐者下地獄，同時還切斷這個人與其他信徒的所有連結，甚至禁止任何信徒和被驅逐者講話，並威脅將不聽話的人也驅逐出教會。心甘情願順從教會權威的獎賞，就是普通人也能上天堂。中世紀的多數人在生活中體驗到艱辛和失望，所以這確實是一種很強的誘惑。

教會將聚斂到的錢財送給有需要的人，以此贏得大眾的擁護。教會的修道院會分發食物給窮人，並為旅行者提供住所。它的醫院關愛病人和窮人。僧侶們抄寫和保存手稿，讓希臘文和拉丁文得以保持下去，而且羅馬教廷使藝術、建築和音樂得以重生。最重要的是，教會為西方提供了一套能跨越所有政治疆界的價值準則和法律體系。在中世紀這個最黑暗的世紀裡，教會成為橫在人性和野蠻之間的最堅固屏障。

但是當亞歷山大六世在一四九二年取得教皇皇冠之時，教會對人們的控制力明顯出現削弱的跡象。多數野蠻民族已變得溫和或滅亡，各國政府從長眠中醒來，開始樹立自己的權威。國籍在個人身分中的重要性正在逐漸增強。人們參加朝聖、投入戰爭，或以其他方式接觸更廣大的世界。來自東方和西方的商人們買賣貨物、相互交談，他們逐漸感受到文化開放所帶來的新氣息。

這些變化來得既緩慢又微妙，教會起初沒有注意到，之後又試圖忽略它們。經過幾個世紀的變遷，教會已形成很多官僚層級，它的領導者們對大牆之外的世界幾乎一無所知。在教會自毀形象的同時，它的官員們不再將大眾看作迷途的羔羊，而是開始把他們當作可榨取利益的動物。中世紀早期的安慰之所已被冷酷的檢察官和金融家給取代。教會和國家爭奪同一批子民的賦稅，而且常常出於相同的理由：打著擴張領土的旗號為戰爭籌資。人們將錢花在奢侈品和戰爭上，藉此在政治舞台建立起「價值」。

為了要與義大利的君主們競爭，教皇需要在外觀上和行動中都像個君主，他的下屬也不能落後。有一位男修道士已被指定為大主教，但仍過著禁慾的生活，亞歷山大六世訓導他說：「注重每個人在社會的地位，是對上帝的讚美和頌揚。試著改變你自己的行為舉止，使其與你崇高的地位保持一致。」畢竟展現一個人的地位是富人們的古老傳統。在早先幾個世紀中，這種展現非常重要，只有這樣做的人才能被鄭重地對待。一個人如果穿著簡單或不夠時尚，就容易招致謠言，人們會說他即將破產。

在亞歷山大六世去世之後的五個世紀裡，他一直是個飽受爭議的人物。他被說成是惡棍、聖人、騙子或者善人。就像理查三世和羅賓漢等其他奇特的歷史人物一樣，亞歷山大六世讓歷史學家爭論不休。也許歷史學家在其他問題上還有某些共識，不過他們對亞歷山大六世基本上沒什麼一致的看法。

幸運的是，在歷史研究上，一位見證過亞歷山大六世許多活動的人，他在自己的日記裡忠實地記錄下教廷生活的細節。不過這些記錄對亞歷山大六世的名聲來說，可就不那麼幸運了。日記主人叫約翰尼斯．布林夏德（Johannes Burchard），在一四八三年到一五〇六年間擔任羅馬教廷的司儀。雖然日記大部分寫得中規中矩，但布林夏德也說了一些下流的故事。亞歷山大六世的兒子凱撒．波吉亞（Cesare Borgia）有次設宴，他將栗子撒在地上，讓五十名赤身裸體的妓女爬著把栗子撿回來。布林夏德寫道，教皇當時「在場觀賞」。歷史學家將這次事件稱作「五十人的盛宴」或「栗子芭蕾」。還有一次，一些母馬被拉進梵蒂岡教皇宮殿的庭院內，那裡已有種馬在等候。人們慫恿這些馬進行交配，教皇和他的女兒「一邊看一邊快樂地高聲大笑」，布林夏德這樣寫道。

教皇的統治充滿了祕密結盟和裙帶關係，在他們的圈子內幾乎沒有什麼不同的聲音。當牧師或主教成為紅衣主教和教皇時，「他們通常已上了年紀，習慣針對眼前目標進行政治鬥爭，缺乏全局觀。他們想見證教會的權力統治人民，而這些權力就是他們自己的權力」。

當然，對亞歷山大六世來說，裙帶關係就像屈膝禮一樣自然。畢竟，正是他叔叔對於家庭王朝的遠見，才將這個聰明親切、名叫羅德里哥（Rodrigo）的西班牙男孩變成教皇亞歷山大六世。

一四三一年，亞歷山大六世生於波吉亞大家族的西班牙分支，當時他的名字叫羅德里哥・迪波吉亞（Rodrigo de Borja y Doms）。如果不是因為叔叔阿方索（Alfonso），他可能會默默無聞地過完一輩子。當羅德里哥二十四歲時，阿方索成為教皇加理多三世。加理多當時七十七歲且年老多病，這使得羅德里哥在紅衣主教們爾虞我詐的鬥爭中成為折中的選擇，競爭者希望能很快開始新的一輪競爭。在叔叔戴上教皇皇冠時，羅德里哥正在波隆那（Bologna）攻讀法律。他把五年的課程壓縮到六個月，拿到博士學位，之後被指定為地位顯赫、終身任職的紅衣主教。一年後，羅德里哥成為教會中的第二把交椅——副教宗。這使他掌握了徵稅和給予恩惠的權力。

加理多在位時間超過三年，這段時間足夠讓他將波吉亞家族的家人、朋友和食客塞入教會的幾十個職位中。他死之後，羅馬陷入一片混亂。這是教皇更替期間常見的事，但這次的騷亂尤其激烈。憤怒的羅馬暴民對西班牙人窮追猛打，搶劫他們的房屋。在混亂期間，羅德里哥・波吉亞和家人在五百名護衛軍的保護下，喬裝改扮逃離羅馬。幾星期後，新教皇庇護二世（Pius II）繼位，羅德里哥又回到羅馬，仍舊戴著紅衣主教的帽子。

雖然處於一個道德崩壞的年代，但是羅德里哥年紀輕輕就尋歡作樂還是讓他聲名狼藉。他離不開女人，而女人也離不開他。據他的導師所寫，羅德里哥「英俊瀟灑，有最迷人的笑容和親切的舉止。他天生就巧舌如簧。漂亮女人為他傾倒，被他弄得神魂顛倒……他對女人的吸引力比磁鐵對鐵的吸引力還大」。另一位歷史學家挖苦說：「他精力旺盛的特點使他聲名狼藉。」他家族的旗幟上，印的是一頭紅色的公牛在金色田野上吃草。

二十八歲的時候，羅德里哥和另一位紅衣主教參加了在義大利西恩納舉辦的一次聚會。動靜鬧得太大，他的上司庇護二世有所耳聞，急急忙忙發出一封信表達氣憤。有人對庇護二世說，聚會上有「下流人物才跳的舞蹈」，在場的人「在愛的名義之下胡作非為」。庇護二世責備羅德里哥「輕浮」，信的結尾說羅德里哥讓自己成為教會的笑柄。

能言善辯的羅德里哥馬上做出反應，聲稱自己是被惡意誹謗的受害者。他承諾以後會避免這些是是非非。庇護二世對年輕又雄辯的羅德里哥心存愛惜，就原諒了他，不過羅德里哥很快就忘記自己的諾言。正如馬基維利在《君主論》中所寫：「亞歷山大六世……除了騙人之外從未有其他想法，而且他總是能找到新的託詞。從未有人能讓自己的話如此令人信服，他以更莊嚴的誓言搪塞自己之前做的種種承諾。」

如果將教會看作一家大公司，那麼紅衣主教團的成員就是董事會的董事。縱觀整個十四世紀，教皇在指定紅衣主教時，越來越多時候是根據他們的財富和關係，而非他們對上帝的虔誠。到亞歷山大六世的時代，紅衣主教甚至不必是任命過的牧師，很多人甚至從未布過道。在他們之中，很少有人會讓神聖的誓言影響他們的世俗之樂，一位十九世紀的天主教歷史學家寫道，文藝復興時期的紅衣主教們「狩獵、賭博、大擺筵宴、縱情於聲色犬馬，而且在道德上極端放縱」。

紅衣主教和其他教會官員藉由控制各個地區的教會來賺錢，他們有權從所在地區的收益中提取部分利益。教會的官僚機構層層剝削後，將剩餘部分交給更高一層。神職人員很多都老老實實，所以最後巨額財富都聚積到了羅馬。

十五世紀紅衣主教弗朗切斯科・貢扎加（Francesco Gonzaga）的財產清單，可以看到教會高級官員可獲得多少財富。紅衣主教貢扎加的財產包括五百枚寶石、凹雕和浮雕玉石、華麗的服裝、畫有仙女的高腳杯、金質餐具和大量高級掛毯。他的財產「為他帶來顯赫的聲望，這有助於他在羅馬受到尊重」。

羅德里哥・波吉亞也穿昂貴的服裝，騎乘極好的馬，收集珍稀的藏書。在狩獵之時，他從鄉間飛馳而過。「身披大氅，腳穿馬靴，胯下是鬥志昂揚的駿馬，周圍是一群靈敏迅捷的獵犬」。他喜歡打牌，而且他曾吹噓，自己擁有的金幣可以堆滿整個西斯廷教堂。一位歷史學家承認：「他的慷慨大方很難與揮霍浪費區分開來。」一四五七年，紅色被定為紅衣主教制服的正式顏色。「紅衣主教們所穿的衣服顯然非常昂貴……這給人們留下一種權力和富裕的印象。」

然而，儘管羅德里哥慷慨大方、大權在握，但他仍未能擁有他夢寐以求的東西——教皇寶座。隨著教皇們一個接一個死去，他多次痛苦地看著其他紅衣主教戴上皇冠。每一次都是政治陰謀的結果，其中過程非常複雜，沒人能全面了解。

當羅德里哥五十三歲時，因支持修建西斯廷教堂而留名青史的教皇西斯篤四世（Sixtus IV）去世，一輪繼位之爭又開始了。羅德里哥等待這一機會已近二十年。他許諾巨額金錢和大量禮品，向紅衣主教們發動攻勢。但是亞歷山大六世的敵人們——就是其他家族王朝的領導者們，也在做同樣的努力。亞歷山大六世最終未能收集到贏得選舉所需的三分之二選票。依諾增爵八世（Innocent VIII）成為新任教皇。

紅衣主教們對誰是基督的下一個代言人爭執不休，同時在歐洲的莊園、鄉村和城市中，對基督教正瀰漫著一種不滿情緒。由於社會、族群和經濟等種種原因，人們對權威的態度正在改變。教會仍然控制著人們的道德心，但此時已經有一些信徒開始懷疑：為什麼做一名信徒的代價如此高昂。能讀書識字的人多數仍是神職人員，但其他人正在別處發現知識和信仰的來源，尤其是透過印刷的文字。從西元一四六〇年到一五〇〇年的四十年間，出版的書籍數量超過中世紀所有抄寫員和僧侶們所出的書籍，而且人們可以得到各種本國語言版本的聖經。受過一些教育的人幾乎與神職人員有同樣的知識水準。在一五〇一年，亞歷山大六世認為有必要發布一條教皇令，要求所有印刷商將他們印製的書籍交給教會審批。對教會組織的信任逐漸在消減，而對個人的篤信崇拜正在增長。

點燃精神怒火的是狂熱的金錢反對者——吉羅拉莫・薩佛納羅拉（Girolamo Savonarola）。薩佛納羅拉是佛羅倫斯道明會的一位修道士，他在一四九〇年開始大肆抨擊當地的拜金熱，咒罵教會和銀行家之間的不純潔關係。他以令人信服且恐懼的細節預言，上天落下的利劍將懲罰那些邪惡之人。他的演講極具感召力，人們為此而「害怕、驚慌、抽噎和哭泣」。一位同時代的人寫道：「每個在城市中走來走去的人都不知所措，他們死氣沉沉而不是神氣活現。」薩佛納羅拉詛咒所有的奢侈之物，鼓動人們將所有珠寶、繪畫和華麗衣裳全都投入他點燃的「燒燬虛榮」的大火中。此時多種形式的公共娛樂都被禁止。

不久，其他預言家也加入這種啟示錄式的宣傳，而幾個世紀以來受到教會排擠的佛羅倫斯民眾則興致勃勃地聆聽他們的演說。接著，一連串的自然災難降臨。一四九五年台伯河氾濫，河水漫過堤岸，將羅馬變成一片泥濘的窪地。饑荒和瘟疫接踵而至。屢屢有傳聞說，有一個驢頭女人身、背上長有落腮鬍老人臉的怪物出現。自然而然，人們認為這些自然變化是上帝對他罪惡的子民的憤怒。

教會依舊閉門塞聽。找教會的麻煩就是找上帝的麻煩，那些言論本身就是異端。教皇的宗教裁判所在歐洲四處搜捕異教徒，只要經過教會官員同意就可以將他們吊死或燒死。年老和貧困的婦女成為各種災難的替罪羊，她們被嚴刑拷打直到承認自己是女巫。在瑞士一個城市的犯罪記錄中，有兩個女人的罪名是她們引發了大雷雨。她們的名字旁邊只是簡單地寫著「火刑處決」。在西班牙，一個褻瀆神靈的人「舌頭被剪斷，脖子被繩子勒住，身上被抽了二百鞭」。一位紅衣主教寫道：「像上帝所有的作品一樣，教會是完美的。因此，無須進行改革。」

羅馬到處充斥著阿諛奉承之徒，教皇因此更加與外界隔絕。這座城市除了號召組織朝聖者之外，從未發展起任何大規模的商業或工業活動。羅馬有大量的奢侈品消費者，卻受制於教會，太多的羅馬人靠著教會過活，所以很難在這裡進行改革。

十字軍東征對教會產生了出人意料的不利影響。雖然這些聖戰號稱是為了從穆斯林那裡奪回聖地，但是產生的效果卻很多樣。籌備十字軍東征的活動刺激了商業和手工業的發展，商人和放債人要設置和運送基督教軍隊，造船業受益於船艦訂單。教皇亞歷山大六世作為最後一次軟弱無力的十字軍東征發動者，他命人製造「九尊不同尺寸的加農炮」和其他類型的大炮。義大利、法國和西班牙的商人與敵人建立起通訊和商業關係，貿易漸漸掩蓋了衝突。

對一名普通的騎士來說，十字軍東征代表宗教認可下的偷竊機會。「身帶十字架卻對黃金痴迷的男人們洗劫教堂、商店、王宮和家庭。」十字軍東征使西方士兵大開眼界，他們看到了從未想過的生活方式。對於來自昏暗漏風的茅屋和村舍的他們而言，東方簡直就是一個大型的仙境。只要看看那裡就足以吊起他們的胃口，而且他們還把自己的所見所聞連同絲綢、皮毛等物品一起帶回家鄉。沒有什麼事件比十字軍東征更能激發中世紀人們的賺錢慾望。

到亞歷山大六世統治時期，要從歐洲各國集結軍隊變得更加困難。雖然教皇是基督教軍隊公認的總指揮官，但是各國君主不斷干涉和違抗他。君主們之間的爭鬥消減了君主們對外派出大量軍隊的熱情。不言而喻，十字軍東征就是金錢填不平的無底洞。而且由於基督教軍隊無法贏得持久的勝利，玫瑰夢中的花朵開始凋謝了。赫伯特・喬治・威爾斯寫道：「在十一世紀，十字軍東征的概念就像滑過天空的奇特且美妙靈光。到了十三世紀，人們可以料想到誠實市民的抗議聲音：『什麼！再來一次十字軍東征！』」

一四九二年七月，就在哥倫布到達美洲前的幾個月，教皇依諾增爵八世逝世。他屍骨未寒，紅衣主教及其幕僚們就開始了新一輪激烈、甚至致命的角逐。在依諾增爵八世去世到繼位者掌權之間的那個月，羅馬發生了大約二百二十起謀殺案。

紅衣主教們再次聚集到梵蒂岡一個狹小、昏暗、密不透風的場所，他們一直待在這裡不出去，直到推選出新的教皇。文藝復興時期的教皇選舉會議是滋生政治陰謀的溫床，後來曾當選為教皇的一位紅衣主教回憶說，大量的密謀是在盥洗室裡完成的。

一四九二年的教皇選舉會議上有二十三名紅衣主教。經過筋疲力盡的夜晚，羅德里哥透過討價還價得到了教皇職位。據報告，這一結果來自於直接的賄賂，有人看見四頭滿載白銀也可能是黃金的騾子，從羅德里哥的王宮出發到達一位紅衣主教的家裡，那個人後來決定投票給羅德里哥。六十二歲的羅德里哥以勉強的多數票當選教皇，實現他終生夢寐以求的目標。他將自己的名字改為亞歷山大六世。

「逃吧，我們現在落入豺狼之手！」一位年輕牧師聽說亞歷山大六世當選後發出警告。

亞歷山大六世以盛大、堂皇和昂貴奢華的加冕禮為自己十一年的統治定下基調。一位旁觀者說：「就連埃及女王克麗奧佩脫拉（Cleopatra）迎接羅馬的馬克・安東尼（Marc Antony）的場面也沒有如此壯觀。」亞歷山大六世喜愛輝煌壯麗的場面，但是什麼都比不上他為自己和家人舉行的公開慶祝。他策馬穿過羅馬來到聖彼得大教堂，各個街道上布滿花環，身上鍍金的裸體年輕人成為一座座活雕像。在聖彼得大教堂中，他坐在黃金寶座上，幾百人過來親吻他的腳。

加冕五天後，亞歷山大六世就指定兒子凱撒和兩個侄子擔任教會的要職。在大量任用自己的親戚和朋友的同時，亞歷山大六世擴大了紅衣主教團的規模，增加十一位新的紅衣主教，當中還有一個十五歲男孩是來自另一個政治勢力強大的家族。在整個任期內，亞歷山大六世指定了四十三位紅衣主教，其中五位是自己的家庭成員，還新設八十個職位。「十個教皇的位子也無法滿足所有的這些關係。」一位旁觀者抱怨說。

每位教皇都有很多可以發放的禮物，而新加冕的教皇被期望能發放以前收集的眾多財富。亞歷山大六世的寶庫尤其壯觀。他給一個期望落空的對手一連串的好處，清單的一部分包括三座大教堂、一座修道院、一名使節、兩位牧師、一名教區長和一個教士等等。

修道士、主教和紅衣主教這些教會職位可以當成禮物，也可以用來出售，這種做法被稱為買賣聖職（Simon）。買賣聖職這個詞取自聖經人物：術士西門（Simon Magus）。他向耶穌的門徒提供金錢，想獲得超自然的力量。對於亞歷山大六世來說，買賣聖職就是一種祕密借貸。這讓他能從官員那裡收取大筆金錢，然後以不斷獲取的收益返還給他們。修道院院長、主教和紅衣主教活的時間越長，獲得的投資回報就越多。

出售職位逐漸成為教會最重要的收入來源之一，教皇們對此逐漸成癮。佛羅倫斯官員阿戈斯蒂諾・韋斯普奇（Agostino Vespucci）寫給馬基維利的一封信中說：「在這裡，他們要賣的聖職多於我們擁有的瓜、鬆餅或飲用水。」

與此同時，亞歷山大六世試圖出售具有法律效力的宗教文件，如教令、教諭、敕書、婚姻無效判決書、赦罪書和特許狀。金錢成為萬能的東西。文藝復興時期的幽默作家嘲弄說：「亞歷山大六世出賣聖職、聖餐，也出賣耶穌。他有權這樣做，因為這些是他先前買過來的。」不出所料，在如此腐敗的體系中，亞歷山大六世並非唯一出售許可權的人。他的私人祕書承認自己曾偽造過三千多份教諭。

亞歷山大六世最有利可圖的生意就是出售贖罪券。在他任期之內，這種籌資活動空前高漲。不到二十年，贖罪券導致了宗教改革運動的爆發和基督教世界的分裂。

乍一看，贖罪券好像不會造成什麼大的傷害。羅馬人認為，在人間有罪的任何人，死後都將花時間在煉獄中懺悔，即使他們最終注定要上天堂。煉獄不是地獄，但是不舒服的程度與地獄很接近。人們被告知，在地獄裡，魔鬼會用鐵鉤把受懲罰者的身體掛起，放在烈火之中和冰水之中，或者鉤住他們的舌頭將他們吊起，或用沸水煮他們，又或者用布緊緊綳住他們。地獄如此，煉獄又會好多少呢？

設置贖罪券的目的，是要讓人們有辦法縮短在煉獄中的時間。如果他們付錢給贖罪券的銷售者並說幾句祈禱語，他們在煉獄的時間就會減少，有時甚至可以不必進煉獄。贖罪券很快地成了搶手的東西。贖罪券由特別指定的人發放，他們從獲得的收益中提取費用。這引發了大規模的矇蔽和欺騙，很多不誠實的僧侶開始銷售偽造的贖罪券。一四五〇年，牛津大學的校長抱怨，已經沒有人會在意罪惡，因為免於責罰變得非常容易。「很多銷售贖罪券的販賣者在這個國家四處遊走。有時一紙免罪書只賣兩便士，有時只換一杯葡萄酒或啤酒……甚至有時候用來支付嫖資。」對窮人來說，贖罪券具有嘲弄意味。他們原本最大的心理慰藉是「世間遭受的痛苦可以在天堂中得到補償」，現在看起來好像又是富人捷足先登了。

一四七六年，教皇西斯篤四世宣布，贖罪券也適用於正在煉獄遭受煎熬的靈魂。這使得一些不幸的農民寧可餓死自己和家人，也要盡力將自己深愛的人從痛苦中拯救出來。一句諺語就此產生：「錢箱一響，靈魂出獄。」

根據長期存在的傳統，當紅衣主教和其他教會官員死後，他們的財富就會回歸教會。雖然很多人確實有後代，但是他們本來是不應該有繼承人的。文藝復興時期的紅衣主教雖然非常富有，但他們的過世意味著大量金幣流入教皇手中，同時還有可以轉換成現金的房地產和其他貴重物品。有一次，亞歷山大六世前去探望一位精神失常的紅衣主教，他要了這位紅衣主教的財產清單，以防狡猾的財物保管者中途截取他的戰利品。紅衣主教的死亡還有一個好處，就是多了空缺職位。在新紅衣主教被指定之前的這段時間，這份收入將歸教皇所有。當然，新的任命最終意味著教皇金庫中又有一筆大的收入進帳。

這或許可以解釋，為什麼亞歷山大六世及其子凱撒被懷疑與幾位教會官員的死亡有關。有一位紅衣主教經過兩天劇烈嘔吐後死去，他所有的財產全歸梵蒂岡。羅馬人說，成為富有的紅衣主教變得越來越危險。人們普遍相信，波吉亞家族的殺人武器是他們發明的一種毒藥。只要把一小包的白色粉末溶入酒或湯中，就能置人於死地，但是被害人不會很快死去，這樣他們就可避免被懷疑。在羅馬，「喝醉」的意思變成了「被波吉亞家族毒死」。一位駐羅馬的使節在寄回家的信中寫道：「西班牙大使……得了重病，有人懷疑他喝醉了。」

當時多數重要人物的暴死都被懷疑為中毒，然而或許實際的中毒案比懷疑的要少，因為突發事故其實也不少。當時投毒是一種不太高明的學問。有些被當作毒藥的東西可能根本不會致命，例如瘋豬被倒吊起來打死時流出的唾液。至於波吉亞家族的毒藥，一位英國統計學家曾經分析過，在亞歷山大六世任職教皇期間紅衣主教的死亡。得出的結論是，就比例計算，在亞歷山大六世任期內死去的紅衣主教並沒有明顯增加。

作為教皇，亞歷山大六世是一個效率不太高的官僚體系的最高管理者。從各個角度講，他是一個天才管理者。亞歷山大六世做過多年的副教宗，因此對教會的各方面都瞭如指掌。他任職的前兩年就平衡了教會的預算，在此之前的半個世紀裡，沒人能夠做到這一點。在亞歷山大六世的努力之下，文件得到嚴格的管理，工作人員能及時拿到工資。

隨著教會的財務越來越複雜，教會官員被迫成為精於計算的專家。由於金錢來自幾十個國家，教皇的帳務管理人必須學會貨幣兌換。在十五世紀的一次銷售贖罪券過程中，有七十種不同的貨幣湧入教皇的金庫。然而，並非所有的資產都是貨幣形式，所以教會的司庫還要處理寶石、調味品、酒類和其他商品。由於教會需有精確的帳目，因此教會的官員們掌握了簿記技巧，成為出色的會計人員。

教堂的前門外，是貧困且得不到重視的羅馬城。一三七七年，教廷從亞維儂搬回原來的總部所在地，結果發現面對的是斷壁殘垣、疾病肆虐的沼澤和洪水沖蝕的街道。教會發起了一場重整家鄉的運動，開闢新的街道，修建一些世界上最漂亮的建築。按照一位教皇的說法，這叫作「用石頭布道」。

對這座城市及其四鄰而言，犯罪同樣是個嚴重的問題。義大利的各城邦彼此爭戰不斷，唯利是圖的士兵在這塊土地上游蕩，有時就靠偷盜和暗殺來獲取額外的收入。正如俗語所言，必須以戰養戰。一個使團雇用了一批保鏢，結果「被自己的保鏢搶劫」。就像當時很多世俗的統治者一樣，亞歷山大六世作為教會的正式領袖，對付犯罪的辦法不是預防，而是對違法者進行嚴厲鎮壓。有罪者被吊死，他們的房屋會被夷為平地。

亞歷山大六世改革監獄的管理體系和羅馬憲法，並且抽出一天時間親自聽取普通民眾的意見。他重建羅馬大學，確保教授們能拿到薪水。他對猶太人採取寬容態度，頂住壓力沒有迫害他們。

在羅馬之外，教會感到人們正變得難以駕馭。在薩伏那洛拉的布道和周圍的放縱風氣之間，教會感受到人們對鋪張浪費的反感、對教徒肉體縱慾的厭惡。方濟各會等新建立的宗教組織強調貧窮的精神價值，他們以乞討為生。此時人們仍舊有信仰，但他們的信仰漸漸不再完全局限於羅馬天主教會。「實際上，正是因為仍舊存在真正的宗教情懷和道德感，人們才會對神職人員的腐敗如此不滿，才會如此強烈地要求改革。」

然而對亞歷山大六世來說，改革是「最糟糕」的想法。他五十九歲時，和一位十九歲的已婚女子有染，她以一頭垂到腳的金色長髮而出名。儘管義大利人對神職人員的性生活採取放任態度，但四十歲的年齡差距仍觸怒了一些人，人們對亞歷山大六世的不滿日益增加。

接著就是西元一五〇〇年的大赦。大赦作為一種古老的宗教習俗，在一三〇〇年被恢復之前已停止了好幾個世紀。亞歷山大六世的時代，大赦每二十五年一次。在大赦的年分裡，朝聖者會到羅馬去旅行，並在那裡接受一份贖罪券，來將過去犯下的罪惡一筆勾銷。在一三〇〇年的第一次大赦中，大量金錢流入教會的金庫。放在聖彼得墓前的錢，多到需要兩個管理員沒日沒夜地「用耙子把數不清的錢聚攏在一起」。亞歷山大六世希望取得類似的效果，因為他想要募集資金來再次發動對土耳其人的十字軍東征。針對那些因害怕搶劫、瘟疫或戰爭而不能來羅馬的人，亞歷山大六世頒布教諭，條列可以「遠程」購買贖罪券的不同價格。

大約二十萬信徒從遙遠的歐洲各地湧入羅馬，他們讓大赦在經濟方面獲得巨大成功。在羅馬期間，虔誠的信徒親眼看到教會如何奉行物質主義和享樂主義。回家之後，他們告訴鄰居的內容是邪惡的教皇、教皇投毒案、異教徒以及貪汙受賄的風氣。

在亞歷山大六世的一群兒女中，最出名的兩個是他的女兒盧克雷齊亞和兒子凱撒。他對不同的性別採取了不同的寵溺方式。為了凱撒，亞歷山大六世多次發動無端的軍事行動。為了盧克雷齊亞，亞歷山大六世置辦了三次嫁妝，舉行三次婚禮。

從各方面講，凱撒的狡猾程度不亞於他父親，但成就卻沒那麼大。他後來成為馬基維利在《君主論》中描繪的典型形象。晚上時，凱撒經常在一群保鏢的陪同下在街道上遊蕩，被認為是個危險人物。威尼斯駐羅馬大使報告說，「每晚都有四五個人死於非命，可能是主教，可能是高級教士，也可能是其他人。所以羅馬人都擔心會死在那位公爵手上」。而這位公爵指的就是凱撒。凱撒在戰場上有勝有負，三十一歲時死亡。馬基維利總結凱撒的一生說，「太陽曾經兩次照射在這些嚴肅而醜惡的行為上，地面已經被鮮血染成了紅色」。

盧克雷齊亞的壽命長一些，但她的命運也很艱難。她所生活的時代，女人無法掌握自己的命運，就像花瓶般受人擺布。在盧克雷齊亞的年代，新娘就是一件貴重的家族財物，被用來交換金錢和權力。愛情、尊嚴和激情都與婚姻無關。第一次訂婚時，盧克雷齊亞十一歲。第一次舉行婚禮時她十三歲。盧克雷齊亞雖然不美麗卻聰明伶俐，可是在三次婚姻中，沒有一個新郎是她自己選的。

盧克雷齊亞的第一次婚姻持續了四年，亞歷山大六世和凱撒又為她找到一個在政治上更具優勢的伴侶。教皇把她的婚姻問題拿到紅衣主教會議上去講。他解釋說，盧克雷齊亞的婚姻應當取消，理由是其夫性無能，她的婚姻有名無實。她丈夫聽到這個消息後，強烈否定對自己的指控。後來他與凱撒會面之後，不但同意取消婚姻，而且退回了嫁妝。

次年，盧克雷齊亞嫁給她的第二任丈夫阿方索。不久後，有謠傳說凱撒要對付阿方索，因為他找到一個更適合盧克雷齊亞的重要人物。因此阿方索逃離了羅馬。阿方索和盧克雷齊亞生過一個小孩，所以不可能是性無能。阿方索最終還是斗膽回到了羅馬。第二年的一個夜晚，他在一個公共廣場上被五個人伏擊並遭到毒打。阿方索苟延殘喘了一個多月。他確信這次的攻擊是凱撒所主使，於是透過窗戶向凱撒射了一箭。凱撒的一個僕人飛速跳到阿方索的房間將他勒死。最初的襲擊者到底是哪些人，從未得到確認。

盧克雷齊亞的第三次婚姻，新郎是來自古老且高貴的埃斯特（Este）家族，這次聯姻對亞歷山大六世的政治生涯有很大的好處。在這樁幸運的婚姻完成之前，雙方必須針對嫁妝進行談判。當時對於嫁妝的協議非常複雜，不亞於今天的大公司合併協議。

在婦女的傳統工作由僕人完成的富人階層中，嫁妝是個普遍令人頭痛的問題。它成為一個女人不工作的部分代價。但是隨著嫁妝價碼的升高，它成為家庭財富的極大威脅，導致一些富人寧願將女兒送到修道院，以免他們因嫁女兒而破財。對於不太富裕的家庭來說，嫁妝可能是無法承受的。一四四七年，一位佛羅倫斯的婦女寫信給住在那不勒斯的兒子，信中提到她女兒的嫁妝。「她現在已經十六歲，不能再拖下去。我們想把她嫁到一個更高貴更有權勢的家庭，但是需要一千四百或一千五個弗洛林金幣。這可能意味著我們家會破產。我不知道我們的姑娘是不是高興，但實際情況是，除了政治上有些好處之外，這樁婚姻實在沒有其他可取之處。」

亞歷山大六世與埃斯特家族對嫁妝的談判持續了很久，有時還非常激烈。亞歷山大六世抱怨新郎父親的做事風格就像一個小店主。最後雙方達成協議：如果埃斯特夫婦同意讓盧克雷齊亞成為他們兒子的新娘，亞歷山大六世將給他們一大筆錢，讓新郎的家族獲得兩個城市的政治控制權，並將他們家教堂的稅降低到零。

亞歷山大六世花巨資為盧克雷齊亞購買婚後用品，單單套裙就有二百件。由教會出錢置辦的婚禮儀式進行了十三天。有舞會和音樂會，還有招待會和盛大宴會，然而新郎並沒有參加。盧克雷齊亞被代理人迎娶走，在儀式辦完的幾天後才見到她的丈夫。教會出錢提供了七百名侍從和僕人給盧克雷齊亞，這個龐大隊伍陪同她一起進入新郎位在菲拉拉的家。直到三十九歲死去時，盧克雷齊亞．波吉亞一直被看作是模範妻子、母親和公主。

雖然亞歷山大六世為凱撒和盧克雷齊亞揮霍了大筆財富，但這兩人都不是他最愛的孩子，這種榮耀屬於他的大兒子胡安（Juan）。胡安作為甘迪亞公爵，在通往政治輝煌的道路上一帆風順，直到一四九七年，他那脖子上綁有一塊大石頭的屍體在台伯河底被發現。他的喉管被割斷，身上有九處刀傷。

亞歷山大六世沒有因這個意料外的謀殺感到消沉，他認為這是上帝對他的諸多罪惡做出的審判。他在經歷了三天三夜的不吃不睡之後，宣布要對教會進行大規模的改革，指定一個小組負責提出改進意見。這個小組鄭重地接下任務，擬訂出一個改革清單。其中不但包括終止出賣聖職，還包括削減紅衣主教的收入，將每位紅衣主教的家人總數限制在八十人，騎馬護衛限制在三十人。進餐時，紅衣主教只能享用一塊水煮肉和一塊烤肉，而且他們不能雇用年輕人來提供肉體服務。不知是這個改革看起來太苛刻還是太煩瑣，反正亞歷山大六世對這項計畫失去了興趣，所以最終沒有真的實施什麼改革。

亞歷山大六世的人生終點在一五〇三年八月來臨。在羅馬，八月一直是個危險的月分，因為城市周圍的沼澤為瘧疾的傳播提供了理想條件。亞歷山大六世在一次儀式上對某人說：「對於有分量的人來說，這是個倒楣的月分。」在與幾個紅衣主教以及他兒子共同用餐後，他開始發燒，之後便臥病在床。醫生從他身體裡放出大約四百毫升的血。他的病情繼續快速惡化，幾天後亞歷山大六世死了。不久，有謠傳說他本來準備毒死另一個人，結果自己誤喝下準備好的毒酒。

還有醜化亞歷山大六世的笑話說，八個工人一起將他的屍體從教堂的聖壇抬放到棺材裡，但是木匠們造的棺材太窄又太短，所以就用一塊舊毛毯把教皇的屍體捲起來，用拳頭又敲又打，最終才把屍體塞進棺材裡。當時沒有點燃蠟燭，也沒有神父去照看他的屍體。一位同時代的作家描述到，羅馬人在聖彼得大教堂看到亞歷山大六世的屍體時「歡欣鼓舞」的情形。「他們目睹這條狡猾的毒蛇死去，感到喜不自禁……這個淫棍不加區分地出賣任何東西，不管它們神聖還是低俗。」

教會那絕對不容置疑的權威也很快地壽終正寢。一五一七年，即亞歷山大六世死後十四年，馬丁．路德以贖罪券事件為契機，發動了宗教改革運動。天主教一旦被一分為二，就不再是由單一的道德聲音去指導信徒如何生活。教會仍舊掌握著巨額金錢，但是越來越多的人在擺脫它的束縛。

在某些方面，亞歷山大六世可說是非暴力的掠奪者。和生活在同一個世紀中其他富有的男男女女一樣，他的財富不是來自生產或創造什麼東西，而是透過稅收從農民、工匠和商人的口袋中掏錢。世界仍是一個零和遊戲，一個人的富有意味著另一人的貧困。這使得基督徒與貪婪不可能真正結合在一起。

然而世界的財富正在逐漸增加，有些虔誠的基督徒想從這種繁榮中分一杯羹。教會對金錢的態度不得不改變。不久之後，對財富的追求將變得無所不在，遠遠超過無所不在的教會。

Chapter 5

買下皇位的早期銀行家——

雅各・富格爾

Jacob Fugger

（西元一四五九年～一五二六年）

雅各．富格爾，也就是廣為人知的「富翁富格爾」，他早在死前的二十年就繳付訂金給將來埋葬自己的教堂。這座羅馬天主教的地下墓室閃著大理石和黃金的光芒，表現出富格爾對自己賺錢能力的無比自豪。他自己撰寫的墓誌銘宣稱，雅各．富格爾「在占有巨額財富方面首屈一指」，還有，「他一生之中無人可及，所以死後不會位列平庸之輩」。

四百五十多年已經過去，富格爾現在肯定要被當作是平庸的人物了。但是在他推動下的經濟機器仍強有力地運轉著。雅各．富格爾作為最早且最有成就的推動者之一，他促進了商業銀行、風險投資、公司和合作寡頭的發展。他是一個新財富階層的典型代表——早期資本家，這一階層將剩餘的金錢匯聚成巨額財富。在此之前，王室或宗教機構之外的人不可能做到。在中世紀晚期，一個人能夠不訴諸武力而變得富有並擁有權力，是無法想像的。雅各．富格爾最愛說的一句話就是：「國王當位，銀行掌權。」

富格爾創造財富，靠的是一個相對較晚登上經濟舞台的事物——債務。債務提供的無限可能性令歐洲的富人們眩暈，從國王到伯爵夫人，從教皇到王子，都是如此。與此同時，教會傳統上對借貸和放貸行為的譴責也漸漸開始減少。一位歷史學家指出：「十五世紀初，借債在富人的日常生活中相當普遍，就像累積財物一樣習以為常。」絕望的借債人為得到錢願意承諾付出任何東西。一位國王擁有一個據稱原本屬於耶穌基督的荊棘冠，他為了獲得短期貸款，把這個荊棘冠抵押給一位威尼斯商人，最終也沒能將它贖回。

雅各・富格爾所處時期之所以借債活動激增，是由幾個世紀的時間積聚的力量而成。由於基督教明令禁止，所以為了獲得利息而放債的行為，長時間以來都屬於地下活動。這意味著這種做法必然受到地域限制，很難大規模發展。但是到了十五世紀初，經濟需求開始掙脫宗教羈絆。君主和教皇需要貸款，因為他們的稅收體系仍舊「極其不穩定而且不完善」。借貸規模變得非常大，以至於支付的利息常常不是現金，而是有利可圖的專營權或貿易特許權。這就讓富格爾之類的銀行家有機會進行多種經營，使自己的財富水準更上一層樓。

對貴族階層來說，向商業銀行家借債，比起將土地抵押給修道院或把金銀器皿送到鑄幣廠還要方便。雖然年利率可能高達八〇%，但是歐洲的新興銀行家能比早期放債人提供更多的金錢，而且辦理的速度更快。由於紙面債務具有「濫發貨幣」的特點，這使得貨幣的數量和人們的慾望產生脫節。欣賞某種東西就代表要擁有它，於是在消費中找尋快樂的概念就此產生。十五世紀的荷蘭學者伊拉斯謨（Erasmus）抱怨道：「目前占有之風已達空前，以致自然界中的任何東西，無論是神聖的還是低俗的，都無一例外地能被榨出利潤。」

新型的金錢經濟悄無聲息地瓦解了歐洲的政治、文化和宗教格局，又將它們重新組裝起來，而其所展現的觀點是：每種價值都可以被量化。換言之，生活中的每種東西都可以用單一標準去衡量。詹姆斯・布坎（James Buchan）寫道：「貨幣使人類能夠以各種難以置信的複雜方式建構生活，而這些方式在貨幣發明之前是不存在的。想要建構價值和社會關係，貨幣是一種可無限擴展的方式，不論這種價值和社會關係是個人的、政治的、宗教的，還是商業的和經濟的。」

首先，貨幣能夠充當平衡裝置，為出身低微的人增加致富機會，讓他們不至於完全看不到出頭之日。然而，雖然多數窮人仍然很窮，但他們也不可避免地被捲入金錢經濟中，因為工資和租金大多是以貨幣形式支付，而不是透過勞動或易貨交易支付。對於未來的財富更重要的是，貨幣催生出一個新的階級，就是中世紀晚期所謂的第三等級。相對應的前兩個等級分別為僧侶和貴族。這個群體還被稱為中產階級，成員是謹慎、虔誠且本分的商人。他們和家人居住在城鎮中，經營著小企業。生意先從當地開始，然後開始跨越地區和國家的邊界。每個人都盡其所能地將業務發展和利潤留在家庭中。繼承人接受培訓，以確保家族企業能得到延續和保護。

到雅各・富格爾出生時，歐洲已經有了第二、第三甚至第四代的富有商人。富格爾的父親、母親、兄弟和侄子都在他祖父創立的家族企業中工作。富格爾家族的每代人都開創出一些新方法，來加快商品轉換成錢的過程，同時從中牟利。如早期電視廣播的先驅羅伯特・沙諾夫（Robert W. Sarnoff）在幾個世紀後所說的：「金融就是『將貨幣不斷轉手直至其最後消失』的藝術。」

在金錢改變人類各種關係的同時，基督教正慢慢地但無法逆轉的失去其在歐洲的權力。普通民眾作為教會納稅人，開始越來越少將生活看作是魔鬼的非理性惡作劇或各種災難，而是越來越傾向於認為：生活是可以解釋的，而且是可以預測的。富格爾活著的時候，雖然歐洲人仍在使用羅馬數字，但是第一批大眾的數學書籍已經印刷出來。有意思的是，數學和宗教是能和平共存的。一五八九年出版的一本數學書籍堅稱，地獄在六〇一三公里遠的地方。

十四世紀，複式簿記法的引進，讓人們能將一家企業描述為不同於其所有者的有形實體。在那之前，人們想了解一家企業的狀況，只能透過不同職員以不同方法記錄的總帳和分類帳。正如一位歷史學家指出的，複式簿記對西方思想的影響「幾乎是無可比擬的。我們的談話中充滿了資產和負債、折舊、利潤和虧損、資產負債表。會計人員會將自己視野範圍內的任何東西都歸類為盈利或賠本。」

與借方和貸方的新表達方式結伴而來的，還有藝術、政治和文學上的新觀念。因更高的上帝或社會而使個人淪為犧牲品的古老信仰正在褪色，個人主義得到更廣泛的接受。從前毫無疑問的權威，此時受到了質疑。人們懷疑，獲得救贖是否一定要像綿羊一樣遵循別人制定的規則，還是應該透過自我改造來「贏得」這種救贖。關於罪惡的主張也在改變：這時人們相信，罪惡不在於行動，而在於動機。這時的觀點鼓勵人們到心中去尋找道德約束。經濟事務越來越被看作是與個人良心有關的事，而不是宗教命令。

許多人詛咒新興的個人主義，尤其是經濟方面。在那個宗教狂熱時期，人們對商業的道德感到不安。根據神學家聖湯瑪斯．阿奎那（Saint Thomas Aquinas）在十三世紀的闡述，中世紀的商業道德認為，適度追求物質財富本質上不算邪惡。這種主張認為，能夠供養兩個人的食物，不應全被一個人吃掉。這或許可以解釋，為什麼十四世紀的佛羅倫斯商業銀行家無論胖瘦都被稱為胖人。中世紀經濟組織的目標是恢復而非提升物質富裕的程度。它的主題是維持，而非進步。

然而，物質財富是上帝創造的世界的一部分，也是神聖的創造物。如果合乎道德使用，物質財富能夠帶來好處。由於這個巨大的邏輯漏洞，像富格爾這樣虔誠的天主教徒就能全心投入教會譴責的兩種活動中：一個是高利貸，另外一個就是對利潤的不懈追求。一位歷史學家指出，富格爾這一類的人物是「經濟革命家。與後來出現的水力紡紗機的發明者一樣，他們顯然都在跟舊有的秩序鬥爭」。

如果資本主義的歷史是一幅拼圖，每塊拼圖都代表一個敢於冒險的企業家，那麼其中一塊就屬於雅各．富格爾的祖父漢斯——一個織布工人。一三六七年，漢斯．富格爾（Hans Fugger）離開原本生活的德國小村莊，到奧格斯堡尋求發展機會。當時有一句諺語：「城市的空氣給人自由。」鼓勵著人們去追求祖輩未曾擁有的東西。幾年之後，漢斯．富格爾不再織布，他轉而開始進口作為原材料的棉花，並將棉花分銷給各個小織布作坊，然後銷售已完成的紡織品。這就是後來遍布歐洲的「外包」系統。在建立對外的貿易關係時，漢斯．富格爾選擇開始進口和出口其他商品。這種行為在義大利更加普遍。

幾乎所有的歐洲大銀行都開始小規模的商品貿易，包括布匹、調味品、酒類、瓷器和銅等幾千種商品。由於有了更好的地圖、導航設備和船隻，海外貿易的規模迅速擴大，商人們也走得越來越遠。雖然遠程貿易仍然潛藏著極大風險和損失，但由此獲得的利潤比其他生意更加豐厚。

能幹的商人有時手頭會有多餘的現金，而其他的商人則需要募集資金用於遠征。這兩類人不可避免地相遇，然後就會有一些商人不再從事貨物交易，開始專門經營資本。勞動和金錢之間的分化在富格爾的時代開始生根。歐洲好戰的君主們將大筆財富浪費在相互的戰爭，債務一次次地成倍增加。只過了幾十年時間，這些曾是世界上最富有最有權勢的君主，就開始受銀行家的擺布。

雅各·富格爾和其他商界領導者，越來越能夠影響政治決策，這種權力原本完全屬於貴族階層。富格爾「觀察政治、貿易和金融的相互作用，然後判斷在何時以何種方式進行干預」。不久，原本被排斥的銀行家們開始受到上層社會的歡迎，雖然此時雙方肯定不能享有平等的地位。此時，占有大片土地仍舊比只擁有錢更能代表地位，這就是為什麼許多過於樂觀的商人會購買莊園。到後來，他們又不得不將這些莊園賣掉。

雖然人們認為占有大量土地的貴族比城市的商人們更有教養，但與城市的繁華相比，莊園的生活似乎還處於野蠻時期。一五一八年，有一個人在寫給朋友的信中提到，他在一個大莊園逗留時的所見所聞：

修建城堡不是為了享樂，而是為了防禦。周圍環繞著壕溝和護城河，內部非常狹窄，而且到處都有豢養大大小小各種動物的畜欄，黑色的建築物中堆滿武器和戰鬥裝備。到處瀰漫著刺鼻的火藥味。隨處可見屁股髒兮兮的狗——想想那是什麼味道！騎士們來來往往，城堡中不乏強盜、土匪和盜賊。門通常是四敞大開。大家誰也不認識誰，但為了避免麻煩，大家也不會相互詢問。

雅各．富格爾和其他城市商人代表了一個從事經營的新興財富階層。他沒有把財富當成是獲得豪華住宅和大型圖書館的購物券，而是將其看作是衡量自己工作水準的標準。不過，他確實也購買了豪宅和大型圖書館。他不追求眼前的短期利益，內心渴望透過冒險發大財。富格爾對支配政治權力不感興趣，除非這種權力能幫助或損害他的商業利益。無論與貴族多麼親近，他都會實事求是地拒絕提供他們不安全的貸款。一位親戚曾勸富格爾放棄自己的投機事業，好好享受已累積的財富。富格爾打斷他的話，說自己「只要活著就想賺取利潤」。

富格爾家族並非首位新興金錢貴族。十五世紀，佛羅倫斯的梅迪奇家族（Medicis）就身兼放債人、生產商、投資人、進口商和出口商，他們將一個商業帝國轟轟烈烈地維持了一百五十年。梅迪奇家族用了三代人的時間才擁有義大利最舉足輕重的銀行，耗費五代人的時間才使影響力延展到歐洲的其他地方。然而，富格爾家族卻是很快就具有國際影響力。漢斯．富格爾死後，他的兒子雅各，也就是小雅各的父親開始接手蒸蒸日上的企業。他不斷擴展業務，直到一四六九年去世。當時小雅各只有十歲。雅各的母親接管了企業，直到培養的下一代已能夠掌管家族企業為止。在那個時代，只有丈夫或父親死去，婦女才可能有機會管理企業，否則，女人參與商業經營會被認為是不體面的事情。

人們將梅迪奇家族和富格爾家族這樣的新興銀行家稱為商業鉅子，認為他們未採用暴力就發達起來。他們手中的大筆現金給了他們勇氣，讓他們在新出現的「驕傲自大的菁英階層」中成為「趾高氣揚的商人」。他們當中，最不可一世的莫過於「超酷的」雅各・富格爾。

富格爾在奧格斯堡出生長大。這個地方和當時德國的其他城鎮一樣，擁有狹窄的不規則街道、嘈雜的噪音、露天的陰溝和木質的房屋。由於當時的房屋都是木造的，法國城市盧昂在一二〇〇年到一二二五年間曾被燒毀過六次。許多住宅都有留出房間給牲畜，最富有的一批商人還把畜舍蓋在城牆之內。一直到十七世紀，浴室還是少見的奢侈空間。無論是富人還是窮人，他們的房間裡都有跳蚤、虱子和臭蟲。富人的住宅一般是當時流行的哥德式風格，給人冷峻和威嚴的感覺，而非溫暖和舒適。到了富格爾的時代，富人已能將玻璃裝在窗戶上，而不再使用原來的油紙，還能買到鋪在床上的羽毛床墊、銀質高腳酒杯、枝形吊燈和鏡子。

雅各是父母的第三個兒子。他在準備成為神職人員時，母親突然決定讓他加入家族企業。十四歲時，他被送到家族在威尼斯的一家分公司學習金融、財務和商用數學。五年後，雅各成為一家叫烏爾里希・富格爾兄弟公司的合夥人。

雅各・富格爾接受系統化的培訓。他學習商業的每個環節：記帳、生產、銷售和財務的每個步驟。他所接受的經濟理性主義教育，讓他能夠檢查家族企業帝國所有遍布各地的分支的帳目，摸清整個網絡狀況。富格爾相信，帳目要像鏡子照臉那樣清晰直接地反應企業的情況。「足夠近似」是不能被接受的。

對處於胚胎期的資本家來說，十五世紀的德國奧格斯堡是個很好的孵化器。歐洲的貿易中心正在從義大利向北轉移，而擁有約二．五萬人的奧格斯堡成為新的佛羅倫斯。除了發達的紡織業和貿易之外，奧格斯堡還靠近提羅爾——這個十五和十六世紀最重要的銅礦和銀礦區。更重要的是，奧格斯堡的人們對商業和經濟政策抱持先進的看法。一位歷史學家指出：「生產能夠大步前進的祕密在於，為那些有抱負的人解除政治、社會和道德上的種種限制，使他們能自發地努力去累積財富。在世界歷史上，歐洲的企業家是最早能自由做生意、而不必擔心某個『掠奪性的內政部門』將他們卡死的一批人。」奧格斯堡因財富而聲名遠播，需要貸款的人會來這裡找銀行家，這些銀行家之中位居榜首的就是雅各．富格爾。

在雅各和他兩個哥哥的領導下，富格爾家族的公司經營著大量商品，其中最重要的商品是麻紗布——一種混合棉花和亞麻的布料。雖然紡織業起源於眾多的家庭小作坊，但它正逐漸被富格爾家族這樣的企業家所控制。勞動分工使生產者成為一個中間環節。富格爾家族的公司從地中海各港口收集棉花原料，用騾子把原料經由提羅爾送到奧格斯堡，再發放到各織布作坊。然後，富格爾家族再從各織布作坊那裡收購成品，將其分銷到歐洲各地。漸漸地，富格爾家族開始進口金屬、調味品、絲綢、錦緞、藥草、藥物、工藝品、稀有食品和珠寶，他們還在胡椒市場上經營了幾十年。大約一五二五年時，擁有十八個分支的富格爾家族公司，成為當時世界上最強有力的一股金融力量。

雖然奧格斯堡當時被稱為百萬富翁之城，但在一四七一年時，這座城市中六五%的人根本就沒有任何財產。貧富懸殊在整個歐洲都非常明顯，而且當時是古羅馬帝國之後貧富分化最嚴重的一段時期。十五世紀時，一位義大利富商為女兒準備結婚禮服的價錢，相當於一位泥瓦匠一百四十天的工資。這套服裝包括由二百根孔雀尾羽組成的花環、數粒珍珠、多個金塊和金葉子。而且，新興的富人階層與窮人的接觸更少了，他們不再像原來那樣共處在一個封建莊園。這種富人與以前擁有土地的貴族不同，他們沒有負責任或施捨的傳統。「在中產階級的上層之中，對無產階級的輕蔑與恐懼，以及對貴族行為舉止的豔羨，都在與日俱增。」

富人首先花錢購置土地，然後是貴重物品和僕人。銀質餐具成為上層階級普遍擁有的東西，有些家庭的桌椅全部都是用純銀製成。富人們不但在房間裡擺滿肖像畫、東方的掛毯和茶具等裝飾品，而且還雇用僕人。除此之外，他們甚至雇用詩人、侏儒、小丑、養鷹人和醫生。在十四世紀，有些富人會穿著衣袖能蓋住雙手的服裝，以顯示他們根本不用動手就有人替他們做所有的事。美國經濟學家托爾斯坦·范伯倫記錄了一個或許是杜撰的故事。法國的一位國王坐在靠近壁爐火焰的危險之處，但是負責為他移動座椅的人正在忙其他事情。「國王毫無怨言地坐在壁爐前，忍受著烘烤而不願挪開。」

儘管他們的裝飾品更奢華了，但這些富人的禮節水準卻仍舊是落後的。一位十六世紀的教會官員在教導出身很好的侄子時說：「在擤完鼻涕後，不要打開手帕檢查，要好像那是從你頭顱中掉出來的珍珠或寶石一樣。」、「無論誰用嘴唇發出難聽的聲音來表示驚奇或不同意，那顯然是在模仿某種不體面的東西」。

與此同時，窮人實際上卻一無所有。他們的床可能就是在木板上放上裝有稻草的袋子，他們吃飯時或許只能坐在粗糙的長凳上而且沒有桌子。他們的食物主要是穀物，例如小麥、大麥和燕麥。普通的一餐就是稀稀的菜湯中漂著點麵包。他們喝的水來自最近的水源，包括被汙染物弄髒的河水，這使得他們對疾病的抵抗力很差。他們的衣服都是以手工織的粗布做成的。衣服上的一個別針或一段花邊和帶子，還會被看作是輕佻的表現。

由於酒精能提供熱量和暫時的放鬆，人們爛醉如泥的現象越來越常見。十六和十七世紀的德國雕刻畫在呈現農民節日宴會時，總能看到客人中有人坐在長凳上扭頭嘔吐的情景。

醫療對多數工人來說仍舊太昂貴。在說到流行病時，醫生的最好建議是「遠離受到感染的人」。直到十八世紀早期，一位醫生仍批評一位病情不見好轉的勞動者，說他必須帶病堅持工作。這位醫生說：「有些服務只能提供給那些看得起病的富人。」

為使財富能夠源源不斷地流入，富格爾和其他商人知道，他們必須建立一個大規模且多樣化的商業帝國。在早期貿易中，商人們通常會用全部身家來賭一樁生意，例如一船胡椒。在那個時候，很多其他貨物在運輸時並不划算。例如，木材的成本絕大部分都是運輸過程中的花費，包括通行費、關稅和直接的賄賂。但在富格爾的時代，隨著運輸和通訊條件的改進，商人們已經可以在更多的地方進行多種跨行業投資。商業冒險家成為店鋪業主，他們派代理人到海外去做貿易。在這些商人旅行時款待好他們的外國旅店店主，則開始充當經紀人。

十五世紀德國出現了新的商人階層，他們要求結束領主和騎士不斷摩擦或戰鬥所造成的無秩序狀態。隨著封建制度的崩潰，許多騎士失業，於是他們開始劫掠歐洲的旅行者來養活自己。這些土匪對貿易形成了威脅，有些土匪甚至會砍掉被劫商人的雙手。

此時商人們自然想要一個強有力的中央政權對這些軍事組織加以約束。然而，封建貴族正是曾經對教皇和國王提供軍隊的人。於是各國政府被迫使用僱傭兵，而這些人要求得到現金。想要為這項計畫籌集到足夠資金只有一種辦法，就是借錢。在皇室進行借債的早期，一位國王可能只需跟一個銀行家打交道。但是隨著借貸規模的升級，就需要由商人們組成的財團來提供支援。這種財團通常在某個人的領導之下，如富格爾。對於世界各地像雅各·富格爾這樣的人來說，戰爭是利潤豐厚的商機。隨著兵力和武器裝備的成本不斷升高，貸款的額度就會越來越高。

作為一名虔誠的基督徒，雅各·富格爾意識到，教會對於靠借貸賺取利息的行為沒有好感。對循規蹈矩的基督徒來說，借錢就是上帝的一個子民向另一個子民表達需求。從鄰居的困苦中牟利就是放高利貸，而放高利貸是不可寬恕的罪惡。在十三和十四世紀，高利貸者就是賤民。根據教會的命令，誰都不准租房子給高利貸者，牧師也不准接受高利貸者的懺悔或給予赦罪。一三一一年，維也納的教會委員會宣布，任何為高利貸辯護的人都是異教徒。如果死去的商人被證明是高利貸者，教會有權沒收其全部財產。事實證明這種辦法一本萬利，所以每當有富裕的商人死去，教會總能找到證人證明他有罪。

然而，這種借貸行為還在繼續。它利潤太豐厚以致人們無法抵擋其誘惑。不必遵循教會規定的猶太人成了歐洲的放債人。他們沒有太多選擇，他們不被允許參與大多數其他形式的貿易。一開始，猶太人借出糧食、衣服、原料或其他物品，然後收回更多的東西作為回報。

漸漸地，他們開始做貴重金屬和貨幣的交易。一四〇〇年，佛羅倫斯招募了一些猶太人，就是要讓他們在那裡從事被禁止的借貸活動。隨著全球貿易的持續擴展，商人們和君主們需要更多的錢，此時個體經營的猶太人已無力提供。借債人如果想為自己的活動籌資而不求助高利貸，就會面臨極大困難和不便。

教會對高利貸的規定廣泛，卻微妙地影響了商業的發展。因為教會對商業貸款的態度比對絕望的個人貸款寬鬆一些，所以虔誠的基督徒更傾向於用他們的資本打造合夥關係，而不是成為銀行家。利息被偽裝成禮物或投資利潤，以匯票的形式收取利息是可以接受的，因為這種票據要承擔匯率變動的風險。向教皇放債的人，是透過銷售絲綢、珠寶或其他商品時多收錢來收取利息。教會以聖托馬斯的名義宣布，利用貸款收取利息是一種罪惡，然而支付利息並不算罪惡，「因為做受害者並不是罪惡」。

對放高利貸吹毛求疵的規定變得越來越神祕和利己。商人們確信，用自己的錢「經營高利貸」是罪惡，但用借來的錢這樣做則不是。人們發明出很多詞語來代替被禁用的高利貸。一二二〇年，利息這個詞與高利貸脫離開。利息是對放債人的補償，因為貸款會造成損失或費用。在廣泛意義上這是「損失」，這還包括放債人若將錢用於其他地方可能獲得的利潤。經常被用來描述這筆款項的詞彙包括「麻煩」、「危險」、「費用」或「機會風險」。

許多虔誠的放債人心中清楚，就算他們沒有違反教會字面規定的意思，也違反其精神。所以有些人在臨死前或在遺囑中寫下歸還不當收益。如果他們不這麼做，神職人員就可能不幫他們舉行聖禮和最後的喪禮儀式，或不將他們埋葬進神聖的墓地。受到良心譴責的柯西莫·德·梅迪奇接到教會的敕書，允許他透過捐獻一座修道院來為自己的貸款行為贖罪。教會通常會同意以錢財贖罪代替賠償受害者，因為這些錢會歸入教會而非高利貸的受害者手中。事實的確如此，佛羅倫斯擁有很多宏偉的教堂，其中的部分建設資金就是用這種方式募集到的。

在富格爾的時代，能快速致富的行業不多，採礦業是其中之一。歐洲的君主們需要大量金屬，一方面是為了製造貨幣和火器，另一方面則因為在與東方各國交換調味品、絲綢和珍珠時，對方只接受黃金和白銀等少數幾種金屬。金、銀、錫、鈷和鐵的開採，刺激了包括機器在內的很多產品的開發，而這些產品的生產又不斷要求開採更多的金屬。

採礦是個古老行業。到十五世紀晚期，採礦已經成為世界上最複雜的行業之一，它需要更多的勞動力和更大額度的資本。從地層中開採金屬需要工程技術、機械、天然能源以及化學專業知識。容易開採的礦物在富格爾的時代之前就已經開採殆盡，而進入更深的地層則需要更好更昂貴的機械。像富格爾這樣的商人有錢投資採礦業，但是因為投資規模很大，常常是多位商人湊錢去共同開採一個礦區。多數的礦歸國家所有，不過事實證明，國家不是有效率的企業主，其無力從這種財產中擠出太多利潤。不久，多數歐洲的礦山都落入私人手中。這些商人「先透過成功經營生意成為銀行家，再藉由成功經營銀行成為企業家」。

在奧格斯堡附近可以找到一些歐洲最好的銅礦和銀礦。控制它們的是當時操縱神聖羅馬帝國的哈布斯堡王朝，該帝國的領域延伸到了地底下。一四九三年，馬克西米利安一世（Maximilian I）接管神聖羅馬帝國，後來伏爾泰稱它既不神聖也非羅馬，更不是帝國。在成為皇帝兩年後，馬克西米利安急於為軍隊籌餉，於是向富格爾借債。後來幾年，他又做了幾十次類似的事情。作為貸款的抵押，這位皇帝承諾用匈牙利和提羅爾的銀礦和銅礦產量來償還債務，直到還清為止。一五一五年，富格爾拿到了馬克西米利安的多個銀礦未來八年的產量，以及多個銅礦未來四年的產量。

富格爾與一位叫作約翰·圖爾佐（Johann Thurzo）的匈牙利工程師聯手。圖爾佐的家族擁有多個礦山的股份，他自己也在礦井的進水回收利用方面取得重大進展。為使兩個家族建立起牢固的關係，圖爾佐家族和富格爾家族進行過兩次聯姻。富格爾家族史上記載：「這是為了進一步擴展富格爾家族的生意。」圖爾佐和富格爾投資於現代採礦技術，提高這些礦山的生產效率。富格爾擁有三個主要工廠和幾百名工人，其採礦生意是當時最大的之一，成為富格爾家族巨額財富的主要來源。

從一開始經營金屬業起，富格爾就一心一意努力壟斷銅的世界供應。有競爭的地方就總會有人試圖壟斷，這幾乎是一個亙古不變的事實。壟斷一種商品絕對是走向財富以及權勢的道路。富格爾家族於一四九八年與奧格斯堡的另外兩家供應商聯手成為供應銅的寡頭，從而形成壟斷，這三家公司合夥經營，以統一的價格透過富格爾在威尼斯的中間人出售。

到一五〇一年時，富格爾家族已經在德國、奧地利、匈牙利、波希米亞和西班牙建立了礦區，嚴格控制每個地區產出的銅。這種壟斷行為逐漸為公眾所知，富格爾受到立法者和小企業主的譴責。小商人們清楚地看到，這些寡頭、壟斷組織和利益集團將會把他們擠出市場。代表皇室的總檢察長以違反反壟斷法起訴富格爾，這是歷史上最早的反托拉斯運動之一。

為應付這種指控，富格爾採取企業家應對法律訴訟時常用的策略。他聯絡政府中有權勢的朋友，並雇用一群律師。他向皇帝查理五世（Charles V）強烈表達自己的不滿，皇帝於是命令總檢察長停止起訴。一五二五年，查理五世宣布，今後有壟斷權的礦石合約在法律上不再被視為壟斷。

雖然如此，德國公民原本對富格爾家族的尊敬開始發生轉變。匈牙利人更加怒不可遏。

他們瀕臨餓死，他們的國家負債累累，而富格爾之類的外國資本家卻在剝削和耗盡他們的資源。對富格爾「高利貸式壟斷」的憤怒如狂風暴雨般席捲匈牙利，富格爾的兩家公司被暴民們洗劫一空。雅各再次向皇帝求助，皇帝威脅匈牙利國王說，如果不歸還富格爾的財產就會發動戰爭，而戰爭真的爆發了。

除了貿易、金融和採礦之外，富格爾家族還大規模經營貨幣兌換業務。這種業務的目的是幫助商人們跨國境轉移銷售收益。城市、君主、教皇，有時甚至連個人，都不想靠腰帶或鞍袋來長途運送錢幣。運送錢幣既危險又費力，尤其對教會來說，這一直是揮之不去的心病。在諸如斯堪地納維亞和波蘭這樣偏遠的地區，金融機構幾乎不存在，要將錢運到梵蒂岡需要花費很長時間。例如，從波蘭運到梵蒂岡需要花六個月。教會機構常常不得不委託過路的商人和朝聖者幫忙運送金錢或貨物。

富格爾公司在各地設立營業處，使旅行者可以拿著信用憑證到另外一個營業處兌換現金。透過富格爾家族設立的這種機構，教皇或君主能很快集聚錢財，不再需要等待成千上萬的小小硬幣經歷長途跋涉到達他們的金庫。

富格爾家族還提供可靠的信使服務，信使每天能走大約一百四十公里，將各地大公司和政府的重要政治與經濟訊息，全都彙集到富格爾家族在奧格斯堡的總部。他們的報告被收錄進一份時事通訊，每天出刊。雖然富格爾的時事通訊可能是日報的最初形式，但是多數人讀不懂這份刊物，因為義大利語是當時的商用語言，而多數通訊都是以義大利語寫成。此外，學者和僧侶使用拉丁語，而其他信件都是用當地的通用語書寫。這些時事通訊被傳遞到抄寫員那裡，再由他們抄寫並出售這些通訊。

對貿易公司來說，地圖是另一種重要的訊息來源。作為商業機密，地圖常常被偷竊，所以必須嚴密保管。在文明社會之初，地圖的力量就得到了認可。在羅馬帝國，個人擁有地圖被視為犯罪。直到一五二〇年時，歐洲還只有少數幾個人見過地圖。在富格爾的時代，私人的貿易公司往往會準備自己的「祕密」地圖冊。用經度和緯度對世界進行標識之後，每個地方都可以在統一的體系下被準確定位。印刷機出現後，地圖變得更加準確也更容易獲得。在十五世紀晚期，歐洲對於世界的認識迅速擴展。一四八八年航船繞過好望角，一四九二年西印度群島被發現，一四九八年有人經由海路到達印度，一五一三年，西班牙探險家巴爾博（Balboa）看到了太平洋。

在文藝復興時期，推動創造財富的另一行業也繁榮起來，就是保險業。當時的保險業接近於賭博，因為投資者沒有可以依據的統計資料。的確如此，從國王到農民，沒有任何人能準確預測未來會發生什麼，因為他們沒有清晰描述過去的資料。然而，有了保險業，人們開始願意投資原本被認為風險太大的行業。

儘管擁有的企業數量很多關係又複雜，儘管所處的時代充滿政治和社會動盪，雅各・富格爾仍能高枕無憂。他告訴自己的侄子，他從未感到「睡眠有困難，衣服一脫就脫去了工作中所有的煩惱和壓力」。

富格爾除了有常常被重複談論的逸事和名言，關於他私生活的記錄非常少。他的畫像有好幾張，在畫像裡是個頭戴金色帽子、眉毛濃密、不蓄鬍鬚的男人。他平易近人，說話坦率，愛好相對較少，在那個時代算是非常好客的人。奢華的款待是社會聲望的一種表現，或者至少代表著財力充足。富格爾結過婚但是沒有孩子，他的四座宏偉建築中滿是畫和雕塑，它們全出自歐洲最好的藝術家之手。他一生收集手稿和書籍。在富格爾死後的幾十年時間裡，他的圖書館都是德國最著名的。一五一一年，這個織布工的孫子被神聖羅馬帝國皇帝馬克西米利安封為帝國的伯爵。雖然他擁有這個新頭銜，但仍無法進入家鄉那些勢利貴族的社交圈。

十六世紀的商業英雄與現代社會的富人不同，他們沒有多少方法來炫耀自己的成功和輝煌。王公們雇用詩人、作家和藝術家。其他富人出版自己的家族傳記，或立起豪華的紀念碑。把肖像刻入金牌、銀牌或銅牌的做法風行一時。富格爾把自己的肖像刻入銅牌，並將複製品作為禮物送人。

富格爾與馬克西米利安皇帝的長期合作，是企業與政府之間在歷史上最厚顏無恥的一次結合。馬克西米利安是一位反覆無常的領導者，性情魯莽且揮霍無度。譬如為了滿足自己打獵的嗜好，他豢養二千隻獵犬。在他的統治下，什麼應該買什麼不應該買，這方面的法律、法規或傳統寥寥無幾；對金錢的限制基本上未經檢驗。有一次，馬克西米利安心血來潮想成為教皇，就向雅各．富格爾開口借錢來賄賂各個紅衣主教。作為貸款的擔保，馬克西米利安的抵押品是「用四個最好的藏寶箱裝著我們的珠寶，還有我們的王袍」。文藝復興時期的一位歷史學家指出，馬克西米利安的野心是「偽善的願望」。

馬克西米利安快退位時，決意讓孫子查理（Charles）繼承他的皇位。然而，他的金庫已空空如也，所以馬克西米利安請雅各．富格爾斥資幫助拉選票。此時，同樣是候選人的法國法蘭索瓦一世（Francis I）也在賄賂選舉人。賭注迅速增加。

在選舉還未結束時，馬克西米利安一命嗚呼，年輕的查理將富格爾拋到一邊，聘用了富格爾在銀行界的一個對手。富格爾非常憤怒，他對查理說，如果沒有他的經濟支持，查理永遠做不成皇帝。之後富格爾親自聯繫選舉人，讓選舉人告訴查理說，除非他的賄賂得到富格爾的支持，否則他們不會有安全感，於是查理重新聘用了富格爾。一五一九年，經過幾個月的談判，布蘭登堡的侯爵投出選票，決定了這場競賽的結果。法蘭索瓦一世曾向這位侯爵許下承諾，會給他一位富有的法國妻子，還有價值不菲的嫁妝。富格爾做出反擊，許諾馬克西米利安的孫女，拿出一大筆現金做訂金，訂金的三分之一會在查理當選後以鑄幣的形式支付。查理五世能當選神聖羅馬帝國的皇帝，或許是那個世紀最大的一筆交易。

富格爾雖然在政治上對哈布斯堡家族非常忠實，但是皇家的債務到期時，他會毫不猶豫地追債。在寫給查理五世的一封信中，富格爾要求他「歸還我付出的錢，還要將利息計算在內，不要拖延」。富格爾在信末的落款是「皇帝陛下最卑下的僕人」。然而，他既不卑下也非僕人。

從皇帝的銀行家到教會的銀行家，這算不上前進了一大步，但是德國或法國的其他商人從未有人做到。在富格爾出現之前，義大利的銀行一直壟斷教會的財務。富格爾做到了一個國家接著一個國家地逐漸掌握教會的財政，先是德國，接著是斯堪地納維亞，然後是匈牙利，再之後是波蘭。在將近二十五年的時間裡，富格爾掌控了教會的大量羅馬鑄幣。

做教皇的銀行家是福分，也是麻煩。教皇們對於履行責任並不積極，唯一的辦法就是拒絕他們下一次的請求。然而，處在這個位置也有好處，就是在為教會金庫斂財時可以從中牟利。此外，富格爾還能影響德國的主教選拔。

在十六世紀早期的德國，有許多對教權主義抱持不同意見的人活躍在社會上。任何導火線都可能點燃反對教會的怒火，而雅各．富格爾對此可謂「功不可沒」。點燃怒火的故事開始於一五一七年，當時教皇良十世（Leo X）宣布發放贖罪券，所獲收益將用於完成聖彼得大教堂的修繕工作。這項耗資巨額但非常受歡迎的計畫是由前任教皇發起。當時贖罪券已是非常普遍的事物，本來良十世的做法不會引人注目，但是這個事件與德國當時正在上演的一個戲劇性事件發生了衝突。

阿爾布雷希特伯爵（Count Albrecht）已經是兩個教區的大主教，不過他還想成為另一教區的大主教。一個人占據三個大主教位置的現象是史無前例的，但是當時的梵蒂岡對此未表示反對。然而，要想獲得第三個教區大主教的位置，阿爾布雷希特必須比一般情況還要多交一大筆錢才行。

阿爾布雷希特知道，他的教眾在現有的賦稅之下已經不堪重負，所以他需要設計一個全新的籌資方案。他和富格爾琢磨出一個策略，既可以為阿爾布雷希特買到一個教區，又能為富格爾家族增加財富。阿爾布雷希特從富格爾家族借出一大筆錢，同時以聖彼得大教堂的名義在他轄區內發起販賣贖罪券的活動。收到的錢一半歸梵蒂岡，另一半則用於償還富格爾家族給阿爾布雷希特的貸款。

雙方聘用了當時著名的贖罪券傳教士若望・特次勒（Johann Tetzel），此人具有說服人們捐錢給教會的天賦。為使這個過程公正嚴明，富格爾家族的一位代理人伴隨在賣贖罪券的特次勒左右，並負責檢查花費和收益狀況，以及保管贖罪券箱的鑰匙。修道士和管帳的人跋山涉水，走街串巷，兜售只有一張薄紙的文件。文件上留有一處空白，用來填寫購買者的名字。如果回收贖罪券的箱子滿了，要在富格爾的代理人在場的情況下打開。所有的錢都會送到富格爾在萊比錫的一個職員那裡，之後由他將屬於教皇的錢轉給羅馬。有些人相信，特次勒兢兢業業只是為了籌錢，並不是為了拯救人們的靈魂。他們的確有理由這樣認為，因為特次勒會提前將蓋過章的贖罪券發給那些未犯下罪過的人。

威登堡大學的神學教授馬丁・路德就是特次勒的批評者之一。有幾個購買「教皇敕令」的人將文件拿給馬丁・路德看，要求他證明這些文件的真實性。路德拒絕認可這些文件，並譴責這些贖罪券是「富格爾的扒手」。特次勒聽說之後對路德進行反擊，在此情況下，路德撰寫出九十五條論綱。路德宣稱，贖罪券使罪惡成為微不足道的瑣事，成為可以和贖罪券販子在櫃檯上討價還價的商品。路德的論綱成為能讀會寫的德國人聊天的內容，他們長久被壓抑的反教權主義終於找到了出口，宗教改革運動就此爆發。

信仰的分裂使宗教和企業之間的分歧更大。有些新教徒對聖經反對高利貸的教條表示懷疑，並開始為利息和借貸辯護。路德最初反對大企業，譴責收取利息的行為，後來漸漸妥協，期望能獲得改善企業行為的權力。路德說，付錢給高利貸者始終不能被視為放高利貸的共謀行為，私有財產必須得到尊重，基督教徒有放貸的自由。然而路德最後宣稱，教會應當與企業以及商業分離，這為商業行為去除了最後一層的道德約束。從那以後，人們被允許盡最大努力去賺錢，同時私下克服自己的宗教顧慮。

不久，新教領袖約翰·加爾文（John Calvin）為了控制日內瓦的企業，將所有的商業和道德事宜置於教會的監管之下。雖然他的實驗最終未能取得成功，但是他的信條受到廣泛歡迎。為了實現上帝對世間的統治，人類必須節儉、樸素和勤勉，而這些都是企業成功的要素。他辯解說，接受適當的利息與美好生活是和諧一致的，這使商業界很多人轉而信仰他的學說。當時有一位小冊子的作者寫道：「它對教友的吸引力，不亞於一夫多妻制對土耳其人的吸引力。」加爾文主義代替了原本保持社會和經濟穩定的理想，在這種理想之下，一個人應當了解和安於自己的位置。而此時，人們轉而相信：追求改善物質生活是值得尊敬的行為。在當時葬禮的悼詞中，人們不再讚揚死者如何摒棄虛無的世俗財產，而是頌揚死者如何透過勞動和勤奮獲得財富。只要能使人產生動力，這種道理就被認為是合適的。

利潤也擺脫了傳統基督教教義的責難。希臘教父約翰一世（Saint John Chrysostom）曾說過：「無論是誰，只要以賺取利潤為目的而購買一種東西，然後再原封不動地賣出去，那麼他就是應該被扔出上帝殿堂的商人。」在這種情況下，人們認為獲得利潤就是一種偷竊。教會相信，物品有「公正的價格」，其中包含原料、運輸和勞力成本。在十三世紀，聖托馬斯．阿奎那留給基督徒們一些彈性空間，在「公正價格」的定義中加入了銷售者適當的收益。然而，就連路德也相信，一個人絕不應該說「我想要或願意將東西賣多貴就賣多貴」，而是應該說「我將會按照恰當及公正的價格賣出自己的東西」。

公正價格是由手工業行會制定，而行會的成員是那些為長途販運貨物而成群結夥的商人。這些商人在城鎮中定居下來後，就形成了壟斷和管理商業的行會。在城鎮中只有行會的成員可以購買、銷售或生產物品。後來，商人的行會被手工業行會所取代。為尋求壟斷性的保護，手工業行會成員同意遵守嚴格的行規。例如，行會禁止成員工作時間更長，也不願支付更高工資。其中最重要的一條就是，在賣出產品時收取比其他行會成員更高或更低的費用。這個系統被繁文縟節所束縛，所以當時的刀把、刀片和刀鞘都要由三個不同的行會分別生產。一位歷史學家指出：「這不是一種自由企業的狀態，但是其井井有條、成員機會均等、安全性高且不用擔負風險。」

手工業行會最終淪為競爭的犧牲品，對於高利貸和利潤的最後限制也隨之消失。經紀人、商人、金融家和生產商，都不再懼怕鄰居的藐視和上帝的憤怒。從眾多德國人和其他歐洲人對教會商業行為的憤恨中，可以找到新教教義的種子。然而，對現代資本主義來說，宗教改革運動是發生過的最美妙的事情之一。將貪慾具有的宗教恥辱色彩去除之後，對商業行為的任何道德界限就都消失了。而且，物質方面的成功越來越成為衡量德行的標準。有人深陷貧困的泥沼，這不是他人的責任，而是由於自己不夠勤奮和節儉造成的。對於富人來說，財富不是禮物而是回報，他們有權做任何他們高興做的事情。

雅各．富格爾在最後的歲月中，成為最尊貴又最不得人心的德國公民。甚至富格爾的名字也成為被嘲弄的對象。在當時的方言中，富格爾的諧音意指帶來戰爭和壓迫、賦稅和物價升高的財政權力，而作為動詞則含有收取過高利息、以及從事其他可疑的商業行為的意思。富格爾家族的批評者說，他們的公司不是將資本用於新的生產，而是用於戰爭貸款和政府投機。雅各．富格爾沒讓這種尖刻的批評干擾他的心態平衡：「世界上許多人對我懷有敵意。他們說我富有。我的富有是上帝賦予的光彩，並沒有損害到任何人。」

富格爾最終不再那麼強硬，開始雇人向大眾推銷自己和他的哲學。律師、神學家、人文主義者康拉德．佩廷格（Konrad Peutinger）成為富格爾的首席顧問。他還為馬克西米利安起草了幾部帶有改革性的貿易法律。佩廷格為寡頭、壟斷、利潤和利息進行辯護，他是第一個對利潤抱持開放態度的著名福音傳教士。佩廷格寫道：「每個商人都可以自由選擇售賣東西的價格。因為在很多情況下，他們不得不以低於進價的價格賣出商品，從而遭受損失。」

沒人能否認，十六世紀工人階級變得更加貧困，政治地位更加低下。工人們生產的商品出口到世界各地，只為換取極少數人才能享受的進口奢侈品。在十六世紀，歐洲大多數地方的所有商品價格都上漲。上一代人足以購買一套服裝的錢，到下一代時卻只能買一雙鞋。一五〇〇到一六〇〇年，小麥的價格在德國上漲了三〇〇%。一五二四到一五二六年的農民起義造成十萬人死亡。十六世紀九〇年代，橫跨歐洲的大規模饑荒導致餓殍遍野。一位瑞典人寫道：「人們把很多不適合食用的東西切碎磨細做成麵包，包括樹皮、蓓蕾、乾草、麥秸、苔蘚、果殼……許多寡婦將種子種到田地裡，嘴裡卻含著草死在了那裡。」哲學家托馬斯·霍布斯（Thomas Hobbes）十分感慨，認為人類當時所處的自然狀態是「貧窮而孤寂，惡劣、野蠻而貧乏」。

在一個世紀中，富格爾家族一直受到責罵，被看作是北歐各國經濟崩潰的原因。一五五六到一五八四年之間，奧格斯堡大約有七十家大公司宣布破產。反財閥的運動在德國長盛不衰。有人提議，應當規定公司最多只能設三個分行，擁有資本的數額也應該有上限。甚至路德也意識到，神職人員權威的崩潰導致了缺乏權威的混亂狀態。他寫道：「很明顯，現在的人們比在教皇統治時期更加貪婪、殘酷、專橫、無恥和邪惡。」

雅各．富格爾死於一五二六年，富格爾家族的基業由他的侄子安東（Anton）繼承發展。雅各在死去之時，身家約有七千五百萬美元。在此之前的十七年時間裡，他的公司平均每年的利潤率是五四％。在他的遺囑中，他首次提出要為窮人修建低成本的庭院式住所。在奧格斯堡的郊區，他的家族為貧困工人修建了五十座屋舍，每座安排兩家人居住。這些屋舍被稱作富格爾庭院，現在仍矗立在原地，作為一個荒謬的存在提醒著人們，這個人的壟斷讓德國工人付出了極大的代價。

富格爾的公司常常被稱作是他的金庫。對於富格爾來說，他的金庫與家族成員的身分是全然分開的。他最大的追求是富格爾王朝的延續。他的後繼者安東死於一五六〇年，公司傳給他的侄子。他侄子將公司一直正常運營至一六〇七年，那一年西班牙國王菲利普三世（Philip Ⅲ）宣布國家破產。富格爾家族是西班牙最大的債主之一，公司無法承受這種打擊，被迫進行破產清算。一六四〇年時，公司終於不復存在。然而，曾幫助雅各．富格爾累積巨額財富的個性、野心、決斷力、眼光，仍在幫助現代社會的資本家們走向成功。

Chapter 6

讓法國傾家蕩產的紙幣之王——

約翰・勞

John Law

（西元一六七一年～一七二九年）

隨著時間的推移，人們認識到金錢不一定是某種物質，它還可以是一種觀念。如果每個人都持有這種觀念，控制貨幣就可以推動生產、貿易和消費。自從貨幣被創造出來，它的潛力一直受限於其實質內容，例如黃金、白銀、珠寶和土地。這些有形的東西數量是有限的。人類使用貨幣做買賣的慾望迅速膨脹，所以這些東西的供應就成了問題。金屬短缺成為制約貿易和經濟發展的障礙。這說起來有些荒唐，但在約翰・勞所處的時代，歐洲就處於這種狀態。關於金錢的傳統教條並不是永恆不變的，勞是最早意識到這個道理的人之一。勞聲稱自己發現了點金石，「我的祕訣能夠點紙成金。」自由的貨幣是一種令人興奮、無法抗拒並且帶有災難的觀念。

一六七一年，約翰・勞生於蘇格蘭愛丁堡，成長在歐洲啟蒙運動時期，當時理性和邏輯正在驅除迷信以及宗教中的妖魔鬼怪。宇宙不再被看作是好戰的天使和魔鬼的戰場，支配自然的規律也逐漸被人們發現。人們開始計算和測量所有的事物，例如人口、生產、貿易和金錢。與此同時，現代意義上的統計學誕生了。十八世紀英國政治家埃德蒙・伯克（**Edmund Burke**）稱啟蒙運動時期是一個「詭辯家、經濟學家和統計員」的時代，同時是一個樂觀主義盛行的時期。人們相信，各種社會問題都是可以解決的。總括來說，歷史是一個向前發展的過程。

然而，儘管人們對世界的理解越來越深刻，卻未能解決交換價格的問題。交易者使用某些叫作交換券的紙幣，但是多數人仍隨身攜帶他們的錢。這些錢通常是鑄幣，人們還帶著刀劍以防止錢被搶走。像約翰．勞這種下注很大的賭徒發現到，實際上不可能攜帶足夠多的現金去賭博。他們解決帳務問題的方式是寫借據，信譽好的賭徒會在第二天兌現自己的借據。人們必須接受現金的交易者面對的是各式各樣的鑄幣，這些鑄幣是由不同國家、君主和城市鑄造的。在賣出一船的貨物後，商人可能收到一麻袋的荷蘭盾、希臘德拉克馬、德國馬克、達克特、法國里弗爾、西班牙皮斯托爾、都克東、皮斯卡圖，還有其他這個商人可能從未聽說過的貨幣。由於鑄幣是手工敲打出來，所以同樣幣值的鑄幣可能厚度不一，因此搗鬼者經常對硬幣的邊緣進行打磨或修剪。

與此同時，金銀的短缺甚至成為困擾經濟發展的難題。無論哪裡出現政局動盪，總會出現囤積錢財的問題。有的時候，這種現象實際上非常普遍。國王和教皇你方唱罷我登場，然而金屬的價值始終不會變，將它們祕藏於地下可用來應付未來的艱難時世。即使人們不必將白銀藏起來，他們也願意讓它陪在身邊，要麼做成銀質酒杯，要麼做成銀質盤碟，但就是不讓它們流通，因為一旦流通就會面臨被奪走或降低成色的風險。而且，除了將貴重金屬藏起來，人們也沒有太多選擇。當時沒有做零售業務的銀行。正是這種儲藏金銀的心理狀態，造成了英國商人托馬斯·格雷沙姆（Thomas Gresham）所謂的「劣幣驅逐良幣」——這個長期存在規律。

十八世紀早期，約翰·勞住在在法國，當時路易十四（Louis XIV）不計後果地盲目徵稅，於是許多人開始將金錢偷運出國。法國並不窮，從法國貴族的衣著和家具中就可以看出法國的繁榮，但是這個國家沒有足夠的貨幣，使得這個國家很難與其他國家進行貿易往來。銀行和政府試圖用紙質的交換券代替金屬，但是這樣做的效益有限。每發放一張紙，都會有等值的金屬退出流通。

法國的困境讓約翰·勞開始思考：為什麼這個國家的經濟體系會因為金屬貨幣供應不足而受到限制？為什麼一個有自己的陸軍和海軍的強大殖民國家，要靠低效率的鑄幣才能運轉呢？如果人們對紙幣的信心不亞於他們對金屬的信心，他們不會更傾向於紙幣的便捷性嗎？畢竟，「信用」這個詞就起源於拉丁語中的「相信」。勞曾經寫道，信用「不是其他，只是得到支付的確定性」。不過，其他人曾反駁說：「信用是休眠的懷疑。」勞妥協說，人們應當有拿紙幣換取金屬的權利，但是為什麼大家要同時將紙幣換成金屬呢？因此，政府可以發行比現有金屬價值更多的紙幣。創造信用形式的貨幣實際上能夠創造持久的財富，勞相信：「信用之於企業，如同大腦之於人體。」

約翰・勞確信，貨幣是一種功能，而非一種替代品。這意味著貨幣從貝殼向電子位元的發展過程中，人類又邁出了一大步。事實上，十七世紀代表著「中世紀夢想的結束」。這種夢想是「擁有一個穩定商業和道德價值觀的不變世界，適宜的金錢和公正的價格，俗世的職責和天堂的回報」。取而代之的是「一個流動的世界，在金錢的浪頭上，土地、人類和物品被拋來拋去」。雖然世界經濟越來越繁榮，但有些人仍堅定地相信財富是有限和有形的。約翰・勞和幾位同時代的人就不明白為什麼非得如此。他們的哲學觀具有極大的災難性，但是歸根結柢卻是正確的。

約翰・勞有十個兄弟姐妹。他在愛丁堡長大，他父親是一個以貸款作為副業的金匠。勞在小時候就顯露出算術、幾何和代數方面的天分。勞十三歲時，他父親去世了，母親接管家族的生意。勞為家族的公司工作三年，學會基本的金融原理，工作之餘他學習網球和擊劍。在離開家鄉到倫敦闖世界之前，他被描述為「道德敗壞的紈褲子弟」。

在倫敦，勞賭博，學習金融，向女人獻殷勤，大筆費用都得由他守寡的母親支付。他是運動健將，思維敏捷，能言善辯，穿著考究，備受女人們的青睞，被她們親密地稱為「勞情郎」，不過這個城市的男人卻不親切地稱他為「茉莉花般的約翰」。

歷史並未記錄是何種原因，勞與倫敦的一個花花公子「威爾遜情郎」進行了一場決鬥。

兩人商定中午時分在一個公共廣場上進行決鬥。結果決鬥只持續幾秒鐘。勞一劍刺過去，刺穿了威爾遜的胸膛。

因為決鬥被認為是有預謀的，勞被指控謀殺並判處有罪。在關押等待上絞刑時，勞逃跑了。有人說，他用鴉片麻痺守衛，銼開腳鐐，從皇座法庭監獄十公尺高的牆跳下來，結果扭傷腳踝，但還是在朋友的幫助下登上一艘開往法國的船。不那麼浪漫的版本是，勞有個位高權重的朋友安排幫助他逃亡。一六九五年倫敦《公報》（*Gazette*）上刊登了一則廣告，許諾給尋回勞的人獎賞。廣告中對他的描述是「身材健壯，身高二公尺多，臉部毛孔粗大，高鼻梁，口音重，嗓音洪亮」。

在後來的十年中，勞在歐洲大陸上四處遊蕩，以賭博為生。在威尼斯、熱那亞和阿姆斯特丹，他對新成立的金融公司進行研究，處理錯綜複雜的財務問題表現出他的數學頭腦。當時歐洲賭場遍布，光巴黎就有六家賭場。在很多賭場中，勞作為計算機率的專家而為人所知。他玩牌時沉著冷靜，訓練有素，進賭場時總是雙手各拎一袋金子。在鋪有綠色檯布的法羅牌桌旁，他總是要求占據「莊家」的位置，因為在這個位置上賭博者能夠操縱機率。

最後他贏了很多錢，並委託人鑄造大枚的金幣，方便他用來作為賭注。他開始乘坐豪華馬車四處旅行，而且雇用穿制服的男僕隨行。勞英俊、迷人、富有，總能得到引薦進入歐洲權貴的廳堂。在巴黎的一個貴族家裡，勞結識了奧爾良公爵，這位公爵幾年後成了法國的攝政王。然而，當時連公爵都無法阻止巴黎警察將勞驅逐走。「他太了解如何玩他引進的遊戲了。」一位當地的警察警長解釋說。

勞在荷蘭學習銀行和金融業務，那裡的阿姆斯特丹銀行已經有一百年歷史。這家銀行最初建立的目的，是要解決金屬貨幣短缺和交易不方便的問題，後來由於荷蘭經濟蒸蒸日上，它成為備受信任的安全網絡。一位歷史學家寫道：「這家銀行是荷蘭資本主義的看門狗。它的首要任務不是為企業提供資金，而是控制資金交流的條件……它的座右銘是誠實，而非利潤。」

在約翰．勞所生活的時代，阿姆斯特丹銀行的主要業務是辦理轉帳。商人們將錢幣拿到銀行，然後拿到代表這些錢幣價值的銀行票據。由於當時很多錢幣都是粗製濫造，所以銀行根據重量和成色判斷錢幣的價值，而不是根據錢幣的面值，銀行確定的價值被稱作「銀行貨幣」。商人們之間用銀行票據進行帳務結算。銀行只在帳戶之間進行轉帳，所以絕對不會出現金屬貨幣儲備不足的問題。人們對阿姆斯特丹銀行非常信任，以至於有時候這家銀行的票據會對金屬貨幣產生溢價。

當勞首次看到阿姆斯特丹銀行的運作時，他大吃一驚。這個機構控制著荷蘭大部分的貨幣，但是這些錢的主人卻未因此感到資金短缺。而且，錢幣或金銀一旦進入銀行，它們往往就待在那裡不動。這裡隱藏著致富的一個方法：大量收集其他人的金錢，讓人們對它們的使用保持信心。

阿姆斯特丹還有一個規模巨大、變化多端、難以駕馭的金融交易所，投資者在這裡買賣東印度公司和西印度公司的股票，以及期權和期貨等衍生性金融商品，這些被稱為「風中的交易」。阿姆斯特丹交易所每天只營業兩小時，這加劇了此處的混亂氣氛。約翰・勞出生的三十五年前，在阿姆斯特丹交易所裡，成千上萬的投資者成為歷史上最大投機狂潮的受害者。

在購買麵包、木柴和鞋子等生活必需品之外，如果沒有剩餘金錢，想要投資是不可能的。十七世紀初，荷蘭充斥著剩餘金錢。這個國家已經占據了歐洲商業和金融資本的領導地位，成為槍支、寶石、糖和瓷器等商品的世界級大市場。荷蘭人基本上都是經紀人，而且他們擅長此道。小說家丹尼爾・笛福（Daniel Defoe）寫道，他們「買進是為了賣出，吸納是為了吐出」。一六三一年，哲學家笛卡兒（René Descartes）在阿姆斯特丹寫信時說：「這個城市中除了我，沒有誰不做生意。」這個國家的富裕甚至澤及最底層的勞動者，他們在歐洲的勞動者當中收入最高。但是經濟繁榮也有不利之處，那就是人們變得太過輕率，對輕鬆賺錢的許諾深信不疑。

一六二九年，一筆意外橫財落到荷蘭。荷蘭西印度公司攔截了西班牙運輸白銀的船隊，並將這筆飛來的財富帶回家鄉。這激發了人們單憑運氣就可發財的信念。這個來到阿姆斯特丹碼頭的金錢好像在告訴人們，通向財富的道路可以是魔術般而不用循規蹈矩。荷蘭文化也充斥著「對英雄式物質主義的豔羨」。在描寫投機的一首諷刺詩中，裡面的一個人物說：「我一直在艱苦勞動中浪費生命。許許多多的父母也是如此，他們在艱苦工作中餓死。」從這種態度出發，會對鬱金香期貨賭博也就不足為怪了。

在花幾個便士就可以買到鬱金香球莖的世界裡，熱情投資於鬱金香期貨聽起來愚蠢得離奇。在十七世紀初，具有異國情調的植物和精美的暖棚是富貴之家的寵愛之物。鬱金香在十六世紀晚期從土耳其傳入荷蘭，在好幾年的時間內，只有最富有的人才能買得起。確實如此，奧格斯堡富格爾家的花園裡就種著鬱金香。然而與其他稀有物品不同，人工栽種的鬱金香也能自我繁殖，所以鬱金香就有了確定的期貨價值，雖然人們無法知道這一價值是多少。

到十七世紀二〇年代，鬱金香成為法國、德國和荷蘭的時尚花卉。新款、便宜些的品種使一般人也能負擔得起。鬱金香狂潮在十七世紀三〇年代開始蔓延，然後像爆炸般飛速發展。鬱金香球莖成為舉國上下狂熱追求的東西，不是被看作植物而是被看作投資對象。四處遊走的推銷員拿著鬱金香球莖到窮鄉僻壤去叫賣。從貴族到掃煙囪的人，從自耕農到僕人，整個國家的人都對鬱金香球莖趨之若鶩，「就像圍著蜜罐的蒼蠅」。於是大量國外資金進入荷蘭，投資於鬱金香。

鬱金香狂潮是博傻理論（greater fool theory，又稱最大笨蛋理論）*的最佳案例。人們知道鬱金香球莖的價格已完全超出其正常價值，但是他們相信別人會比他們更傻。在一段時間內，他們是正確的。在高峰之時，人們將大量家庭財富投到鬱金香之上。人們用土地、房屋、家具、馬匹、綿羊、乳酪等任何東西來交換鬱金香，尤其是「總督」或「永遠的奧古斯都」等稀有品種。在法國，一個新娘的所有嫁妝就是一株稀有的鬱金香球莖。最後，沒有貨的銷售者開始將鬱金香售賣給沒錢購買這種球莖的人們。雙方都不想付出任何東西，他們只是在賭球莖的期貨價格。在一六三七年初，鬱金香球莖的價格幾乎每天翻倍。據說，一個鬱金香種植者因為牛吃光了他所有的存貨而自殺。

那一年稍晚時，泡沫破滅了。並沒有什麼明顯的原因，只是市場上出現了關於購買者短缺的謠言。人們盡力去掙脫自己編織的債務網。有些投資者手中只剩下大把的鬱金香期貨和自己房屋的抵押單據。通常在每次金融災難之後都有怒火和指責，但通常又找不到可以歸罪的人。無論如何，人們吸取了這次教訓，鬱金香再也無法激起如此瘋狂的行為。下一次激起這種瘋狂行為的將會是其他物品。

十八世紀初，約翰．勞離開歐洲大陸回到蘇格蘭，當時那裡正陷入經濟衰退。他出版了一本小冊子，建議政府成立一個商業委員會，來發行作為法定貨幣的帶利息票據。委員會利用籌集的資金來開發國家的礦產，重建國家的漁業，鼓勵對外貿易，取消壟斷行為。這簡直就是十八世紀的羅斯福新政。但是在英格蘭，或說在整個歐洲，對於勞的經濟改革小冊子，表達強烈建議或反對的人俯拾皆是。蘇格蘭國會和大眾對勞的計畫不屑一顧。

在蘇格蘭時，勞還發表過一篇論文：《對貨幣和貿易的思考以及為本國提供貨幣的方案》。他建議成立一家土地銀行，對那些以土地為抵押物的地主發放票據，透過提供穩定的貨幣媒介物解決「鑄幣」不足的問題。支撐這些票據的不再是黃金，而是國家的資產。這個方案得到國會部分議員的支持，但還是未能通過。

一七〇七年，蘇格蘭和英格蘭逐漸走向統一。這使勞面臨被逮捕的危險，所以他再次來到歐洲大陸，遊走於大城市之間，仍然以賭博為生。在旅行過程中，他遇到一個叫凱瑟琳．

---

* 是指在資本市場中，人們之所以完全不管某個東西的真實價值而願意花高價購買，是因為他們預期會有一個更大的笨蛋花更高的價格從他們那裡把它買走。——譯者注

塞格諾伊爾（Catherine Seigneur）的已婚女人，她離開自己的丈夫與勞私奔。雖然這兩人從未結婚，但凱瑟琳改成勞的姓氏，生下兩個孩子，直至勞去世都對他很忠誠。關於勞是否對她忠誠，她並不是信心百倍。兩人在邂逅之後，於一七一五年搬到巴黎，當時路易十四剛剛去世。路易十四傳位給五歲大的曾孫路易十五，而攝政王奧爾良公爵正是約翰．勞在法羅牌桌邊認識的朋友。

揮霍無度的路易十四奠定了巴黎人的奢靡之風，這正可以為約翰．勞所利用。在十七世紀的巴黎，人們心中沒有「放縱」這種概念。財富被看作是純粹的商品，富人縱情於稀奇古怪、荒唐透頂的奢華之舉。參加一個門票抽獎是得到幾匹馬的聚會，沒有人會為此感到內疚。有一個富有的貴族的情婦，她想超過傳說中的盧庫勒斯（Lucullus）——曾吞下一顆價值十萬法郎的鑽石，所以她就吃下價值五十萬法郎的票據。當時有些富人是擁有大量土地的貴族後代，有些人則是從國庫中揩油而致富。他們多種多樣的趣味以各種奇特的方式展現出來。一位叫博瓊（Beaujean）的人擁有多個超大的花園，可是他自己太胖，根本沒辦法走進去。

路易十四信仰君權神授，他有一句名言：「朕即國家。」所以國王的債務就成為國家的債務。路易十四多年來靠舉債生活，從臣民那裡借債。他以不同名義發放不值錢的票證，造成混亂狀態，流動債務相當龐大。在路易十四漫長統治的最後十四年裡，他的花費比聚斂的稅收收入多出了二十億里弗爾幣。鑄幣的成色大大下降，幾乎變得一文不值。里弗爾中銀的含量從十二盎司下降到不足半盎司。歷史學家稱凡爾賽宮是「權力架構」的典範。由於路易十四的揮霍無度，導致整個國家的財政處於破產狀態，軍隊無餉可發。在臨終之際，甚至路易十四自己也不得不承認：「我太好戰了。」

與此同時，成千上萬的勞動者失業，農業處於凋敝狀態。農民住泥屋，睡稻草，吃煮熟的植物根莖和蕨類植物，而且連年受到傷寒和天花等傳染病的襲擊。許多人逃到城市中，淪落為乞丐和流民。貿易幾乎陷入停滯。工匠逃離這個國家，其他人則將錢寄到國外。沒有大規模的產業，企業的財富流入「看不見的手」中，大小官僚們將稅款中飽私囊。一項研究顯示，一年中所徵收的稅款進入國庫的還不到一半。

政府的財政狀態一片混亂。由於國家的會計人員未採用複式簿記法，所以直至路易十四去世時，人們才發現當時的情況多麼岌岌可危。政府考慮宣布破產，但攝政王否決這項提議。他將國債的利率從七%砍到四%，讓貨幣貶值，縮減軍隊和政府機構的規模。他還建立一個司法部門，對稅務官、銀行家、商人等進行調查。和當時的很多政府機構一樣，司法部也很專制且腐敗。告密者得到鼓勵，敲詐行為比比皆是。有一位銀行家因非法牟利被罰上繳一千二百萬里弗爾，一位有權勢的伯爵對他說，只要他拿十萬克朗做交換，罰款就可以減少。那位銀行家說：「你說得太晚了。我已經跟你妻子談妥，是五萬。」

任何富有的人都會被懷疑有罪，聰明人會先做自我審查，而不是讓別人先下手。許多人被剝奪權力、影響力和財產。有幾個人被處決，有些人感到走投無路而自盡。但是最終，這種對銀行家的政治迫害沒有產生多大效果，只是讓人們在花錢方面變得更小心翼翼。

約翰．勞相信，他能夠以自己的金融體制恢復法國的元氣。他知道法國經濟迫切需要注入資金，於是他提議成立一家銀行，令其像阿姆斯特丹銀行那樣發行票據，同時吸收和匯兌存款。為使政府能支持他的銀行，勞願意拿新銀行的股份交換政府的現金和債券。雖然這些政府債券的價值在交易中已經大打折扣，但是他願意按照面值兌現。

勞期望得到政府的支持，但卻只得到了許可。一七一六年，他成立一家叫勞氏公司的銀行。最初資本為六百萬里弗爾，折合為一千二百股，每股價值五千里弗爾。勞對他的策略信心百倍，所以將自己所有的財產都投入其中。真是個道道地地的賭徒！他承諾如果計畫失敗將捐款五十萬里弗爾給慈善機構。

之前也曾有許多人試圖用紙幣代替金屬貨幣，但是很難說服人們用手裡價值明確的鑄幣，來換取未來價值不確定的鑄幣。每個地方的鑄幣都可能突然貶值或增值，所以其購買力有些飄忽不定。在一七〇二年到一七一八年之間，法國金銀的價格變動了四十二次。勞向法國人承諾了一件他們的政府從來沒有承諾過的事：用他的鈔票可以兌換到「與發行日的重量和成色相同」的鑄幣。這意味著鈔票不受未來鑄幣波動的影響。政府很看重勞的新鈔票，任何改變和偽造新鈔票的行為都會被判死罪。

許多法國人從未見過紙幣。勞氏公司成立的前幾個月，這種新的金融工具成為巴黎人嘲笑的對象。但是人們漸漸開始信任這家銀行。一七一七年，繳納稅款和其他皇家的費用時，人們都可以使用這種鈔票。第二年，勞的銀行成為國有皇家銀行。這代表銀行發行的鈔票得到皇室的擔保，儘管作為平民的勞仍控制著銀行。許多商人和政府官員竭力反對這種安排，但是徒勞無功。勞和國家成為一體，雖然雙方都無法完全控制他們創造的實體。這家經過國有化的銀行最早採取的措施之一，就是改變關於鈔票的規定，使它可以兌換「當前的貨幣」。這樣勞的鈔票也開始出現價值上的波動。

勞與法國政府的結盟最終導致經濟災難，但是在前幾年的時間裡，勞成為法國最受尊重的人之一。他過去是衝動的決鬥者、賭徒和流亡者，但是這些已經無關緊要。他成為金融方面的吹鼓手，整個法國都隨著他的音樂起舞。勞可以算是遇上了合適的時間、合適的地點，而他的確擁有打動芸芸眾生的創造力和狡詐。

對於約翰・勞為什麼能如此成功地推銷他的金融體制，很多作家和歷史學家都感到疑惑不解。卡爾・馬克思描述勞是擁有「討人喜歡的騙子和預言家的混合個性」。或者可以說勞是「規劃者」的典範，是從煉金術士到現代投機者的轉換，是一個能夠透過捏造幻象來換取黃金的人物。他沒有接受過自然科學和金融方面的正規教育，但是常常能將自己富有遠見的計畫傳到掌權者的耳中。他講的是他的聽眾樂意聽的話，例如他只需要透過印鈔票就能讓人們變富有。對於約翰・勞這種人，丹尼爾・笛福曾譏諷道：「你必須拿一把劍，殺死一兩個情郎，被判處絞刑，盡可能地越獄，適應某個陌生的國度，成為股票經紀人，推出一支密西西比公司式的股票，為一個國家吹個大泡泡，這樣你很快就會成為一名偉人。」一位法國作家發出感慨：「他像神學命題一樣難以評估。」

勞是一個積習難改的賭徒，這或許道出了他行事風格的部分原因。賭徒的特點常常是誇張、愛冒險和不循常規。雖然勞出身很好，但是賭徒常常來自下層社會，在那裡命運、機遇和運氣似乎都會被放大。一項針對賭徒的研究顯示，對於感到孤獨的人來說，賭博是一種表達自我的方式。佛洛伊德相信，嗜賭成性的人有一種不可遏制的輸錢需要，藉此在自己身上添加受害者和非公正的色彩，以沉迷於悔恨和自憐之中。其他人發現，在遊戲的表象背後，賭博令人興奮，使人感受到攻擊性，使人得以逃避現實生活，讓問題在表面上得到暫時性的解決。法國政府和約翰・勞一樣進行賭博，然而勞並不認為他們的安排是什麼冒險。對他來說，這是確定無疑的事。

美國密西西比河地區、路易斯安那地區和加拿大，當時都在法國的控制之下。一七一七年，勞提議建立一家公司，壟斷這些地區的貿易、開採這些地區的資源、發展與加拿大的皮毛貿易。勞讓攝政王相信，這樣一家貿易公司將使法國成為世界上最大的商業帝國。他可能是注意到了獲利豐厚的榜樣：荷蘭東印度公司和英國南海公司貸款給政府，以換取壟斷性的貿易優先權。這些公司的股份在商人之間轉來轉去，被作為結帳的貨幣。但是勞的計畫則更進一步，他願意用公司的利潤幫助政府償還部分巨額債務。

攝政王和國會通過了勞的方案，西方公司（後更名為「密西西比公司」）宣告成立。它對國家承擔的責任是：在當地安置六千名白人和三千名其他人種。公司的股票最初銷售緩慢。在幾乎兩年的時間裡，這些股票都可以用低於票面的價格買到。為吸引大眾的注意，勞宣布六個月後他將以票面價格「回購」公司的二百股股票，而當時股票的銷售價只有票面價格的一半左右；於是股價開始上升了。

勞的公司漸漸開始與政府簽訂更多協議，偶爾發行新的股票來支持這些計畫。他在一七一八年買下菸草的專賣權，當時菸草的消費正與日俱增。不久後，公司收購了塞內加爾公司，其生意主要是做非洲的奴隸交易。勞的公司還收購了擁有對中國貿易權的法國東印度公司。這家公司擁有二十四艘遠洋船隻。勞的「原始聯合企業」是從密西西比公司（後又更名為「印度群島公司」）起步。一七一九年，法國政府授予密西西比公司鑄幣的權力。現在，約翰・勞控制了鑄幣、公共金融、銀行、海上貿易、菸草和鹽的利潤，以及路易斯安那。

與此同時，政府的年金債務正在使王室陷入困境。勞鼓勵那些擁有政府年金的人，用手中的票據交換密西西比公司的股票。他發行二十萬股公司股票，並且又一次提出用票面價格收購打折銷售的票據。幾個月後，他再次發行五萬股。所有這些股票被人們熱情地搶購一空，於是勞又發行了五萬股。然後在一七一九年九月勞宣布，他將透過發行更多密西西比公司的股票和交換紅利，來購買法國政府的所有債券。到那一年的年末，他已賣出六十萬股密西西比公司的股票。

為使股價能夠不斷上漲，勞採用多種推銷和操控的手段。他對路易斯安那的財富、礦產資源和人民進行誇大其詞的描述。那裡的高山「充滿了金、銀、銅、鉛和汞。由於這些金屬非常普遍，所以當地的原住民對它們的價值一無所知。他們會用大塊的黃金和白銀換取……炊具、紡錘、小鏡子，甚或是一點白蘭地」。他對大眾廣發雕刻，上面的印第安女性有著大大的夢幻般眼睛。他創造出路易斯安那的公爵、伯爵和侯爵，並封自己為阿肯色的公爵。

當然，事實與勞所編造的故事大相逕庭。密西西比峽谷的大部分地方仍是未經開發的荒野。勞提供現金獎勵和四百五十英畝土地給願意移民的家庭，但這沒有激起人們多大的興趣。勞又發布一條命令，任何失業達四天的僕人就是遊手好閒者，會被送往路易斯安那。由於這塊土地上嚴重缺乏女性，所以他策動人在醫院和監獄裡搜尋妓女。有些人藉機讓麻煩的親戚遠離自己，還有配偶之間互相指責對方為流浪者。被稱為密西西比匪幫的一個個小隊在城市的街道巡邏，搜尋可以送去路易斯安那的人。當心有不甘的移民到達路易斯安那時，他們發現那裡只有骯髒不堪的棚屋，根本找不到勞說的埋藏在殖民地土壤中的黃金或寶石。

但是在巴黎，沒人知道這些，也沒人詢問或關心這些。法國人心中唯一確信的是，密西西比公司的股價不會停止上漲。以五百里弗爾上市的股票升值到了一萬里弗爾。甚至勞本人都對這種價位都感到緊張，儘管他已經成為世界上最富有的人之一了。與此同時，攝政王看到印錢是如此輕而易舉的事，就下令印製更多鈔票。一年時間，貨幣供應幾乎翻了一倍。通貨膨脹迅速嚴重起來。

在短時間內，通貨膨脹是令人愉快的。更多的錢在流通，讓人們產生幻覺，以為有更多的錢可以花。直到幾個月或幾年後，他們認清借方和貸方時，才真正開始面對冷冰冰的現實。然而，即使在這種時候，他們仍執迷不悟地拒絕理性思考，而是相信魔法。如果他們拒絕被愚弄，就會被看作是頭腦僵化的傻瓜。能夠作為前車之鑒的例子很少，他們感覺不到正在到來的危險。他們也不是那麼憤世嫉俗，他們對這方面的情況知之甚少。

密西西比公司發行股票的辦公室，是位於只有幾呎寬的坎康普瓦街上。這條小街道從早到晚都擠滿了熱情的申請人，成為巴黎實際的金融交易所。上流社會的人紛紛來訪。為了買到股票，公爵和公爵夫人、伯爵和伯爵夫人都在勞的門前等候數小時之久。有些人在附近買下房屋。這條街的房租直線上升。有傳聞講到，廁所被改為客廳，還有一個駝背的人把他的駝背作為寫字檯出租。一個修鞋匠出租自己貨攤上的椅子給買賣股票的人。紙幣的大量使用造就出很多有木工手藝的假幣製造者，他們把假的證券投入市場，使情況更加混亂不堪。針對沒有現金的投資人，辦公室附近的高利貸者會提供「鐘點貸款」——每一刻鐘的利率為〇．二五%。沒有人對投資人進行管制。如果勞和攝政王要做點什麼的話，那也是為他們加油打氣。投機讓追求財富的衝動表現得淋漓盡致，其特點就是毫不擔心和盲目樂觀。誰不曾想像過自己也能搖身一變成為百萬富翁？

在巴黎，每個階層的人都在享受著連睡覺還在賺錢的快樂。窮人變成富人，富人變成超級富人。一個發了橫財的僕人不經意間流露出自己的出身：他登上自己新買的馬車時，不是進入裡面而是坐在車後面僕人的位置。這麼多的人在變富有，所以法國需要一個新詞語來描述他們，這個詞就是百萬富翁。一位住在巴黎的英國職員寫信給家人時提到，密西西比公司抓住了法國人的心，以致「談論任何其他話題都被認為是荒唐的事情，而且沒人願意聽」。大約三十萬人湧進巴黎，而且有更多的人想進去。在法國一些城市裡，通往巴黎的公共馬車要等上兩個月才會有一個空座位。來訪者將大把大把的錢花在住宿、吃飯和餵馬等，虛幻的財富照耀著整個大地。

為滿足人們對各種奢侈品的新需求，法國國內的各行各業加大馬力進行生產。勞動力成為稀缺資源，導致工人要求的工資比從前高出三倍。有一位新貴將他在巴黎的住宅裝飾得非常豪華，有旁觀者寫道：「要告訴別人他的房屋有多麼豪華，我們必須引用神話中用來描述仙宮的話語。」他所有的炊具都是銀質的，他的馬廄裡有八十匹馬，家裡有九十個僕人。另一位新的百萬富翁在臥室裡為自己準備了一個金夜壺。每個人都想要一輛馬車，造成多條街道的交通陷入癱瘓。一七一九年末，攝政王的母親寫道：「每個人談到錢時都用百萬做單位。我對此真是迷惑不解，但是我清清楚楚地看到，財神已絕對統治了巴黎。」

約翰・勞成為民族英雄。「勞先生萬歲！」跟在他馬車後面的人群呼喊著。得到他一分鐘的時間幾乎成了不可能的事。政治哲學家孟德斯鳩寫道，貴族們奉承討好他「就像貓咪圍著擠奶工」。為了讓勞的僕人幫忙通報自己的名字，人們不得不賄賂他們。有一個女人坐著自己的馬車在街上兜圈，同時命令車伕注意勞的行蹤，一旦發現勞，就要將馬車駛向路邊的木樁，讓馬車翻倒。這種情景果然發生了。勞衝過來提供協助，那個女人很快甦醒過來，坦承自己的計畫，勞馬上答應給她一些股票。另一個女人讓她的馬車駛向勞正在用餐的餐廳，同時命令她的僕人和車伕高喊「著火了」。勞和其他客人衝到街上，那個女人就等在那裡要和勞買股票。攝政王的母親抱怨說：「一位公爵夫人在大庭廣眾之下吻他的手。如果公爵夫人吻他的手，那麼別的夫人們行禮時要吻他哪個部位呢？」

雖然勞受歡迎程度無人可及，但是根據規定他無法擔任政府公職，因為他不是天主教徒。勞真正信仰的宗教是金融。他宣布與新教斷絕關係，皈依羅馬天主教。在一七二〇年，他被任命為法國財政審計總長，成為實際上的首相。在他就職後的第一天，密西西比公司的股票到達歷史最高點。勞用自己賺來的利潤，在巴黎購置了幾十處的土地和房產。他擁有約二十個莊園、各種珠寶、一座有四．五萬冊藏書的圖書館和一個酒窖。不過認識並深入了解勞的孟德斯鳩相信，他「愛自己的想法更甚於金錢」。

最後，狂熱的金融投機開始「退燒」。沒有人能解釋為什麼這一切發生在這個時刻。在這次的投機事件中，專業的投資者一直在故意抬高股價，但他們明白「樹不可能長到天那麼高」。幾個投資者開始拋售股票，但不接受紙幣，而是要求拿到鑄幣。勞知道，如此下去，不久後他的銀行就會破產。然而他同樣明白，如果不履行當初的諾言，就無異於自取滅亡。一位大投資者到銀行取錢的時候，帶了三輛貨車。拋售股票的情況在繼續，股價持續下滑。

許多不利於勞的因素接踵而至。正當他著手挽救自己的政策時，類似的投機狂潮開始將倫敦弄得一片混亂。英國政府看到英國投資者拿錢去巴黎買勞的股票，感到非常不快。為什麼他們不在英國推出類似的企業？他們已經有南海公司，這家公司擁有在南非殖民地進行貿易的壟斷權。南海公司成為英國對付密西西比公司的武器。對於將資金從巴黎轉移到倫敦而言，南海公司的計畫無疑是成功的。但在其他方面南海公司卻一無是處，因為它最終留給投資者的只是大堆毫無價值的廢紙。

在巴黎，密西西比公司的股票正在不斷喪失價值，越來越多人開始將紙幣兌換成黃金或珠寶。緊張的投資者把錢寄到國外或藏起來。政府為了阻止人們用紙幣換東西的行為，頒布不准佩戴鑽石和貴重珠寶的法律。人們於是開始轉向金銀製品。政府又規定，除了大主教的十字架，金匠製造的任何金銀物品都不能超過一盎司，然而金屬仍在繼續退出流通環節。

雖然勞一直相信應該讓市場力量自然地發揮作用，但是他仍不忍看到他的體制最終崩潰。在他的督促之下，政府頒布了一連串的強制性法令，強迫大眾使用紙幣而非金屬鑄幣。

一七二〇年二月二十七日，政府下令，「無論出身如何、社會地位多高」，任何人都不准擁有多於五百里弗爾的鑄幣或金銀塊；任何高於一百里弗爾的費用都必須使用紙幣支付。告發私藏金屬鑄幣者可得到罰沒金錢的一半，一時間，兒子背叛父母、兄弟背叛姐妹、僕人背叛主人的現象層出不窮。據說一位法官告發他自己，以保住自己一半的財富。官方開始所謂的抄家行動，很多人的財產被罰充公。當局在搜查一位名叫龐恰特雷恩（Pontchartrain）的前大臣家中時，在他的地下室裡發現了五．七萬枚金幣。三月十一日，政府宣布不能再用金銀還債。在文明國度內，法國成為第一個不能用金銀鑄幣進行商業交易的國家。

可以理解，大眾對此非常憤怒。英國派往法國宮廷的使臣斯泰爾（Stair）勛爵寫道：「人們怒不可遏。預計在一個月時間內，（法律）就會被撕成碎片。」斯泰爾勛爵還彙報了一個間接聽到的謠言，說勞已夜不能寐，晚上起來跑步，瘋狂咆哮，在房間裡發出刺耳的聲音。「時而唱歌跳舞，時而惡毒詛咒，或雙眼發直，或捶胸頓足，完全喪失理智。」毫無疑問，勞非常痛苦，甚至連生命安全都受到威脅。一支由瑞士保鏢組成的小隊負責保護他免受憤怒群眾的攻擊。他的空馬車在街上一旦被認出，就會受到暴民的攻擊，大卸八塊。他的房子的窗戶都被砸爛。然而，儘管群眾對他如此憤恨，攝政王仍舊聽得進他的意見。畢竟，他是世界上唯一真正懂得這套體制的人。

五月二十一日，政府頒布法令，摧毀這套體制。法令令密西西比公司的鈔票和股票貶值，為它們制定出固定的價格。密西西比公司股票的價格被削減了幾乎一半。貶值行動摧毀人們對這家公司僅存的一點信心。一位評論家寫道：「每個人都在說他們被剝奪了一半財產，這是有史以來最臭名昭著的欺騙。」另一位目擊者指出：「有人挨著餓，口袋裡還揣著一億的鈔票。」大眾的抗議之聲非常強烈，導致這條法令在公布後一週就被撤銷。然而損失已經造成。這家公司的股價在五月二十七日是七千四百七十五里弗爾，四天後，股價跌到四千二百里弗爾，跌幅達到四四%。勞辭去審計總長的職務。

人群開始每天在銀行出現，用鈔票交換可以拿到手的任何金屬鑄幣。衝向銀行的人非常多，逼得銀行不得不關門十天。為了穩定局勢，銀行在六月十日重新開門。但是擠到銀行的人太多了，有些人窒息或被擠壓而死，還會發生一些與警衛的零星暴力衝突。隨著時間的流逝，人群的人數與日俱增。七月十七日，群眾到達銀行時，發現那裡設置了路障，他們不由得怒火中燒，開始衝擊這些路障。十二個人被殺死，很多人受傷。

與此同時，食品的價格不斷上漲。店主要麼折價九〇%價值後再接受紙幣，要麼根本就不接受紙幣。接著開始有人餓死，還有些人開始逃離這個國家——無論他們身邊的積蓄少得多可憐，但是政府禁止人們移居其他國家，大馬路上的巡邏隊會中途截走人們向境外轉移的金銀餐具和珠寶。

此時，大家意識到這個金融體制是一個災難性遊戲，使人們變得貪婪和歇斯底里。政府宣布，在流通領域，所有一千里弗爾以上的紙幣都被取消，除非用來購買政府的年金或在勞的銀行開帳戶。政府很快又針對其他面額的紙幣頒布同樣法令。幾個月後，所有商業交易都恢復使用金銀鑄幣。十一月二十七日，銀行最終關門。約翰・勞的紙幣實驗持續不到兩年的時間。幾個密西西比公司的百萬富翁在正確的時間全身而退，但多數人的投資化為烏有。要想讓法國人再聽從什麼金融創新之類的建議，恐怕要等上一段日子了。

勞知道，他必須離開巴黎，於是最後一次去拜訪攝政王。他承認自己犯下了很多錯誤，但是「我犯錯誤是因為我也是人……你會了解，我既不含惡意也沒有存心欺騙」。十二月十三日，勞逃到他在鄉下的一處住宅，兩天後被批准離開法國。他離去時乘坐一輛借來的馬車。除了隨身攜帶的少量現金，他的財產悉數收歸政府所有。勞回到英國，他請求政府正式赦免他在三十年前犯下的謀殺罪，並且得到了批准。然而在法國，他已聲名狼藉，他的名字與大眾的非理性行為被連結在一起。

一七二五年，勞移居威尼斯，在那裡靠賭博過著平平淡淡的生活。四年後，他因患肺炎死於寓所中，得年五十八歲。勞的財富包括家具、雕塑和樂器，不過他最引人注目的財產是四百八十八幅名畫，其中包括提香、拉斐爾、米開朗基羅和達文西的作品。他死後，在法國有人為他寫下諷刺的墓誌銘：「這裡躺著那位大名鼎鼎的蘇格蘭人。這位無與倫比的數學家運用代數定理，將法國送進了救濟院。」

騙局被揭穿後，痛恨騙子不是什麼難事，然而在他們的騙局破滅之前，他們常常被當作是能夠不靠勞動而創造財富的魔法師，因而備受愛戴。無論人們多少次被騙子非理性的花言巧語所迷惑，總有賭徒急切地等待下一次的虛假承諾。之後，在二十世紀二〇年代，出現了令世界火柴生產業憂慮的瑞典企業家伊瓦爾．克魯格（Ivar Krueger），還有之後的查爾斯．龐茲（Charles Ponzi，金融詐騙手法「龐氏騙局」便是源自於他）。或許二十世紀美國最著名的騙子就是龐茲，他像勞一樣是一名賭徒、銀行櫃員。龐茲之所以能發達起來，靠的也是賺錢後對人們大肆宣揚其發財之道。

龐茲號稱可以利用不同的郵政匯率賺錢。他的騙局吸引了很多人，有些人甚至靠借高利貸進行投資。曾有三位警官被派去調查龐茲的業務情況，結果其中兩位決定拿出自己的資金參與投資。龐茲拿走投資者的錢，買下豪宅，進行奢華裝修，收藏了一酒窖的上等白蘭地和紅葡萄酒。人們圍繞在著名的龐茲周圍，其中的一位狂熱追隨者高喊：「是你創造了錢！」信任龐茲的大約有四萬名投資者，最後他們當中的多數人賠得精光。

查爾斯．龐茲和約翰．勞這類人不會被商業界的名人堂接納，如作家安布羅斯．比爾斯（Ambrose Bierce）在一九〇六年所寫：「在事業中進行賭博的人瞧不起將賭博作為事業的人。」約翰．勞的試驗和其他很多試驗一樣，最終失敗了，對有些人來說甚至成為一場悲劇。但是他的理念就像魔瓶中冒出的那股煙，一旦出來就不可能再回去。對於黃金作為全球單一價值標準的角色，勞給予了沉重一擊。他證明貨幣的價值是人們之間的一種協議，而不是可以用金銀測量的客觀標準。雖然黃金仍占據多數國家財政的中心位置，但是它的重要性在逐漸下降。到二十世紀晚期，投資黃金被認為是頗具風險的行為。黃金與貨幣不同，其他東西也是如此。約翰．勞讓貨幣從有形的桎梏中解脫出來，這種分離推動了創造財富的下一個階段。

Chapter 7

紡織企業家——

理查・阿克萊特

Richard Arkwright

（西元一七三二年～一七九二年）

當理查・阿克萊特創造其巨額財富之時，英語中還沒有哪個詞語可以描述他從事的職業。因為這種職業以前並不存在。

阿克萊特是一位企業家。他所處的時代還沒有人意識到，一場工業革命正在以錯綜複雜且意義深遠的方式改變整個世界。在阿克萊特生活的那個世紀，人們對以往關於財富、生產效率、工作、時間和人性本身的各種觀念，正在像塵土一般被風吹散。十八世紀時，英國的經濟和社會的重組拉大了消費和生產的分界，這種現象不久擴展至歐洲各地和北美，最終蔓延到世界多數地方。財富是剩餘產品，而機器能夠以人們前所未聞的效率生產剩餘產品。

消費型社會誕生於阿克萊特的時代，需求方與供應方相輔相成。「先有雞還是先有蛋」的辯論很快冒了出來。是需求刺激供應，還是供應使需求成為必要？無論如何，社會上的買賣行為發生了劇烈變化。零星的集市和遊走叫賣的小販被長期存在的零售店給取代，零售店一般有展示商品的櫥窗和櫃檯。在英國，更多的人能買到日用消費品，而且有更多的商品供人們購買。這都超越了從前的任何一個人類社會。

直到十八世紀，一個人擁有的每一件事物都是獨一無二的，而且人們常常選中一個就用上一輩子。隨著人口不斷的增長，於是生產出更多的產品，很多物品的價格開始下降，甚至中等收入的家庭也能買得起一些物品。人們想要陶瓷餐具而不是錫鉛餐具，想要金屬器皿而不是木製器皿，人們還想要有坐墊的椅子、地毯、壁紙、黃銅的鎖和有邊框的鏡子。他們經常購買糖和茶葉，而且他們發現，一週內多次更換襯衫，感覺會更舒服。人們開始購買而非製作肥皂、蠟燭和啤酒。靴子開始代替木底鞋，帽子開始取代頭巾，至少在週日人們會這樣穿戴。

隨著報紙和雜誌的盛行，廣告大行其道。到一七六五年，英國郡級地區的報紙約有三十五種。阿克萊特聲稱，這個新世界致力於「喚起和滿足新的需求」。早期的財富屬於強盜、商人、承運人和放貸人，在他們之間轉移的只是有限的價值。阿克萊特創造財富的方式完全不同——他生產財富。

雖然理查·阿克萊特居於工業革命的中心位置，但是他所能看到的工業革命的影響，也只是工業革命帶來的極大影響的一小部分。他致力於一種商品的生產，就是棉紗，而且他只有一個目的，就是用機器擴大生產的規模和範圍。阿克萊特這樣做並沒有什麼複雜的動機。他出生於一個貧困家庭，他想變得富有。他知道，誰能用機器擴展人的力量來提高生產率，誰就能發財致富。阿克萊特最初接受的培訓是為了成為理髮師和假髮製造者，但是憑著對機器工業的理解，他最終成為理查·阿克萊特爵士；此外，他還是最早的現代工廠擁有者，以及世界上最富有的人之一。

阿克萊特在一些人眼裡是建設者，在另一些人眼裡則是破壞者。在把人們的工作從家庭轉移到易於管理和控制的場所的過程中，阿克萊特發揮了積極作用。從某種角度看，阿克萊特將獨立自主的工作者轉化成為無助的「機械人」——其生存取決於自私自利的雇主或老闆的私心。工廠的所有者被允許、甚至被鼓勵對工人進行壓迫和懲罰。「開明的自私自利」就是新的經濟信條。個人利益代替了貴族責任感。對於整個大英帝國而言，以前被當作是惡習的貪婪和消費，現在被看作是經濟上的優點。一七七六年，亞當．史密斯發表了影響深遠的《國富論》，並倡導一個高生產高消費的社會。每個人都為了個人的利益最大化而工作，間接地造福整個世界。「有益的奢華」原本是一種矛盾修飾法，此時變成占據主導地位的倫理觀念。

直到阿克萊特成立他第一座工廠的一個世紀後，工業革命這個名詞才進入常用詞彙中。英國政治經濟學家阿諾德．湯恩比（Arnold Toynbee）在一八八〇年和一八八一年於牛津大學授課時首先使用該詞語。湯恩比認為，工業革命的實質是以「競爭」取代中世紀控制財富生產和分配的各種規則。在湯恩比做出這種深奧注釋後的一個世紀裡，工業革命的說法有了更廣泛的情感和政治含義。這個詞進而代表「一種劇烈變化，使人從幸福的田園生活進入一個黑暗世界，這個世界充滿了如狄更斯作品描寫的壓榨工人血汗的工廠和作坊」。很多歷史學家認為這是一種進化，而不是革命，對於它的起迄時間也有不同的論斷。任何巨大的經濟變動都是由上千種筆觸繪出的巨幅畫卷，這樣才更符合工業革命的真實面貌。但是考量到不斷增長的人口、更加開闊的視野以及日趨複雜的信用和貿易體系，資本積聚和企業規模的變化是不可避免的。唯一的問題是，它會先發生在哪裡、何時發生。

歷史事實證明，一七六〇年到一八三〇年的英國成了這場革命的誕生地。紡織工業成為試驗地，理查．阿克萊特則是領導者之一。作為一名理髮師的第十三個孩子，阿克萊特生逢其時。他趕上了「始於貧窮終於富貴」的首班車，成為首批能做到這件事的人之一。金錢經濟正在逐步瓦解僵化的社會階級。在生產和貿易中，少量資本結合了強大的智力和辛勤的工作，不但能創造財富，還能提升社會地位。一位趾高氣揚的勛爵曾要求倫敦的一位商人「閉上他的嘴，因為他不是紳士」。那位商人說：「爵士，我的確不是紳士，但是我可以花錢買一個紳士身分，因此我擁有在紳士之間自由發言的權利。」

工業革命將很多人拋在了身後，這些人在歷史上留下一連串的懷舊輓歌。在十八世紀之前，英國很多農業家庭大致上是自給自足。他們種農作物、捕魚、打獵、修建房屋、織布，從而滿足自己的生活所需。雖然流通中的貨幣很少，但透過易貨貿易足以得到多數物品。在阿克萊特的時代之後，工人階級中很多人除了少量貨幣已經沒有任何其他財物，而他們的貨幣也總是相當缺乏。類似的變化遍及整個國家。阿克萊特的工廠推動了英國經濟的變革，讓原本建立於農業和家庭手工業基礎上的自給自足經濟體系，轉變成為世界工廠。

十八世紀，英國很可能是世界上最富有的國家。煤和鐵的天然儲量成為提供燃料和製造工具的原材料。收費公路和運河這樣的「流動道路」，提供了成本較低的交通管道。而英國犬牙交錯的海岸線使得船隻可以到達許多大城市。海外貿易是英國經濟的命脈，所以他們擁有進取意識很強且規模龐大的商業船隊，還有一支既能打仗又能經商的海軍。英國與英國各殖民地的商業貿易蒸蒸日上。

戰爭對英國的基礎設施造成的破壞，遠比不上對法國和德國造成的危害。內部關稅壁壘和封建領地的通行費都很少，這讓英國成為歐洲最大的共同市場。在英國，政府官僚體制所帶來的破壞也小於其他國家。當時的政府大多不太重視製造業，既不干預太多也不徵稅過多，對進口商品的高額關稅則給了該國工業一些發展空間。英國人對自然科學和工程學的熱情，幫助英國成為儀器和鐘錶製造領域的世界領導者。辦理金融交易手續的流程變得更加迅速、低廉和可靠，紙幣的使用範圍逐漸擴大。由於資金很充足，所以利率很低。英格蘭銀行的實力也異常雄厚。

和歐洲的多數地方一樣，英國人口在過去幾個世紀裡一直在成長。按照後來馬爾薩斯的人口論，食品價格應該開始上漲，饑荒或瘟疫應該出現，人口應該減少。但是在十八世紀，糧食產量一直在增加。這是因為農民們採用新的輪作方法種植農作物，他們為土地施肥，還飼養家畜。有史以來，第一次人口的成長伴隨著生活水準的提高，而且這些成長還能自動維持。歷史學家大衛．藍迪斯（David Landes）指出：「直到工業革命時期，每一輪的經濟增長都會遭遇一個上限，造成上限的因素包括農業產量、運輸手段、動力來源或市場需求。當這種上限或者說限制無限期延後時，現代社會的經濟成長就開始了。但是這不等於說將來不會遭遇某種上限。」

圈地運動雖然令浪漫的重農主義者深惡痛絕，但是在阿克萊特出生之前，這個運動就已經開始重新劃分英國的土地。曾經是村莊共有的土地，經過圈地運動轉歸個人所有。約一千萬英畝的森林、草地和空曠田野被籬笆圍起來，落入個人手中，或被用來養羊，或被用來做商業農場。更大、效率更高的農場，更能夠供應英國不斷壯大的城市。

有人辯護說，圈地是使英國農業「合理化」的方法，但它確實剝奪了平民的保護傘，使一批原本能維持生活的農民成為雇傭勞動者。人們無法再透過打獵和飼養牲畜的方式生活。現在，他們不得不購買原本自己能製造或找到的產品。正如當時一位牧師指出的：「大批原來處於半依附狀態的人口，被迫成為前途未卜的雇傭勞動者。」實際上，正是圈地運動讓很多人理解到「透過工作賺工資」的概念。其他人則加入所謂的「流浪貧民」階層。

但是與圈地運動相比，機器的出現對社會造成的震動更大。即使人們日夜工作，機器的生產效率也比人高出兩三倍。在機械化之前，絕大部分勞動者都在做苦工。赫伯特．喬治．威爾斯寫道：「要抬起的重物，必須由人來抬；要挖掘的巨石，必須由人來挖；要開墾的土地，必須由人和牛來耕耘……然而隨著時間的流逝，雇主們不願意雇用勞動者來從事單純的勞力工作，只有需要做判斷選擇和應用智力的工作，才由勞動者承擔。有史以來的第一次，體力勞動者擺脫了單純提供體力的桎梏。」

在阿克萊特時代的英國，雖然農民們的主要工具依然是連枷（用來拍打穀物，讓殼掉落）和鐮刀，但是紡車和手工織布機等機器已在成千上萬個村莊中湧現了。早在工業革命之前，英國鄉村的製造業就已經有很大的發展，家庭手工業者製造鞋帶、釘子、襪子、紙張，以及最重要的紡織品。

鄉村工業正好填補農民們冬季無事可做的時間，而且紡紗和織布不用很大的投資。英國供應的羊毛一直超出國內的需求。農業家庭的每個成員，包括小孩，都要參與勞動，不過通常有簡單的分工，婦女和女孩做少費力的紡羊毛和棉線，而男人和男孩則負責織布。

後來，一種「來料加工」的方式逐漸形成。小企業主提供原材料給多個家庭，有時甚至提供織布機或紡車，然後再向這些家庭按件收購成品。然而，就連最成功的企業主也無法解決這個系統存在的一個問題：差不多五個紡車產出的線才足以供應一台織布機。解決方案是做進一步的分工，一些家庭負責將羊毛或棉花紡成紗線，另外一些家庭負責將紗線織成布。

隨著時間的推移，有些村莊成為紡織和編織中心，技工們有時聚集在作坊裡工作。有些人開始完全從事紡織業，農業社會自給自足的工作方式開始出現裂縫。小城鎮遍地開花，大城鎮則演變成城市。一七五〇年，倫敦大約有七十五萬居民，是基督教世界最大的城市。城市和鄉村之間的工作分工越來越明顯，相互間的連結仍很頻繁，因為鄉村依然是製造業勞動力的主要來源。

農民們喜歡「來料加工」的方式，但是購買、分發原材料，以及整合成品的小資本家們就不太樂意了。小資本家們需要整天跑來跑去，將原料遞送給幾十個工人，然後從他們那裡收回成品。而且，紡紗工人經常將原材料挪作私用，織布工人也常常在農田有急事時放下手頭工作。更重要的是，多數紡紗工和織布工只要賺取足夠生活所需就滿足了。在達到一定生活水準之後，他們寧可選擇閒暇而非賺取收入。如果工資夠高，他們會少工作幾天，去慶祝每週的「星期一聖徒節」，還有一年中的其他節日和神聖的日子。一七四七年，一位作家宣稱，工人「如果靠三天的工作就能維持生活，那麼一週的其他時間他們都會四處遊蕩並喝個酩酊大醉」。諷刺的是，小資本家們有時會盼望食品價格升高。因為人們有天生不願工作的傾向，低物價和高工資會滋生懶惰。

家庭手工業的另一缺點，就是一旦某地區的每個家庭都用織布機或紡車來參與生產，那麼就無法再進一步擴大生產來滿足不斷增長的需求。十八世紀後半葉，對紡織品的需求開始超出這個行業所有勞動力能提供的產出。英國國內對紡織品需求的增長趨勢很強勁。印度、澳大利亞、加勒比和北美的一些地區，都成為大英帝國的殖民地，這些地方的工人也想要紮實且便宜的服裝。不管需求或貪婪是否為發明之母，不可否認的是，它們對十八世紀的英國影響特別明顯。無論如何，同樣多的人必須生產更多布匹。出路在哪裡？當然是機器。

早期發明機器的人大多不是科學家，而是能夠深入理解科學並對科學懷有好奇心的英國人。當時沒有「理論型」科學家和「應用型」科學家之分，所以科學家花精力解決生產中的實際問題是很正常的現象。英國科學注重經驗、實驗和實效性，科學家、工程師和企業家能保持良好的溝通，共同解決技術性問題。這或許可以解釋，為什麼在十八世紀的英國可以買到雨傘、牙刷、紐扣，以及會自動點燃蠟燭的鬧鐘。

在英格蘭北部的蘭開夏，人們都在試圖製造能夠紡線和織布的機器。他們不是實驗室培訓出來的科學家，他們是商人、手藝人、木匠、鐵匠和鎖匠，甚至理髮師也在嘗試機械設計。他們利用業餘時間鑽研，試圖開闢新道路來超越人類生產效率的局限。理查・阿克萊特就是其中之一，而他和他發明的機器，或者說從一個熟人那裡偷來的機器，成了工業革命的核心。

理查・阿克萊特在一七三二年生於一個英國小鎮，沒受過正規教育。當時還沒有政府資助的學校，阿克萊特出生在貧困家庭，他認識的字為數不多，完全得益於一位叔叔的教育。阿克萊特在一七七二年所寫的一封信中出現過以下的句子：「我廢很大力氣才寫了這麼長一封信，覺得你孔怕會看不東。」*阿克萊特五十歲的時候，才重新開始學習語法。

阿克萊特的童年幾乎沒留下什麼記錄，他出現在歷史記錄上時已經十八歲。當時他是一位理髮師兼假髮製作者的學徒。對於那個時候的人，無論男人還是女人，戴假髮都是一種時尚，依靠賣假髮也能過上體面的生活。師傅死去後，阿克萊特做起自己的生意，還在一個地下室出售一便士的剃刀。據說他「對放血和拔牙也非常在行」。他結過兩次婚。第一任妻子死於一七六一年，死時為他留下一個三歲兒子。第二任妻子用帶來的錢幫他開設製作假髮的

* 阿克萊特這句話想表達的意思是：「我費很大力氣才寫了這麼長一封信，覺得你恐怕會看不懂。」其中有三處拼寫錯誤。——譯者注

店鋪。阿克萊特在鄉間遊走，交涉購買年輕女人的頭髮——他顯然是個談判專家；買下頭髮後再進行染色，製作成假髮。

阿克萊特的店鋪開在英格蘭博爾頓的一個小村莊裡，當地很多居民在自己的小茅屋中加工棉製品。當時，棉製品是第三大行業，但是遠不如排在第一和第二的羊毛製品和亞麻製品那麼廣泛，不過這個行業一直在發展壯大。棉花是進口來的，不像羊毛產於本地，所以棉花原料費用更高。但是棉花的植物纖維更結實，比羊毛和亞麻更能承受機械加工，而且成品更加輕盈、便宜和易於洗滌。棉花纖維讓一般人第一次有機會穿上內衣。但是和羊毛行業一樣，紡棉線的人滿足不了織布者的需求。一位十九世紀的歷史學家寫道：「織布工人經常要一大早走三四英里，拜訪五六個紡線工，才能收集到足夠的紗線，滿足當天剩餘時間的工作所需。」這種不平衡在一七三三年之後變得更加嚴重，因為出現了一種新式織布機——使用飛梭，這種機器可以用更快的速度生產布匹。

從理論上講，紡線是比較基礎的工作。紡線是透過拉緊和搓捻鬆散的纖維，將它們製成線。一直以來，用來完成紡線工作的工具是大自然最精巧的發明：人類的手指。人的手指幾乎是本能地施加不同的壓力，機械要模仿這一點絕非易事。而且，發明者當時使用的是粗糙的鐵質、木質零件和工具，沒有前人經驗指導，也沒有他人的研究可供參考。阿克萊特的幾個鄰居曾嘗試解決這個問題，都未能成功。阿克萊特也一直在思考這個問題。一七六七年時，他遇到一個叫約翰・凱（John Kay）的鐘錶匠，凱聲稱自己解決了這一問題。阿克萊特將他拉到小酒館裡詳細詢問。他讓凱做出一個模型，幾週後凱果然做出來，阿克萊特付給凱一筆錢，但數目多少沒人知道。凱的機器能透過四對快速旋轉的轉軸牽拉棉花纖維。

關於理查・阿克萊特在歷史上的最大爭議，就是他的發明中有多少是自己的功勞，多少是從別人那裡偷來的。阿克萊特沒有技術經驗，他既不是織布工也不是機械工。根據一位歷史學家在一八二三年所寫，阿克萊特「『最大的技能』只是夠狡猾，從一個愚蠢的多嘴多舌的鐘錶匠口中套出祕密，而且很明智地意識到這是一項重大發明」。卡爾・馬克思稱阿克萊特為「偷取他人發明的最大竊賊」。

當時在很多人的院子、牲口棚和店鋪裡，都閒置著許多還未成形的發明，要有某種程度的才華，才能慧眼識出哪種機器可以用於大規模生產。縱觀歷史，故事如出一轍。新產品的發明者很少獲得巨額財富，除非他們建立自己的公司企業。英國經濟歷史學家彼得・馬賽厄斯（Peter Mathias）寫道：「與發明相對的創新，就是將個人才智與大時代的經濟和商業背景相結合。多數創新是受啟發的業餘人員的產物。」阿克萊特「透過心智勞動」吸收「他人的體力勞動」。他「成為典型的新型大生產商，不是工程師或商人，而是生產的組織者和人員的領導者」。

阿克萊特成天擺弄機器，他的第二任妻子對他這種奇特的愛好感到非常懊惱，因而離開他。「她相信，像他這樣在該去為別人理髮時還在搞設計，肯定會把家人都餓死。所以她砸爛了一些他的機器實驗模型。」多數研究阿克萊特的學者都對這個故事表示懷疑，但阿克萊特夫婦的確是分手了。

關於阿克萊特的個性和行為舉止的記錄很少，但是在僅存的描述中，從未出現過迷人、親切或慷慨這樣的詞語。一位歷史學家對阿克萊特的描繪是「強硬、乏味，得不到周圍人的理解」。請人為自己畫像是當時富人流行的一種消遣。阿克萊特也找人畫自己的畫像，畫中的他是一位「相貌醜陋、肥頭大耳、大腹便便的蘭開夏人，臉上顯露出痛苦的表情，然而卻不乏領悟力」。這是十九世紀英國作家湯馬斯・卡萊爾（Thomas Carlyle）做的描述。發明家法蘭西斯・埃斯皮納斯（Francis Espinasse）認為這幅畫像展現了「一個普普通通但獲得重大成功的蘭開夏人」。

在阿克萊特的時代，英格蘭被「小機械發明浪潮」所淹沒，但是即便在這個時候，由發明家轉變為企業家的情況也非常少見，創業者很難籌集到資金來試驗自己的想法。國家各個銀行通常只為商業交易提供短期貸款。股份公司更是屈指可數。實際上，根據一七二〇年的《泡沫法》(*Bubble Act*),成立製造業公司基本上是違法行為。多數發明家或者用自己的積蓄作為資本,或者求助於非正式的資本市場,例如朋友、親戚或合夥人。為擴大他們的生意,早期的企業家一般都是將利潤用於再投資。

英格蘭諾丁漢當時是棉紡織品的中心。一七六八年,阿克萊特決定帶著他和凱的機器模型到那裡去尋找投資者。諾丁漢已經有一個棉紗市場,以及習慣使用織布機工作的大量技工。在諾丁漢,阿克萊特說服兩位富商資助他為自己的機器申請專利並投入使用。經過十三個月的申請,阿克萊特的精紡機獲得了專利。

在十八世紀,英國已擁有一套完備而實用的專利制度。另外幾個歐洲國家在這方面的發展也不相上下。各國政府努力尋求平衡,以便既能保護發明人又能傳播新技術。在英格蘭,專利持有人對自己機器的壟斷權可維持十四年。對一些發明者來說,他們的專利最終沒能為自己帶來任何好處,還讓他們陷入無休止的訴訟中。但還是有人相信,專利能確保人們透過成功的發明獲得高額回報,雖然這種信念經常被證明是錯誤的,卻還是誘使很多潛在的發明者投入時間和精力去研究技術的改進。那時像現在一樣,申請專利需要透露所有的技術細節,所以發明者必須做出選擇,要麼申請專利,要麼為自己的創新保密,以避免競爭。

專利在手,阿克萊特在諾丁漢建立一個工廠。裡面有幾台機器,工作原理是用三四匹馬拉動一個固定在垂直機械軸上的輪子，從而為機器提供動力。但是馬的力量不足以應付阿克萊特想像的業務規模。當時已經有一些原始的蒸汽機，不過它們體積巨大，而且無法提供穩定的動力。最穩定且最便宜的動力來源是水流，特別是狹小河谷中的河流，因為可以很容易地在上面築壩形成瀑布。阿克萊特和合夥人將工廠搬到克朗福，這是位於蘭開夏南部的一片高山地區，一位旅遊者描述此地「景色非常優美，以至於詩人會在這裡安營居住」。流經工廠的水流一年四季源源不斷，夏季不會乾涸，冬季不會結冰。蘭開夏一帶的氣候四季濕潤溫和，對製作細棉線非常有利。而且，該地區的濕地和沼澤使得這裡不適合農耕。

然而這個地區很貧窮，沒有什麼道路和村莊。居民們住的是用泥巴和草建起的茅屋，有時甚至住在地下的洞穴中。一口鐵鍋可能就是他們唯一的財產。這個地區基本上不受法律約束，但這也有好處，就是無須擔心行會會給新企業加上條條框框的限制。此處基本上沒有貴族家庭，人們也沒有理由好逸惡勞轉而享受生活。理查·格斯特（Richard Guest）在一八二三年所寫的文章中，將英格蘭的鄉村生活描繪得既單調又乏味。他寫道：「頭腦由於長期處於停滯狀態而萎縮，因為人們很少需要動腦筋。人們的相互接觸並未使彼此變得更聰明……他們見證的是一成不變的生活景象。」

在那個時代裡，從零開始建立一個工廠是浩大的工程。機械化生產首先要能夠生產出機器，所以最早的工廠主必須自己製造機器。幸運的是，英國蘊藏有大量便宜的金屬，為這裡的人們提供了大量的材料。只是鐵的大規模應用還很難實現。在英國人口中有大量的熟練技工和經驗豐富的技術員，有造船專家、機械裝配工、採礦工程師和鐘錶匠，但是沒有標準化的零件，每個螺絲釘有獨特的螺紋。要組裝一台機器，需要認認真真調整測試好幾百個零件，其中有些還是很難調配在一起的木質零件。

阿克萊特的工廠是用當地的石頭建成，屬於早期工廠的典型設計。一共有五層樓，三十公尺長，九公尺寬，套用周圍房屋的設計細節。有些人認為這些磨坊為自然景色錦上添花，象徵人類征服了自然。另外一些人則為這些龐然大物的存在感到痛心。托林頓勛爵（Lord Torrington）在一七九〇年寫道：「從遊客的角度來說，這些山谷已失去往日的種種美麗……鄉村田園的天籟之音淹沒於棉紡機器的喧囂之中，而淳樸的農民……則被轉變為粗魯的技工。」許多磨坊屋頂上都懸掛著時鐘，成為新工廠紀律的象徵。

工業化剛開始的幾十年，機器常常故障，工人對組織性的工作模式也有抗拒情緒。工廠在這兩方面持續進行著搏鬥。因為早期的工廠需要用瀑布提供動力，所以它們經常遠離人口密集區。這意味著工廠主必須千方百計誘使勞動者到偏遠地區的陌生環境中工作。多數專業的紡線工和織布工，他們更喜歡在家裡按自己的節奏工作，而不願跑到其他地方。進入工廠代表從自我雇傭者淪落為機器的僕人。工廠的多數工人不是心甘情願來的，而是在別無選擇的情況下才到這裡。一七七九年時，阿克萊特的棉紡廠已雇用三百個工人。

到後來，一個大型紡織廠的利潤高達一〇〇%以上。接下來的十年中，理查．阿克萊特成了世界上最富有的人之一。實際上在工業革命的前兩代人中，富人很快就累積到巨額金錢，「超出所有可能的花費和投資的數額」。而且，他們還不用繳稅。他們訂購高檔的齊本德爾（Chippendales）和赫伯懷特（Hepplewhite）的家具，購買切爾西（Chelsea）的瓷器，在暖棚裡種植鳳梨和茶花，並豢養新品種的狗。人們出外旅遊不再像從前一樣是為了朝聖或鍛鍊身體，而是為了好玩。他們蜂擁到義大利和法國，還把國內的巴斯（Bath）變成英國最大的城市之一，人們名義上是來此處「泡溫泉」，其實是去消磨時間、酗酒和賭博。獵狐成為一種固定的娛樂。道德家對這種追求享樂的「頹廢風氣」感到痛心疾首，認為它正在腐蝕國家的根基。

阿克萊特用自己的財富在河谷斜坡上蓋了一座哥德式城堡，彷彿俯瞰著他在克羅姆福德（Cromford）的工廠。這代表工業革命在英國地理上的另一種改變。中世紀時，城市中的土地都是由富人占有，城外的土地上則遍布窮人和流離失所者。到了此時，窮人聚集在城市中，富人則跑到了城外。在曼徹斯特的城外，其他富有的「棉紡巨頭」也建造了很大的豪華別墅。他們的花園裡四散分布著人造洞窟、華而不實的建築和隱居者的洞穴。

阿克萊特的城堡裡，有三個啤酒酒窖和五個葡萄酒酒窖。當地一個評論家參觀過城堡內部之後，稱這座房子「很不方便而且品位差」。當時能用得起厚玻璃窗戶的人為數不多，阿克萊特就是其中之一。這種窗格中的玻璃比一般的玻璃更厚，而且經過拋光，非常平整，光澤極佳。儘管房屋很好，阿克萊特的城堡和其他人家裡一樣，也需要點蠟燭。或許正是因為其中一支蠟燭引發了大火，所以阿克萊特還未搬進去時，他的房子大半就已經被燒得面目全非。

剛開始，生產商想辦法聚攏人們到工廠工作，比讓他們待在家裡所產生的費用更高，因為人們在家裡時會自己支付日常開銷。如果需求量下降，家庭手工業的生產商只需停止供應工人工作就行。當時限制行業產出的是需求量，而不是供應量，家庭作坊的工作模式讓該行業具有靈活性。大型的生產線或工廠則需要在土地、廠房和機器方面投入資本，所以生產商會受到投資的限制。阿克萊特於克羅姆福德的工廠在投產三年後才開始盈利。

工廠系統的最大優勢是能夠對工人們進行監督、約束和規範。工人們已習慣隨心所欲地工作，所以需要先進行大量的工作培訓，才能讓他們的意志隨著機器運轉。此時很難找到有效的懲罰和激勵手段。獎金對多數工人沒有刺激效果，畢竟他們生活在偏遠地區，錢多一些也無處花用。有些工廠主發現，唯一的解決方法就是付給工人微薄工資，同時如果他們犯錯就進行重罰，這樣一來，適應工廠系統就成了關乎生存的大問題。漸漸地，原本以「計件」為主的工作制被「計時」為主的工作制給取代。

理查．阿克萊特的工廠證明了，勞動者能適應機械生產過程的單調節奏。阿克萊特說：「我讓人們放棄了原本養成的隨隨便便的工作習慣，讓他們建立起一種規律性——自發的規律。」用不那麼動聽的方式講，工人成為「手」，也就是機器的附屬品。慢慢地，工人得到薪酬的多少不再取決於生產商品的數量，而是他們在工廠裡待多長時間。但是工廠逐漸開始需要另外一種勞動者，這些人需要具備以往只有軍事指揮官和航海的船長才有的技能。他們要能夠組織、協調和管理人們，讓人們完成複雜且相互依賴性強的任務。

因為固定成本很高，所以生產商們想讓自己的工廠盡可能地高度運轉。阿克萊特的工廠一週運轉六天。在煤氣燈被廣泛採用後，還包括每週的六個夜晚。在這種情況下，兩班工人輪流在床鋪上睡覺。有一種說法，說蘭開夏的床鋪從未變冷過，因為總有人躺在上面睡。當時也幾乎沒有什麼正式的假期。

早期的工廠通常由他們的主人親自進行管理。早期的生產商很少有人會將巨額投資的工廠委託給家族成員以外的人員。「企業家拿自己的財富冒險，所以事必躬親。」阿克萊特每天都到工廠裡，常常對工廠的工作紀律進行改進。他制定的紀律得到廣泛的讚譽。每天從早上五點到晚上九點他都在處理工作事務。當事業更加成功時，他開始使用四匹馬拉的馬車，以節省路途上的時間。早期的資本主義基本上是個人的親力親為。多數管理者自己寫信，自己做文書工作。由於經常有刺探商業祕密的事情，所以生產商們更有理由將他們的機器用厚厚的牆壁與外界隔絕起來。

早期的生產商必須讓「工資奴隸」有理由做好他們的工作。英國改革家和企業家羅伯特．歐文（Robert Owen）寫道：「為維持生活，你必須成為暴君或奴隸。」當阿克萊特的某個工廠的棉紗出現問題時，「他會用那個時代最難聽的話大聲詛咒」。大約在同一時代，約書亞．威治伍德（Josiah Wedgwood）成立了自己的陶器公司。他在自己的工廠裡走來走去，看見不合格的花瓶和碗盆時，就會用他的木腿砸碎。他樹立了陶器的標準，使盤子第一次可以疊起來，讓蓋子有統一的規格。安布羅斯．克勞利（Ambrose Crowley）為自己的大型鋼鐵製品制定了「法律規定」，每一條的開頭字句都是「我命令」。工廠裡有工頭，但是很少有其他的中間管理者。不過有時熟練的工人可以與技術水準差的助手簽訂轉包協議，從而使自己成為監工。

為吸引和控制雇員，早期的企業家經常為雇員和他們的家庭提供一些便利條件。在克羅姆福德，阿克萊特修建村舍、一座旅館和一座教堂。其他工廠業主還建立了學校和商店。由於要投入很多錢來支付工資和購買設備，鑄幣的短缺成為更尖銳的問題。工廠主使用各種奇怪的付酬方式，例如減少發薪次數的「欠薪」，以物品作為工資的「實物工資」，或者發信用傳票。有些工廠主自己發行紙幣，有幾個人甚至成立自己的銀行。這使得他們對工人的控制力變得更加強大。像封建地主一樣，這些工廠主也組織運動會、聚餐、樂隊和合唱隊。羅伯特・歐文在自己位於新拉納克的紡紗廠裡，嘗試建立一個烏托邦的社會，來檢驗社交工程學是否能消除人類的貧窮和苦難。

紡織廠通常需要價格低廉的非熟練工人，這類人包括外來人口、婦女和兒童。未婚女工的工資很低，因為她們基本上沒有其他工作機會，而且她們通常非常順從且身手靈活。到一八三三年時，英國紡織工人中約有五分之四是女工和童工，有些童工甚至只有四歲。孤兒們以五十名、八十名或一百名為一批，由所在的教區派出馬車將他們拉到一個工廠。他們成為所謂的乞丐學徒，在工廠裡囚禁很多年。兒童比大一些的工人更容易約束和管理，有的時候食宿就是他們的工資。雇主的殘暴和無休止的勞動逼得一些孩子自殺。事故和傷殘司空見慣，因為童工常常在沒有監護的情況下在運轉的機器周圍工作。童工在棉紡廠裡做得很好，一位旁觀者寫道：「他們的小手指非常靈活，感覺上靈敏度比成人更高。」

最後，阿克萊特的工廠停止雇用不到十歲的童工。阿克萊特的主要理由是：「他們來之前應該學會讀書。」但是有些父母堅持要將孩子送到工廠工作，阿克萊特迫於壓力，把標準降低到會讀幾個簡單的單詞即可。許多工廠主雇用整個家庭，這些家庭自成一組，由父母來加強紀律管理。一位醫生在一八三一年寫道：「男人、女人、孩子與鐵和蒸汽是絕配。即使是最好的生物機器也很脆弱，會感受到一千種痛苦……很快就會衰敗，需要配以不知痛苦與疲倦的鋼鐵機器。」

十八世紀時，工廠工人們的生活差別很大，這取決於工廠主的性情和脾氣。有些廠房修建時匆匆忙忙、粗枝大葉，裡面非常悶熱，通風條件差。工人們的大聲叫嚷與織布機的嘈雜聲交織在一起。根據檢查員的說法，在一家曼徹斯特的工廠裡，童工每十二小時一班，他們的正餐是「在鍋裡煮著的八個牛頭」。和英國的很多其他城市一樣，曼徹斯特也沒有行會，所以工人的工作條件完全沒人監管。機器出現問題時，工人的工資就會被扣除。在工人的用餐時間，機器仍繼續運轉，所以包括童工在內的很多工人要邊工作邊吃飯。有些工廠禁止工人攜帶鐘錶，所以到了下班時間他們也不知道。工人的流失率非常高，曼徹斯特的一間工廠每年的勞動力流失率高達一〇〇%。工人四十歲之後對工廠就沒用處了，但是他們沒有養老保障，而且還失去了可耕種的小塊土地。

有些人相信，在工廠工作還是比在岩石遍布的土地上謀求生存要好一些。但這些人也看得出，工廠正在顛覆英國的社會價值觀和傳統。在壓迫性的封建制度之下，「人身依附關係」能提供一定程度的保護給最底層的農奴。然而在早期的工廠中，雇主和雇工之間不存在道義上的責任。一位牧師對曼徹斯特這樣描寫：「棉紡廠主和工人之間，以及裁縫師傅和學徒之間所進行的人際互動，還比不上威靈頓公爵和莊園中最卑微的勞工之間的交流多。」支付工資被看作是唯一需要對勞動力承擔的責任，如果工人生活悲慘，他們只能怪罪自己的不良習慣。體格健壯的人如果不能養活自己，就會被視為個人道德敗壞，是個人的責任。

法律禁止工人們聯合起來進行集體談判。由於無法表達自己的怨言，一些工人轉而「透過暴動進行集體談判」。一七六五年到一七八〇年，以企業為目標的大暴動發生過九次。阿克萊特剛剛建成的一座工廠被一群暴民搗毀，這個廠有五百名工人，是當時英國規模最大的工廠。憤怒的人群搗毀廠裡每一台由馬或水力驅動的機器，然後一把火將廠房夷為平地。早期的工廠最怕起火，因為地板和柱子一般都是木質。即便如此，與發生在商業和社會領域的變化相比，對機械化的反抗規模可算是微不足道的。

統治集團對勞工起義進行了嚴厲的鎮壓。統治集團知道，抗拒科技進步將讓商業機會從英國飛走。而且，英國的貴族們還要透過自己擁有的城市或鄉村的土地來徵收地租，煤礦和水力資源豐富的地區地價一直在上漲。一七六九年，破壞機器被定為死罪。

雖然英國的工廠有在改善國內工人的狀況，但他們同時將美洲變成奴役之地。英國需要美國的奴隸勞工來提供棉花。紡線和織布能藉由機械化生產，然而種植和收摘棉花卻做不到。隨著英國對棉花需求量的上升，美國的很多種植園轉而種植棉花。沒有美國的奴隸制，英國可能會遭遇另一個瓶頸。到一七七六年時，英國的商人已往美國運送出三百萬個奴隸。

亞里斯多德說過，當織布工的梭子不必透過人手掌控就能穿過經線時，奴隸制就會消亡。但是直到梭子機械化之後的一個世紀，奴隸才不再是棉紡業的受害者。

阿克萊特工廠中的新機器，因動力來源而被稱為水力紡織機。這些水力紡織機生產的棉線更結實、更整齊劃一，超過任何紡紗工用紡車生產的產品。之前棉布都是用棉線和亞麻線混合織成，因為棉線不夠結實，無法做經線。直到一七〇〇年國會發布禁令之前，英國的精緻商品如印花棉布、桌布、絲綢和白棉布，都是從印度進口的。有了阿克萊特的機器後，人們可以得到扎實的棉線，用純棉纖維織布才成為可能的事。此時壓力轉向了織布工。隨著紡織環節中的一環機械化，所有其他環節也必須機械化才能達到平衡。在「挑戰和回應」的過程中，發明就一個接著一個出來了。

阿克萊特在一七七五年又拿到一項專利，其中包括幾項發明，以及水力紡紗機的幾個象徵性改進，目的是為了加強專利保護。與此同時，阿克萊特成立並兼併了八家工廠，這些工廠為之後半個世紀的幾千家工廠樹立起標準模式。到一七八七年，英國約有一百四十五家阿克萊特式工廠。很多想辦紡織廠的人，他們都去找阿克萊特尋求經濟或技術上的幫助。

英國最早以蒸汽為動力的工廠之一，就是阿克萊特和合夥人在曼徹斯特建立的。從概念上講，蒸汽機是人類歷史上影響最深的發明之一，它是工業革命的馬達。透過將熱轉化為動力，蒸汽機首次為擁有煤的人提供了不間斷的動力源泉。作為蒸汽機的發明者之一，詹姆斯・瓦特（James Watt）將馬力作為衡量發動機效能的標準。蒸汽機使生產規模提升了一個等級，因為它能同時為多部機器提供動力，而且必須有規模才能償還高額投資和營運費用。發動機與水力相比，在地理條件上更具靈活性，因此工廠能遷回城市，利用那裡的工人資源。

阿克萊特銷售水力紡紗機和梳理機給其他工廠主，幾乎壟斷控制了棉線。「在幾年的時間內，都是他在確定棉線的價格，沒有人敢採用不同的價格。」不過有幾個企業家拒絕按照阿克萊特開出的價格付錢，他們利用他的技術建立起競爭性的企業。阿克萊特控訴九個人侵犯了他的專利權，但是法庭只受理莫丹特上校（Colonel Mordaunt）的案子。上校承認他確實未經許可就使用阿克萊特的機器，不過他質疑專利本身的有效性，聲稱專利模糊不清、誤導他人，而且不完整。一個人貶低地說：「自從創世紀以來，這是故意做出的最令人如墜雲霧的說明。」

阿克萊特不否認專利故意寫得模糊不清，但是他聲稱，這樣做是為了防止外國人竊取英國的商業機密。陪審團沒有被他的愛國情懷所打動，阿克萊特的專利索賠遭到拒絕。法院也不再受理其他案件。反對阿克萊特索賠申請的商人們說：「每個毫無偏見的人都應該允許天才的努力得到充分的補償，而阿克萊特早已經幸運地得到他應有的補償了。」

專利的判決為棉紡企業打開了大門。在接下來的四年間，出現了幾十家新工廠，約三萬名工人被雇用。阿克萊特在新一輪的專利之爭再次敗北，更多的資金和勞動力湧入棉紡業。棉製品的銷售額直線上升。棉紡業發展得更快了，成本也大幅下降，超過有歷史記錄以來的任何行業。到十九世紀初，一個紡織工人所生產的產品數量，抵得上七十年前二百名紡織工的勞動成果。阿克萊特的紡織廠也繼續快速發展，雇用大約一千八百名工人。

一七八六年，在他五十四歲生日的前夕，阿克萊特被授予爵位。第二年，英王喬治三世（George Ⅲ）任命他為德貝郡的名譽長官。這對於一個商業領域的人來說是非同一般的任命。儘管阿克萊特穿著貴族的服飾，卻從未受到擁有土地的貴族們歡迎。有一次他與達官貴人們在一起時，其中一人問阿克萊特是否做過理髮師。阿克萊特回答：「閣下，我的確曾經是名理髮師。」那人繼續說：「我傾向得出這樣的結論，如果閣下曾經是理髮師，你可能現在仍是位理髮師。」

理查．阿克萊特於一七九二年死於自然原因，終年五十九歲。他經常被人們稱作是「白手起家」的人。自從工業時代來臨之後，從一無所有到腰纏萬貫的人成為人們崇拜的偶像。在十九世紀，白手起家的人是指，沒有任何資源可用卻能夠累積財富的人。這不一定是指他出身工人階級，而是證明這個人能夠「掙得」財富，說明他「值得」擁有巨額財富。雖然有些人相信，白手起家只是富人的宣傳，但是用四十年的時間從理髮師成為爵士，這種機會在阿克萊特之前的時代是不存在的，而對於他以及未來的人來說，這成為可能。

Chapter 8

廣州十三行之首——伍秉鑒

（西元一七六九年～一八四三年）

幾千年來，人們一直在吸食、吞嚥或注射成癮性物質。人類為暫緩痛苦或追求刺激而形成的巨大需求，成為許多人發財致富的可乘之機。無論菸草、咖啡、酒類、茶還是鴉片，成癮性物質的交易被證明是牢不可破的，儘管各個時代的許多政府都對此予以打擊。茶、咖啡、巧克力和菸草都包含一些上癮成分，不過這些事物都得到社會認可，被認定為合法的。然而，鴉片、大麻、海洛因和古柯鹼在世界多數地方都屬於非法毒品。無論合法還是非法，成癮性物質的交易意味著巨額利潤。據一項合理的估計，當今世界毒品交易額高達四千億美元。大致相當於國際貿易總額的八%，其收益率和影響力僅次於武器交易，排在第二位。

幾千年的時間裡，毒品貿易的發展與其他商品貿易的發展有著類似的軌跡。它們都與艱苦工作、奮發向上、忍耐堅持、發展壯大和面對現實的教義相衝突。有些歷史學家相信，刺激物開始流行的時間，正是人類的生活節奏必須隨著機器的運轉加快之時。因為人類需要用麻醉劑暫時地以人為方式讓身體得到滿足。無論人們急於尋求逃避或刺激的原因為何，任何人或其他力量都無法消除這種衝動。很多人迫切地需要購買成癮性物質，儘管政府和其他組織嚴厲打擊，很多人還是因此而富有起來。其中最富有的人之一，就是十九世紀的中國商人「浩官」。

「浩官」生於一七六九年，本名為伍秉鑒。與西方人不同，多數中國人做生意時不用自己的本名。就「浩官」而言，「官」是一種敬稱，就像先生或閣下，而「浩」可能是「伍」的別稱。

十九世紀初，也就是英國的工廠開始紡紗和織布的頭幾十年，整個中國知道伍秉鑒的人不過區區幾百人，國外幾乎沒人聽過這個名字。除了在方圓幾公里範圍內，他既無名氣也無權勢。他非常謙恭順從，以致有些人認為他膽小如鼠、懦弱無能。然而到一八三四年，伍秉鑒的財富估計已經達到二千六百萬美元，按當今價格計算相當於三十億美元甚至更多。在當時，這或許是世界上商人擁有的最大一筆財富。

按照儒家觀點，伍秉鑒只不過是個地位卑微、生意出色的商人。伍秉鑒和他父親一樣是個商人。在中國僵化的社會階層中，商人的地位比不上農民和政府官僚。商人的工作不要求多高的文化水準或訓練。浩官像櫃檯後面的夥計那樣，為他的國家守著大門，銷售茶葉、絲綢、瓷器給口袋塞滿白銀、興沖沖而來的歐洲商人。這能有多難？

在十九世紀的廣州，商人的工作很不好做，它會使人短命，但獲利豐厚。對於西方商人來說，中國看起來到處都是熱情百倍的消費者。尤其是英國，由於生產能力大大增強，正需要為大量的剩餘產品尋找全球性市場。中國當時有四億人口，其中很多人從未見識過國境之外的任何商品。但是中國人很排外，而西方人則非常天真地看待這塊視野只對內延伸的土地，未能做好充分準備。

十九世紀的中國仍像千年之前一樣閉關自守。蒙古人和其他掠奪者在幾個世紀裡的襲擊都未能摧毀這個國家，帝國的當權者變得自我陶醉，老是在鼓吹民族優越感。畢竟，中國在亞洲是版圖最大、最古老、最強盛和最先進的國家。天授神權的皇帝不低於人類的任何其他統治者，他的臣民也比其他民族更優越。中國是真正的文化源泉。歐洲早已建立的國際法，在中國聞所未聞。

中國人不想被打擾。中國不像工業化時期的英國那樣需要對外貿易。中國人已經從事了「四千年的農業」，其農業經濟自給自足。國內一些城市生產的幾種商品就足夠滿足內部貿易的需求。中國人是出於寬容，才准許外國人從廣州入境。如果這些「海外蠻夷」遵守規定，他們就可以進行利潤豐厚但受到嚴格控制的貿易活動。不過對中國人來說，這種貿易只是他們做出的一種讓步。因為他們雖然不情願，卻不得不承認他們與其他民族共同分享著地球。當時中國的統治政府是清王朝，他們對商人的態度很勢利，一面假裝對貿易冷漠，一面從中漁利。

中國人與西方商人在經過一些早期接觸後得出結論：他們粗俗且不誠實，與成吉思汗這種陸地上的歹徒沒有什麼兩樣。一個中國人對西方人的特徵描述如下：「他們的肉白得晃眼，他們的鼻梁高聳……這些人性情好鬥且殘暴，善於使用武器。」中國政府鼓勵一種流行論調，就是西方人是低級人種，缺少高級的思想。一位英國翻譯說中國人「對於『西方人不是像牲口那樣生活』的這個事實，即便說不上震驚，也總是感到奇怪」。

與此同時，在英國，使用蒸汽機的工廠製造手帕和桌布的效率大大提高，以致供應超過需求。由於供過於求，棉布的價格大幅下降。英國的生產商，包括理查·阿克萊特的兒子，正在成為這個帝國的支柱。生產商們利用新獲得的政治權力，將他們的貨物賣到輪船可以到達的任何地方。英國人覺得沒道理向中國人磕頭。他們已經征服了大半個印度，為什麼就不能征服中國呢？

在廣州港，西方的經濟入侵碰上了中國的孤立主義，而這正是伍秉鑒得以從中聚斂財富的機會。伍秉鑒支持官僚主義和腐敗的政權，同時與英國和美國的商人建立起友好關係。這種友好關係成為他滾滾財源的支柱。他為人誠實、親切、細心、慷慨，而且富有。對伍秉鑒最尖銳的批評就是他太過忍耐，這也是他備受尊重的特質之一。英國人稱讚他「善於理財，聰明過人」，但又說「他天生的懦弱性格」使他成為「腐敗的專制政府」巧取豪奪下的無助受害者。他的另一弱點就是他的巨額財富，這些財富「一直是政府覬覦的目標，所以一有機會政府就給他加上某個罪名，致使他不得不完全滿足他們的種種勒索」。

廣州是中國對西方世界開放的第一個大港口。歐洲人在廣州的居住地是在十八世紀中期建成，這裡很快就繁榮起來。這引起中英雙方的警覺，雖然原因各異。於是東西方之間的關係變得緊張，直至一八三九年第一次鴉片戰爭時達到頂點。當時伍秉鑒已風燭殘年。與多數戰爭不同，鴉片戰爭是貿易之爭，而非領土之戰。中國的限制性政策，是世界大部分地區都不能通航的時代的特殊產物，卻幫助伍秉鑒致富。最終，西方對新市場的需求超過了中國想保持孤立的願望。前美國總統約翰·昆西·亞當斯（John Quincy Adams）在一八四一年指出，鴉片戰爭與鴉片的關係，就像美國獨立戰爭與「波士頓傾茶事件」之間的關係一樣。他說：「戰爭的起因是磕頭。」

最早與中國進行貿易的歐洲人是葡萄牙人。他們的貿易基地是澳門——一個位於廣州南面一百多公里的多岩石半島。早期的葡萄牙和西班牙商人，他們使用來自美洲的戰利品白銀和黃金購買中國貨物。在很多年的時間裡，只有三萬人口的澳門一直是中國與各國開展貿易的基地。但是中國人始終懷有戒心，唯有不斷賄賂他們才能使商業關係得以維持。中國人堅持讓外國人止步於港口，所以當發現一個中國人幫助外國人進入內地後，這個人就會遭凌遲處死，他的家人也會被斬首，他所在的村莊會被燒成廢墟。

一七五七年，中國人將他們對西方的貿易基地從澳門遷至黃埔，它是一個距廣州下游約二十公里的港口。在這個帝國最東南的角落裡，廣州在地理上與國家的其餘地方分隔開來。中國人相信，此處可以成為包容東西方關係的理想場所。廣州城本來就有一道七英里長、四英呎高的城牆，外國人不得通過十二個城門中的任何一個。

為確保東方人和西方人的往來受到嚴格控制，所有的外商需要居住在黃埔的「代理處」，以達到隔離。之所以稱為「代理處」，是因為這裡由代理人負責打理。這十三座大型建築位於珠江岸邊，被分為生活區和商業區。外面有一個小公園，居民可以在那裡散步。當時此處的居民都是男性。西方商人在任何情況下都不得離開這一區域。這一區域裡面還是很舒適的，英國東印度公司的代理處有撞球室，也有配備全職管理員的圖書館。裡面還有一個巨大的餐廳，桌上擺著銀質餐具。溫順的工作人員會滿足他們的各種需要，使這裡更像一個鍍金的鳥籠，而非一座監獄。

中國人將所有的來訪者稱為「洋鬼子」，認為他們是不通情理的「不可教的孺子」。甚至在他們的代理處，西方人都要按照中國的規矩過生活。這方面的規定經常被四處大聲朗讀。例如，外國人不得在江中划船「取樂」；外國人不得坐轎，對他們來說走路就行了；外國船隻不得四處游弋，不得銷售需交關稅的貨物給「當地惡徒」。女人不允許進入代理處。外商不准長年待在這裡，大致從十月到次年三月的交易季節，外國人最好離開中國，下一個秋季再來。外國人不得找任何藉口以個人身分向中國政府提出抗議。所有消息都要經洋行傳達，雖然洋行本身就常常是外國人要抱怨的對象。總之，中英兩個大國政府之間的對話，只能透過幾個商人完成。

洋行包含了不斷變動的三至十三個中國商人，他們在一七五五年被授予和外國人進行貿易的特權。這些洋行一起組成公行，直到一八四二年，它還是政府在對外貿易中代收稅款的機構。和對農民徵稅一樣，洋行盡可能地對外商多徵稅，同時盡可能向政府少上繳。洋行的商人組織鬆散，通常並不壟斷，他們具有中國傳統的責任感，也就是說這夥人對每個成員的行為承擔責任。他們會相互幫助償還欠帳。洋行還經常遭到政府的「壓榨」，不得不支持公共工程，在糧荒時救濟飢民，或出資修補受損河堤。

洋行應該是有利可圖的，而且對伍秉鑒等人來說的確如此。幾乎從一開始，洋行的會員資格既是特權也是一種考驗。伍秉鑒的父親是一位洋行商人，他最初就拒絕這種「不堪重負的榮譽」。洋行商人自己出資，自己辦公司，自己做貿易，自己牟利。大概是因為中國缺少流動資金，所以洋行經常以高利率借貸外來資金。破產的狀況屢見不鮮，許多洋商一有機會就趕緊退出。破產被看作是一樁罪行，破產的商人可能會被流放到伊犁，那裡是中亞寒冷的邊境地區。這種流放被稱為「免費訪問冰冷的邊疆」。

黃埔港是個水上世界。幾千條船在水波中蕩漾，從小舢板到大型平底帆船應有盡有，許多人終生生活在船上。有的船做客棧，有的船做水上廟宇，還有不同的船在賣肉、木炭、熟食、衣服，甚至玩具。有大夫為人看病的船，有術士為人算命的船，有被稱為花船的水上妓院，還有演出戲劇的船。洗衣婦用船收集人們的髒衣服，洗完後再用船送回。理髮師每週在停泊的船之間轉來轉去。甚至還有裝載被拋棄的痲風病人的船。美國商人威廉・杭特（William Hunter）寫道：「想像一個水上城市，它恰如其分地展現出河流生生不息的流動、生命力和歡欣。」

當一艘來自西方滿載貨物的船到達廣州時，船長要做的第一件事，就是命人與洋行進行聯繫。洋行從船長那裡收取各種官方、半官方和非官方的費用，再將它們轉交給相應的官員。支付的費用包括：「金沙」，就是禮物；測量費，是根據船的長度和寬度所收取的關稅；領港費；翻譯的費用；給買辦的費用，買辦是唯一有權為船隻和船員提供補給的人。西方人和中國人之間的所有社會和商業接觸，從搶劫到購買一籃水果，都由洋行居中調停。洋商（經營洋行的商人，因為是官府特許，又稱「官商」）也被稱為「安全保障商」。

洋行為西方商人提供辦公室、貨倉、住所和僕人。作為回報，商人將他所有的貨物賣給這家洋行，貨物價格完全由洋行確定。外商甚至不能到附近的街上去看看人們在買賣什麼東西。由於黃埔沒有大的碼頭，所以港口的所有裝貨和卸貨工作都在船上完成。在洋行的貨倉裡，人們把內陸運來的茶葉和絲綢進行分類、秤重和重新包裝，然後發往外國商船。如果茶葉或絲綢出現品質問題，洋行要無條件予以換貨。商船往返一次廣州的時間從一個月到六個月不等。

除了洋行，西方人找不到其他的銀行機構。每家洋行都有一間牢固的房屋，裡面存有成千上萬的銀幣，洋行裡還有收帳員負責收錢。收帳員對銀幣和其他貨幣進行檢驗和秤重，和其他金屬一樣，貨幣是根據重量而非面值進行計算。中國人自己平時只使用銅幣，用於交易的金銀通常是條狀或塊狀的。政府不參與條狀或塊狀貴重金屬的製作，收帳員的印章就是對金屬品質的保證。

在六十年的時間裡，洋行一直作為東西方貿易的潤滑劑。廣州只有非常少的中國人會讀或寫英文，而且幾乎沒有什麼西方人會說或寫中文。實際上，任何人如果被發現教導外國人中文，就會被處死。在這種情況下，洋行還是需要讓他們的貿易夥伴明白中國反覆無常的貿易規則。一位早期的商人寫道，廣州閉關鎖國的態度展現出中國人「令人詫異的自負和固執」。

大約從一七一五年開始，「洋涇浜英語」成為洋行和外商使用的商用混合語。洋涇浜英語是一種葡萄牙語、中文和英語的混合物。這種國際語言相當於將中文詞彙翻譯成一個有限的詞彙表，它的使用讓中國人和英國人經常相互誤解。在談到給政府的回扣時，威廉·杭特問伍秉鑒：「你付他多少？（You pay he how muchee?）」

伍秉鑒回答：「我付他五六萬。（My pay he fitty, sikky tousand so.）」

杭特說：「但是假如他不滿意呢？（But s'pose he no contentee?）」

伍秉鑒說：「假如他第一次不滿意，我以後再付他一筆。（S'pose he, No.1, no contentee, my pay he one lac.）」

一些同時代的英國和美國的日記作者記下與伍秉鑒的商業交易，但幾乎沒有西方人見過他在家或在港口之外的其他地方的樣子。大家不太了解他閒暇時間做什麼，也不知道他最大的樂趣是什麼。不過他的確擁有一個家僕達五百人的大家庭，還有一個種植「萬棵松」的花園。他穿各種顏色的綾羅綢緞。他大擺筵宴，席上有幾十道菜，包括從爪哇進口的燕窩做成的湯、魚翅和炒田螺。

洋行的大部分生意來自另一個壟斷集團，即英國的東印度公司，它是大英帝國的全權貿易代表。英國東印度公司成立於一六〇〇年，資金一半是由政府提供，另一半由私人投資者提供，算是世界上最早的股份制公司之一。風險共擔對這個行業來說是不錯的選擇，因為船隊常遭遇暗礁、風暴、敗血病以及海盜的威脅。雖然東印度公司的航行常有武裝護衛，但仍舊會遭遇海盜。景氣好時，每個人都有分紅；若景氣不好，也不會有哪個投資者輸得一乾二淨。

英國東印度公司最初的使命是購買胡椒、肉荳蔻、丁香等東方的調味品，不過它的作用逐漸擴大，商品、路線和所扮演的角色都在不斷增加。例如在印度，這家眾所周知的「尊貴公司」利用其商業權力，成為印度實質上的政府。一七一五年，公司決定展開對中國的貿易，不久後成為廣州規模最大、實力最強的外國商隊。對中國人來說，東印度公司就是英國，雖然它的政策是以商業為出發點。它擁有「政府的身體和商人的大腦」。洋商和這家公司的商人都講求誠信，也都能從生意中賺到很多錢。在幾十年時間裡東西方相安無事。

外國商人儘管因為中國的規矩煩瑣而感到難受，但他們幾乎一致認為，在廣州做生意與在世界任何其他地方一樣方便。購買者不簽合約，也不要任何收據，只需出具簽有公司名稱縮寫的紙片，就能拿到對方的大筆貨款。洋行以及多數中國商人，據說「在交易中既能幹又可靠，恪守交易合約，而且寬宏大量」。其他外商驚訝於「世界上還有如此精明和熱情的商人」。一八〇九年，當兩個洋行瀕臨破產時，東印度公司刻意透過他們購買超出常規的一大批茶葉，從而幫助他們度過財務危機。

然而東西方之間的一個大規模衝突，損害了雙方的關係，這個衝突能追溯到幾個世紀之前。早在全球貿易初期，西方就想購買東方的貨物，但是東方不想購買西方的產品。英國出口量最大的產品就是羊毛製品，不過中國人對這個產品不感興趣，因為中國的氣候不適合用羊毛製品，況且他們還有絲綢。中國只同意對方用白銀交換茶葉和絲綢。英國人在一六三七年首次到達中國時，什麼貨物都沒帶，只帶了八萬銀幣。這種局面持續很多年，到後來有一艘船駛向中國，攜帶九八%的白銀和二%的貨物。一位十六世紀末的佛羅倫斯商人抱怨說：「一旦銀子落到他們手裡，就再也不會流走。」

由於西方總是缺少黃金和白銀，所以東方的要求導致長期的貿易失衡。到十八世紀末時，英國需要為駛往中國的船隻準備大量金屬貨幣，進出口差額成為國家的大問題。英國又無法斷絕與中國的貿易，因為大批英國人已對茶葉上癮，而當時中國是世界上唯一種植茶葉的國家。在十八世紀，英國平均每人對茶葉的消費量增加了十五倍。茶被當成是有助於增進健康的藥物、好處多多的滋補品。有些英國人每天飲茶五十杯。加爾文教徒和清教徒將茶看作節制的象徵，茶幾乎成為酒的神聖替代物。飲茶像吸食鴉片等其他讓人上癮的習慣一樣，演變成一種正式的儀式，具有特定的儀式和用具。

英國國內紡織品產量不斷增加，東印度公司失去了從印度進口紡織品的權力，所以公司開始將重點轉向茶葉的進出口貿易。茶葉是英國人大量消費但國內不生產的少數幾種商品之一。公司章程甚至要求，要保證倫敦在任何時候都擁有一年的茶葉儲備，以免貿易危機引發問題。一七六一年時，東印度公司從廣州進口的茶葉為二百六十萬磅。四十年後，這家公司運到英國的茶葉達二千三百三十萬磅。當茶葉和糖成為工人階級的價格低廉的熱量來源時，上流社會逐漸將興趣轉向更好更昂貴的茶。中國人相信，英國人已離不開茶，如果不供應他們茶葉，他們就會變瞎，就會染上腸道疾病。

英國人對茶的需求日益增加，中國卻沒有對英國的任何東西培養起相應的興趣。曾有一段時間，中國人對英國的鐘錶和機械玩具等所謂的「唱歌機器」著迷，但是這種生意的規模很小，而且中國人對此的迷戀只是曇花一現。在英國人提供的產品當中，好像只有一種產品能在中國人之間長盛不衰——鴉片。十九世紀中期的一位英國官員指出：「我們帶到中國的任何東西都沒能真正流行起來。要打動他們的鐵石心腸，鴉片是唯一有效的『芝麻開門』魔咒。」

在伍秉鑒出生前的好幾個世紀，鴉片的魔力就已得到廣泛認同。蘇美人稱罌粟是能帶來快樂的植物。多年以來，人們就吃或吸食鴉片，或是飲用鴉片酒。在英國，很多婦女在棉紡廠長時間艱苦地工作，因此鴉片成為她們安撫嬰兒的常用物品。藥劑師推薦可將鴉片用於治療各種疾病，包括痛風。社會各階層都可以方便地得到和使用鴉片。現代社會中的鴉片衍生物包括嗎啡和古柯鹼。

曾幾何時，鴉片是一種全球性商品。但是鴉片很危險，會以兩種方式使人上癮：一方面，使用者需不斷增加劑量才能取得同等效果；另一方面，停止食用鴉片會引發強烈的身體反應，有時甚至是致命的。伍秉鑒所在的時代，中國成為世界上第一個全力控制銷售毒品的國家。結果卻是，人們的需求非常強烈，這種生意能攫取高額利潤，所以國家的努力就像竹籃打水一場空。

至少一千年前，鴉片在中國就有忠實的追隨者。它首先吸引的是生活苦悶、壓力巨大的人。在階級森嚴的宮廷中，宦官們會吸食鴉片，宮中無實際權力的一些人員也如此。生活在封建政體之下，有閒的富裕階級的創造力被扼殺，於是鴉片給了他們一個出氣口。人們用鴉片確保小妾能服貼，籌備生意的商人、準備科舉考試的學生，甚至和尚和尼姑，都發現鴉片能幫助他們緩解焦慮和苦悶。不久，這種毒品就滲透到社會的各個階層。

在十七世紀初，菸草從新世界傳到中國之前，鴉片在中國通常是用吃的。菸草後來變得非常普遍，所以皇帝明令禁止。然而，在這種禁令解除時，中國人已懂得如何將菸草和鴉片的樂趣結合起來。他們燃燒鴉片的提取物，透過煙管吸入產生的煙霧。到十九世紀三〇年代時，雖然對中國的鴉片貿易已經成為非法的行徑，但是鴉片卻是當時交易量最大的一種商品。這種「洋煙土」並不是歐洲人引進中國的，但卻是他們最早開始大規模組織這種產品的生產和銷售。

英國東印度公司實際上壟斷在印度的鴉片生產。佃戶們在公司的土地上勞動，得到政府發放的預付款。作為交換，他們只能將自己的產品以固定價格銷售給指定的代理商。印度的大片肥沃土地都被用來種植罌粟。隨著種植數量的增加，印度勞動者的消費也增加了。公司的一位總督宣布：「鴉片不是生活必需品，而是有毒的奢侈品。除了用於對外貿易，它應當被禁止」。

中國官方不斷發布命令，規定使用或銷售這種「可食用的毒物」為非法行為。但是風聲一過，這種貿易又開始強勁反彈。在一七二九年，皇帝下旨嚴禁在國內銷售和消費鴉片，違者打一百大板甚至充軍流放。然而地方政府貪汙成風，如果他們不貫徹皇帝的命令，禁令就形同虛設。威廉·杭特指出：與此同時，國外團體「非常傲慢地」將中國的禁令、警告和威脅，看作是「一種表面文章」。

在廣州，一八〇〇年之前，鴉片可以像其他商品一樣進行貿易。外商只需上繳貨物稅，就可以公開轉手給洋行去銷售。鴉片和威士忌一樣，不被當成什麼邪惡之物。一位有寫日記習慣的英國商人在某一天寫道：「（我）忙於興高采烈地卸貨（鴉片），都沒時間讀聖經。」一八〇〇年，中國皇帝下旨，首次明令禁止鴉片進口。直到這時，洋行和東印度公司才表面上停止了鴉片買賣。然而，他們私下還是繼續從事鴉片生意、從中牟利。畢竟鴉片是一種易於保存的貨物，它不會腐爛變質，人們一旦成癮，需求就會不斷上升。

自那之後，印度的鴉片被販賣給東印度公司授權的私商。這些私商使用武裝船隻或退役軍艦，把鴉片運往中國。中國的購買者對帶有東印度公司字樣的鴉片感到很放心。一八三九年，一位私商聲稱：「所有的走私行為和走私者的背後都是東印度公司。」這家公司試圖強迫被授權者以紳士的傳統方式做生意，但是這些私商更感興趣的是金錢而非風度禮儀。這些私商成為「壟斷之牆上的裂縫」，不久就讓廣州陷入戰火之中。

無論主體是公司還是私人，英國人的貿易鏈都是三角形的：英國的棉布運到印度，印度的鴉片運到中國，中國的茶葉運到英國。私商將他們賺取的銀子存在公司位於廣州的金庫中，並且得到英國的匯票。英國再用這些銀子支付購買茶葉的巨額款項。這個過程是單向的，因為中國人不想要英國的棉布，而英國人也不想將印度的鴉片帶回家。在很多年的時間裡，這種安排獲利豐厚，以致東印度公司只需使用從中國賺取的利潤，就可以滿足股票分紅的需求。

中國在一八〇〇年鴉片禁令發布後的二十年中，鴉片買賣雖然是以走私的方式進行，但其規模仍舊繼續擴大。中國漫長而彎曲的海岸線防禦性很差。由於中國軍隊通常是與來自內陸而非海上的敵人作戰，因此中國的海軍力量薄弱。鴉片進口商與中國商人互相勾結，中國商人用「茶錢」賄賂地方官員，讓他們睜一隻眼閉一隻眼。

英國的政府官員知道，英國商人對中國的法律不以為然，官員們選擇對此視而不見。英國商人從中國傳回的報告讓他們的良心略感好受：「吸煙是一種習慣，就像我們飲酒一樣，適度就行。」在中國賺到大筆錢財的英國鴉片商人威廉・查頓（William Jardine）稱，鴉片生意「是我所知道的最安全、最具紳士風度的投資方式」。然而，鴉片貿易還是讓某些人感到良心不安。一位反對者指出，銷售鴉片給中國並不「粗俗」，因為這是一種批發生意；不過，「這種整箱售出的商品，在被分為一小份一小份之後，就會變得粗俗而卑鄙」。但是英國的財政部仍鍾情於鴉片貿易。一八〇〇年前後，鴉片收益不到東印度公司從印度所獲利潤的三％，到十九世紀五〇年代，這個比例就超過了十二％。

十九世紀二〇年代，流入中國的鴉片足以供應一百萬吸食者。廣州街頭的店鋪公開出售吸食鴉片的煙具。十多年後，據估計中國已有四百萬癮君子。有些窮人在鴉片上花掉一半的年收入。在一些沿海省分，多達九〇％的成年人染上煙癮。很多官兵沉溺於鴉片，導致一八三二年清政府軍隊鎮壓起義時，竟屈辱地遭遇慘敗。當時英國官員胡夏米（Hugh Hamilton Lindsay）為了探索其他的貿易機會，乘船沿著中國的海岸北上，結果發現，無論他的船停泊在何處，當地官僚和商人都認為他的船載有鴉片，而且很少相信他的解釋。

一八二一年，一次爭議讓鴉片問題再次浮上檯面。清政府為打擊鴉片進口，公布新的懲罰措施：無論任何人私藏鴉片都將被處斬。與此同時，幾個高級官員趕赴廣州，因為那裡仍在大量進口鴉片。他們向當時的商人領袖伍秉鑒施加極大壓力，藉此管理在他管轄範圍內的商人。他被革去官銜，除非鴉片交易徹底斷絕否則不能復職。洋行商人最終拒絕再為任何運送鴉片的船隻提供擔保。

然而毒品交易已根深蒂固，人性又非常脆弱，想從中英經濟和社會體制中清除鴉片已不可能。接收鴉片的船隻從岸邊改到伶仃島，這座島在中國的管轄範圍之外。這些船一直停在被稱為外錨地的港灣裡，這些港灣容易遭受颱風的襲擊，而且中國官方鞭長莫及。幾年時間內，就有多達二十五艘這樣的接貨船停泊在伶仃島周圍，有時幾個月，有時甚至長達幾年時間。「上面的槍一直舉著，它們成為英國官員指揮下的堅固水上鴉片倉庫。」鴉片貿易還推動產生了一種新型船隻——快帆船。這種船的船體長而窄，有三個傾斜的桅杆和多個雲狀船帆，讓英國商人能在一年內不止一次往返於中英兩國之間。一艘美國的快帆船花不到七個月時間就能到達中國，而在此之前則要超過十四個月。

在伶仃島，運送鴉片的船隻把鴉片轉給接貨船，然後載著合法貨物駛往黃埔。中國的鴉片交易商則登上武裝的雙桅河船，這種船有六十名到七十名船員，兩側分別有二十副或更多副船槳。這種船被稱為「快蟹船」或者「龍舟」，速度快而且靈活，通常能躲避官方的檢查。但是它們很少需要躲避。雖然鴉片在船與船之間的轉送是在大白天進行，划槳者還戴著引人注目的圓錐形帽子，上面有紅、白、藍三色的三角形，港口的守衛和海關官員卻通常故意忽略他們的存在。到一八三一年時，多達二百艘這樣的船在廣州水域出沒，這說明了當時這種毒品貿易多麼猖獗。

對於中國來說，禁止鴉片貿易成為緊迫的任務，倒不完全是為了阻止國民的道德淪喪，而是出於更加直接的原因。鴉片生意對商業造成不良影響：鴉片作為開放市場上的一種現金交易（發貨前就需付款），它的貿易條件要比與洋行談判更具吸引力，而洋行最好的交易也只是信貸擔保。鴉片銷售價格非常高，貨款也能馬上到手。十九世紀的前幾十年，印中鴉片貿易的半年淨利潤超過投入資本的一五%。難怪鴉片商人們「不願從事任何其他生意」。

最糟糕的是，鴉片貿易造成中國的白銀大量流失，中國首次出現貿易赤字。中國自己出產的白銀很少，而且在十九世紀初，全球白銀的產量已開始下降。無論在東方還是西方，儲藏白銀的現象都非常普遍，政府因此時常出現白銀短缺。中國本來需要英國的白銀，這時得到的卻是英國的鴉片。當美國商人在十九世紀初到來時，他們成為一個新的白銀來源。但是隨著他們參與了越來越多的鴉片生意，以及開始在中國出售更多的棉製品，他們帶來用於貿易的白銀便減少了。

中國人需要用白銀繳稅，所以銀價上漲代表了稅賦的增加和經常發生的社會動亂。銀價不斷上漲也影響到其他人，包括鹽商。鹽商對行業的壟斷權受到政府特殊船隊的保護，但是他們在每個關卡都要繳稅。他們的稅同樣要用白銀繳付，這原本是個利潤豐厚的行業，後來卻成為一種巨大的經濟負擔。中國官員擔心，如果白銀不斷流到境外，人們恐怕就無法繳稅了。

政府的禁煙行動經常是打擊到小商小販，卻無損於結構複雜的大型犯罪集團。廣州的港口區有幾百上千平方公里大，包括無數的河流和水道。各種類型的船隻停泊在同一水域，經常難以分清哪些是漁船、哪些是海盜船。而且實際上，如果漁民捕魚的收穫不大，他們就會轉向掠奪或走私。在執法系統中，貪汙腐敗成風，以致有些運送鴉片的「煙船」，有時就是用來防止走私的官船。官方的禁煙行動讓中國官員有了要求更多賄賂的理由，這直接抬高了鴉片的價格。

禁煙行動一開始收效甚微，在一八三三年取消東印度公司的貿易壟斷權之後，讓形勢更是雪上加霜。中國當時或許並未意識到這一點，但私商們將會像打開罐頭那樣打開中國的市場。他們代表西方新的資本主義理念，會限制貿易的只有自然的供需規律和人們運輸貨物的能力。政府、外交、傳統和條約，為什麼必須將這些東西與商業交易連結在一起？私商們起初大多為倫敦或印度的公司做代理，但他們後來開始獨立進行稻米和鴉片的投資，最後建立起自己的倉庫。他們還成為銀行家。當時廣州資本短缺，他們以二％、甚至更高的月利率對商行放貸。

廣州的英國私商對自己的過分行為不加約束，這激怒了中英雙方。不過他們卻成了英國製造業階層的英雄。他們向國會施加壓力，要國會批准他們與日益活躍的美國商人展開競爭。與此同時，曼徹斯特的棉布製造商和英國其他企業家譴責英國東印度公司，認為東印度公司是阻擋他們出口生意的障礙。由於東印度公司喪失壟斷優勢，後來就從廣州完全撤出，從而徹底結束了舊的穩定秩序。公司的很多官員帶著從殖民地撈取的財富回到倫敦，他們因身價倍增而被人們嘲笑為「暴發戶」。

在廣州，參與商業競爭的幾百名外商除了熱愛放任主義外，對其他一概不管不顧。美國商船絡繹不絕地進入港口，任何人都不曾得到政府的壟斷許可，他們只要求一種「公平的、不偏不倚的環境」。這些美國的商業冒險家只有一個目標，就是在最短的時間內賺到最多的錢。一個美國人在一八五七年寫道，對華貿易總體而言利潤豐厚，每年約十八萬到二十萬美元之間。洋商喜歡美國商人，因為他們會用大量銀幣付款。美國人想把新英格蘭人參和夏威夷的檀香木賣給中國人，但是中國人喜歡的卻是他們的皮毛和海參。中國人認為海參是一種美味佳餚。與英國人相比，美國人參與鴉片生意的比重不大。但這不是因為他們道德更高尚，而是因為美國商人必須從土耳其獲得鴉片，與印度比起來，土耳其的產量根本不值一提。在鴉片生意方面美國人雖位居第二，卻遠遠落後於英國人，占有率只有整個市場的一〇%左右。

英國和美國的私商們開始發起新的運動，來逃避和顛覆廣州對洋行系統的限制。他們拒絕接受洋行的壟斷地位和洋行確定的價格。他們分別處理每一船的貨，與出價最高的洋商做生意。洋行逐漸失去對港口的控制權，而且已不可能再退回到孤立主義的狀態。

一八三九年，皇帝盡最大的努力查處鴉片貿易。他委派知識淵博、為官清廉的欽差大臣林則徐到廣州打擊鴉片交易。林則徐是一個身材肥胖、鬍鬚濃密的人，他坐著十二人抬的轎子離開北京，隨行有六個僕人和三個廚師。他和隨從長途跋涉一千九百多公里，花六十天的時間到達廣州。

林則徐知道，為了鴉片而與英國開戰將會造成生靈塗炭。中國海軍在與外國的武裝衝突中，無法占到任何優勢。從軍事上講，很多西方人將中國人看成是無用的懦夫。中國的軍隊總是「語言上的巨人，行動中的矮子」。

林則徐將洋商們召集在一起。十二個洋商跪在他面前，林則徐斥責他們為牟取暴利勾結西方商人倒賣鴉片。「我真為你們感到羞恥。」林則徐對洋商們說。林則徐下令立即停止所有「大煙」交易，要求洋商向外國商人明確說明：他們必須無條件上繳所有在廣州的鴉片，並簽字同意永不再販運鴉片入境，違者財物全部充公，人就地正法。洋商們必須三天內完成任務，如不能交差，將視同勾結鴉片商人，當中的一兩人還要斬首示眾。據一位美國商人講，伍秉鑒當時「被嚇得癱倒在地」。

煙商們同意犧牲倉庫中價值一千二百萬美元的鴉片，由伍秉鑒對他們進行賠償。林則徐嚴詞拒絕這種妥協方案。他把伍秉鑒的兒子抓入監獄，並派伍秉鑒去找煙商的首領顛地（Lancelot Dent）來問話。林則徐說，如果顛地不順從，就處決伍秉鑒。被逼無奈之下，伍秉鑒頸套鐵鏈出現在代理處，央求顛地前往。但顛地拒絕前往，除非伍秉鑒能保證他安全返回。

作為報復，林則徐禁止外國人離開廣州，幾天後又切斷他們的所有供給和通訊。在接下來七週的時間裡，待在那裡的三百五十個外國人，實際上都成了在家拘禁的犯人。所有中國人都被撤離那一區域，否則會被處斬。官兵們將代理處團團圍住，不斷吹喇叭敲鑼，騷擾被困在裡面的人。裡面的煙商們不得不屈辱地自己做飯、自己掃地、自己洗碗碟。最後，煙商們同意交出所有的鴉片，生活才恢復正常。

中國人和西方人之間的關係日益緊張起來。由於大批鴉片被沒收銷毀，其價格暴漲，使得走私更加有利可圖。中英兩國政府無法在不冒犯對方的前提下進行談判。不久之後，一艘英國軍艦向中國船隻開火，第一次鴉片戰爭爆發。

這場戰爭只是一連串的小衝突和海上遭遇戰。中國軍隊作戰能力極差，幾千官兵和平民因不堪面對失敗而自殺。英國的許多人員傷亡都是因為瘧疾和痢疾。在一次戰鬥中，中國船隻射出的炮彈太高，只損壞了英國船隻的帆和繩索。一位見證者指出，「他們那些可憐的大炮傷不到任何人」。中國人從未見過蒸汽驅動的軍艦。看到這些軍艦能逆風行駛，而且可以在淺海中航行，他們被嚇呆了。

洋行因這次戰爭遭到沉重打擊。他們被迫出資修建堡壘、建造戰船、製作大炮。承受的巨大負擔「對我這把可憐的老骨頭來說實在是有些沉重」，伍秉鑒在寫信給一位美國商人時這麼說。在給同一個人的另一封信中，伍秉鑒抱怨說，鴉片戰爭「使我損失大筆錢財」。事後估計，大約有二百萬美元之多。一八四一年廣州被圍期間，代理處遭到嚴重損毀，其中幾處地方被燒得面目全非。

一八四二年八月，《南京條約》的簽訂代表著鴉片戰爭的結束。這個條約被中國人恰如其分地稱為「不平等條約」。條約取消了公行；從此之後，外國商人能根據雙方的協議進行自由買賣。條約指定包括廣州在內的五個城市為「通商口岸」，開放對外貿易；條約還讓香港變成了英國的殖民地。鴉片的問題沒有被提及。中國人不願將鴉片合法化，英國人也不願限制鴉片交易。之後鴉片進口量劇增。一八四五年，在香港大約有八十艘船販運鴉片。中國既未能驅除鴉片，也未能驅逐外國人。一八五八年，新的條約將鴉片進口合法化，並確定其關稅稅率。伍秉鑒未能看到鴉片貿易的這一里程碑。他死於一八四三年九月，終年七十四歲。

鴉片戰爭之所以發生，首先是因為中國政府制止國民吸食鴉片的嘗試屢遭失敗。毒品行業一直是一條高利潤、高風險的致富之路。從商業角度看，鴉片、古柯鹼和海洛因都是理想的商品。以體積和重量衡量，它們都相對昂貴。它們出產於勞動力低廉的國家，不必做行銷或打廣告就能很容易地在市場上進行銷售。它們能維持巨額價差，買賣通常都是現金交易。而且，人們對毒品的需求好像是無止境的。

時至今日，非法的毒品行業呈現出這些特點：高度集中控制，垂直統一管理，藉由價格低廉的勞動力完成瑣碎工作。經營毒品需要不斷進行創新，當代的超級競爭者們正在用化肥和防腐劑進行試驗，嘗試讓他們的產品與眾不同，並採用精密且複雜的通訊和運輸設備。哥倫比亞的販毒集團為了將毒品運到美國市場，甚至製造自己的潛水艇。

在當代美國，毒品交易成為非法收入的最大源泉。分銷是這一行業利潤最多的環節。二十世紀六七十年代，美國出現的大眾市場使毒品行業成了全球的巨頭。二十世紀八〇年代，眾多金融市場之間的壁壘消失，真正的全球資本市場開始出現。這個行業的利潤如此之高，以至於毒販發現很難將他們的錢藏起來，更別說把錢花掉。如何把有問題的錢變成正常的錢，成為毒販們的當務之急，這使得一批專業的洗錢者應運而生，包括會計、律師和銀行家等。轉移錢變得比轉移毒品更加複雜。

十九世紀，伍秉鑒看著外國船隻駛入他的港口，他知道那裡藏著來自另一個世界的祕密和財富，因此為它們的到來感到欣喜。對他來說，這些船裝著什麼不太重要，重要的是它們的到來。交易是他的生命，他的使命就是將地球兩端的購買者和銷售者連結在一起。無論他們帶來的是鴉片、檀香木，還是白銀，伍秉鑒都會鞠躬歡迎他的客人。他知道，一個人能藉由滿足人們的需要而發財致富。

Chapter 9

華爾街女巫——

赫蒂・格林

Hetty Green

（西元一八三四年～一九一六年）

十到十八世紀，幾乎所有的富人都是男人以及他們的妻子和女兒。除非像埃及豔后克麗奧佩脫拉，或英國伊麗莎白一世那樣出身皇室，否則女人通常只能藉由一些祕密投資來發財致富。貨幣經濟和工業化的降臨，進一步將女人推離生產端，推近消費端。縱觀歷史上多數國家，女人甚至無權繼承生意或土地，更別說自己賺錢。在十八世紀和十九世紀初期，家政教育的信奉者強調，女人最重要的角色應該是精神和道德風氣的護衛者。女人的工作大部分是在家庭方面。大約在一八八〇年之前的美國，女性最能夠賺錢的行業就是經營一家妓院。例如在十九世紀八〇年代美國西北部蒙大拿州的海倫娜，妓院的女性經營者為城市提供了大部分的金融服務，尤其是抵押貸款。她們還擁有當地大量的房地產。

到十九世紀末時，美國資本主義的浪潮捲走了一些舊有的女性傳統。美國需要用女性勞動力來為南北戰爭後的工業繁榮注入活力。更多的婦女接受教育，而她們發起的社會改革運動轟轟烈烈地展開。她們開始能繼承財產。有史以來的第一次，女性致富可以不再被動地憑藉出身或美貌，而是透過運用自己的聰明才智。早期的成功女性普遍不受歡迎，她們需要與心存輕蔑的對手不斷爭鬥，所以變得性情乖戾。赫蒂·格林就是這樣的女性，她甚至在生前就被人戲謔地稱為「華爾街女巫」。

赫蒂上演的是一齣獨身女人的怪誕劇。她總是衣衫凌亂，甚至偶爾顯得有些瘋狂。她在華爾街辦公室的地板上工作，周圍是一袋袋、一堆堆散亂的紙張。如果是現在，她會被診斷為偏執狂、強迫症患者，或介於兩者之間。雖然人們要求當時的職業女性要「舉止優雅、態度親切、有女人味」，然而赫蒂·格林的金融閃電戰卻常常讓男人們痛哭流涕。她曾說過：「我戰鬥的時候，總是會有葬禮。當然，葬禮不是為我舉行的。」赫蒂·格林在臨終時的身家已達到一億美元。轉換成現在的價值遠高於十億美元。如果說赫蒂·格林是個瘋子，那麼她也是一隻瘋狐狸。

歷史學家對吝嗇而瘋狂的赫蒂·格林嗤之以鼻。為她寫傳記的都是自命不凡的男人，他們對赫蒂背棄維多利亞女王時代的女人形象予以譴責。而且，沒人能理解：為什麼像赫蒂·格林如此富有的人還那麼吝嗇。她生活在美國第一個奢華時代的中期，即所謂的鍍金時代。當時曾有一個暴發戶為炫耀地位，用百元鈔票捲菸草抽。然而，她卻住在價格低廉的公寓，將衣服穿到薄如紙張。她在一九一六年去世後，波士頓的《劇本》（*Transcript*）雜誌揶揄說：「赫蒂·格林……在告別這個世界奔向另一世界時，無法帶上她的巨額財富。」文章的題目是「她同樣也無法將財富帶走」。如果赫蒂·格林活著，將對此不屑一顧。她曾經說過：「我走自己的路，不需要夥伴，不拿任何其他人的財富冒險。因此，我是以實瑪利（Ishmael，喻被社會唾棄的人），專門與每個人為敵。」

若說赫蒂．格林生活在美國歷史上一個不計後果、自由放任的時代，這種說法還是有些保守了。當時的男人更有氣概，其中最有氣概的，莫過於新興的那批殘忍的資本家，他們敢把小人物當早餐吃下去。咄咄逼人的脾氣被認為是成功的重要因素。商業「被看作是巨人們玩的法羅牌遊戲，只有意志堅強的人才有資格坐在桌旁」。另一方面，溫柔可人的女性只是受呵護的寵物，神經極其脆弱。如果佛洛伊德將金錢比喻成大便的說法準確的話，那麼女性對金錢應該是不屑一顧，更別說去占有金錢。直到十九世紀中期，美國很多地方的已婚婦女如果有收入，都還會自動上繳到丈夫手中。如果她保留自己的薪水，這些錢也只是作為「零用錢」。

在美國，每個人追求成功時，都是從同一起跑線出發，理論上來講，最快最聰明的人將會勝出。美國沒有皇室貴族，沒有哪個階層有先發優勢。只有二百萬生而平等的人，再加上五十萬奴隸。在赫蒂．格林所處的時代，英國哲學家赫伯特．斯賓塞（Herbert Spencer）的「適者生存」成為流行語。這句話恰如其分地表現出新興工業資本家的思想。這種理論認為，人類社會像動物世界一樣是根據自然競爭的法則，強者總是能勝過弱者。如果因此出現壟斷現象，那也是自然規律的結果。在當時的背景下，所謂的「人」都是指「男人」。

在十九世紀末的美國，商人成為男性魅力和領導能力的化身。書籍、報刊和短文描述的富有男人，他們總是高貴、公正、勇敢和正直。「商業思考」成為「正確思考」的同義詞，若要表達對某種想法的高度評價，可能就會說它是「一個賺錢的好主意」。甚至在紐約的上層社會，富豪都比貴族更高一等。十九世紀的股票經紀人亨利．克萊斯（Henry Clews）說：「現代貴族是出身於商業的成功人士。」談論某個人的錢不是什麼粗俗的事，完全不像在舊世界時那樣。由於大家沒有出身帶來的地位差別，錢成為人們普遍接受的評價標準。物品的價格成為人們日常討論的話題。一位歷史學家指出：「賺錢成為一種美德。它不再受到其他美德的約束，而是能與它們相提並論。而且如果與其他美德發生衝突，人們會對它們進行權衡。」

組織嚴密的宗教未對這種風氣發揮任何遏止作用，美國長久以來就是政教分離的體制。而且，美國人普遍信仰新教，而加爾文教派本身就以獻身商業為榮。悠閒地享受生活被視為墮落的表現。政府也無法約束狂熱的商業競爭。聯邦政府力量薄弱，官員不斷被商業巨頭「餵肥」。國會除了用限制性關稅來對抗外來競爭，並未對商業施加什麼限制。聯邦和各州法官同情的是個人利益。人們的良心，也就是他們的理性原則，成為最後的道德底線。美國經濟學家羅伯特．海爾布羅納（Robert Heilbroner）寫道，十七世紀美國人敬仰神明，十八世紀敬仰他們的戰士和政治家，到了十九世紀美國人崇拜的是工商業巨擘。

美國的富人有大把的錢可以揮霍，而且他們沒有什麼傳統習俗的限制，所以無論怎麼揮霍都不顯得怪異。他們相互攀比，透過大把花錢來炫耀財富。他們舉辦騎馬舞會，在馬蹄墊上橡膠後，騎馬者會邊吃巧克力邊喝香檳。他們舉辦「窮人聯誼會」，來的客人都衣衫襤褸，坐在破爛的肥皂箱上面，用報紙做餐巾，喝生鏽鐵罐裡的啤酒。他們搶購歐洲的藝術珍品，買走中世紀城堡中的雕刻品、繪畫和掛毯，將那裡的樓梯和天花板完整運到自己新建的住宅中。這些住宅模仿文藝復興時期的城堡，有了這些樓梯和天花板，就會顯得更加真實和氣派。約翰・雅各・阿斯特的妻子就有一個稱為「王座」的沙發。

一位百萬富翁在美國東岸羅德島的新港修建了一座都鐸王朝風格的別墅，並開始在他的談話中加入都鐸王朝風格的詞彙，他經常在句子的開頭使用「Prithee」。* 對暴發戶來說，要有一群僕人伺候才符合禮儀要求。單是上一杯茶就需要兩個僕人。《國家》（*The Nation*）雜誌的創辦人埃德溫・勞倫斯・戈德金（E. L. Godkin），他描述美國富人是「穿著有金屬小裝飾、花邊和褶皺服裝且俗不可耐的鄉巴佬」。這種揮霍浪費讓歷史學家亨利・亞當斯（Henry Adams）很失望：「美國人對金錢的浪費超過之前任何時代的任何人。」他寫道，「他們有意無意地比宮廷貴族更加奢侈。」

這些新的富人在做生意時也一樣，他們更像是古代的武士而非現代的商人。與古代武士唯一不同的是，他們的武器是鐵路、油田和電報線路。傑伊．古爾德、康內留斯．范德比爾特（Cornelius Vanderbilt）、約翰．洛克菲勒，這些工業巨頭在這個國家四處攫取自然資源、壟斷商品價格、欺騙政府，還進行你死我活的爭鬥。為數眾多的百姓在這個過程中被摧毀。根據社會達爾文主義，這些百姓只是因為能力不夠，即便令人惋惜也是自然選擇。這種哲學完全支持了資本主義競爭中對於「萬物皆會滅亡」的呼喊。

這個時代還出現了所謂的「聰明人的道德倫理」。如果某人從其他人手中將國家的基礎設施奪過來，為他辯護時來回重複的理由就是「他是個聰明人」。如果不這麼做，你們期待這個聰明人做什麼呢？變得不聰明嗎？而小投資者則像「被無形之手操控跳舞的木偶」。貧窮的美國人和他們的一些歐洲祖先不同，他們從未想過要打倒富人，他們只是夢想加入富人的行列。而在十九世紀初，股市好像成為他們實現夢想的最佳途徑。舉國上下的農民、寡婦和工薪階層，大家把大量生活積蓄都投入股市。當時冷酷無情的股票操縱者丹尼爾．德魯（Daniel Drew）警告說：「不知內幕而在股市中賭博，就像在朦朧的月光下買牛。」當時沒有證券交易委員會，也沒有對操縱股票行為的種種限制。

---

* Prithee是古用語，pray thee的縮寫，意指「請，求求你」。——譯者注

十九世紀的企業家，起碼有一點是和加茲尼的馬哈茂德等掠奪者一樣：他們之所以擁有國家的資源，不是因為他們生產或賺到這些資源，「而是因為他們占有那些資源」，這是經濟學家托爾斯坦·范伯倫寫下的話。這些強盜資本家之所以成功，一方面因為他們是好的賭徒，另一方面是因為他們沒有道德禁忌，而且沒有強大的個人或機構能制止他們。新手段「被稱為高明的商業戰略，但與平常的聰明方法相比，區別只在於欺騙受害者的熟練程度不同」。事實上，這些新型企業家相互間爾虞我詐的競爭非常激烈，所以他們的運輸和通訊系統推動了其他行業的發展。作家亨利·大衛·梭羅（Henry David Thoreau）寫道：「不是我們行駛在鐵路上，是鐵路行駛在我們身上。」

南北戰爭前夕，八〇%的美國人在鄉村生活和工作，他們的財富大致還是以土地為衡量標準。之後的幾十年間，美國進入工業革命時期，其經濟中心從小型農場和本地企業，發展為大型的銀行業、保險業、製造業和零售業。

伴隨著以移民為主要驅動力的人口增長，鐵路和電報跨越整個大洲，商業發展的規模，大到幾十年前根本不敢想像的地步。金融界開始與大公司聯手，這成為大規模生產籌資的唯一方式。「股份公司」這個資本主義最重大的發明，減輕了每個投資者的債務，比家族合夥制擁有更強的持久性。這種方式為普通人提供了可能的賺錢管道：他們可以對國家未來的繁榮進行賭博，即使沒錢他們也可以借錢下注。只要經濟在持續成長，有一點錢的人就可以賺到更多的錢，而很有錢的人就可以發大財。在南北戰爭後狂熱的半個世紀中，礦物產量增加了兩倍，鐵路總長度增加了三倍，電報線路增加四倍，工業產品的價值增加十五倍。到一九〇〇年時，美國擁有世界上最高的個人生活水準。這是美國資本主義的英雄時代。

霍瑞修・愛爾傑（Horatio Alger）能夠成為當時最受歡迎的作家，絕非偶然。愛爾傑有一百多本寫給男孩子的書，包括《奮鬥與成功》（*Strive and Succeed*）、《名與利》（*Fame and Fortune*）等著作。書中的故事，都是主角向世界要求一個公平的賽場，好讓他在那裡憑藉才華和決心贏得最後的勝利。這種白手起家的傳奇故事增強了美國人的信心，使他們相信個人有能力改變自己的命運。世俗社會的勢利轉了方向，吹噓祖先的富有已不再時尚，時尚的是吹噓祖先的貧窮。然而到十九世紀末，財富的分配比美國歷史上任何時期都更不平等。一八四〇年，美國的百萬富翁不多於二十位。事實上，百萬富翁非常少見，因此印刷品上「百萬富翁」這個詞常用斜體顯示。在五十多年後的一八九二年，百萬富翁已超過四千人。赫蒂・格林就是其中最富有的人之一。

赫蒂・魯濱遜・格林，一八三四年十一月二十一日生於麻薩諸塞州的新伯福（New Bedford），她是家裡的獨生女。如果是現在，她的家庭很可能會被認為有機能障礙。她母親婚前名為阿比．豪蘭（Abby Howland），她祖先是乘坐「五月花號」到美洲的第一批移民。豪蘭家族的好運始於普利茅斯的一頭牛，但家庭的成功則依靠長時間的墾殖、與印第安人的貿易，以及買賣土地與奴隸。一八一一年時，赫蒂的外祖父艾薩克．豪蘭（Isaac Howland）開始涉足有商業風險的行業，不久便在新伯福成立美國最大的捕鯨船隊。雖然豪蘭家族是城市中最富有的，但是他們是虔誠的基督教貴格會（Quaker）會友，在生活上不講究排場和享受。

赫蒂的父親愛德華．羅賓遜（Edward Robinson）也是貴格會會友，這是他和神經衰弱的妻子之間唯一的共同點。精力充沛、盛氣凌人的羅賓遜外號黑鷹，這絕不是在說他態度溫和。在新伯福，人們都說羅賓遜會用力擠壓每一塊錢，恨不得把美元上的鷹都擠到尖叫出來。羅賓遜原本為妻子阿比的父親吉迪恩．豪蘭（Gideon Howland）工作，因為娶了老闆的女兒而平步青雲。他們育有一個女兒，就是赫蒂。兩年後又生下一個男孩，但男孩不幸夭折。阿比從那之後就一直臥床不起，連續患上真實的或想像中的疾病。小赫蒂後來被送走，與外祖父、外祖母、以及姨媽希薇亞．安（Sylvia Ann）一起生活。

赫蒂．格林生長在鯨油生意繁榮的新伯福，這種經歷對她未來在華爾街的爭鬥大有裨益。如果捕鯨船回來時一無所獲，船員就得不到酬勞。如果回程時滿載，船主就會逼迫船員不停地工作，期望他們能棄船而去，從而侵吞他們的那份收益。提到新伯福貴格會的船主時，海軍歷史學家塞繆爾・艾略特・莫里森（Samuel Eliot Morison）寫道：「他們像美國歷史上任何剝削者一樣吝嗇、殘酷和無情。」

赫蒂・格林的外祖父和父親就是莫里森描述的那樣。赫蒂還是小女孩時，就坐在他們的膝蓋上，聽他們讀商業新聞和股市行情。後來，他們視力衰退時，赫蒂就為他們讀這些東西。她沒有幾個同齡的朋友，最親密的夥伴就是家庭成員。雖然當時銀行還不歡迎小客戶，但是她在八歲時還是堅持開了一個自己的帳戶。她唯一的愛好就是騎馬，她會使用側鞍騎乘（女性的特殊騎乘方式），即側身坐在馬背上。對於社會習俗她很少做出讓步，騎馬是例外之一。只要有機會，赫蒂就會隨著外祖父和父親在鯨油工廠中跑來跑去，到辦公室、倉庫、販賣部、帳房和碼頭等地方察看。

赫蒂先是跟一位女家庭教師學習，後來到一家寄宿學校讀了三年。然而她甚至連基本的語法或拼寫都未能掌握。她回憶說：「我被送到一所貴格會的學校，在那裡學會節儉、嚴謹、不浪費、公正，以及讀聖經。」貴格會從來都主張男女平等，所以赫蒂的果斷性格得到了鼓勵而非壓制。

在洛厄爾小姐的波士頓女子私立學校中，她接受過最後兩年的正規教育，在那裡她學跳舞和彈鋼琴——這兩項是公認的上流社會婦女最重要的技能。據說她相當有魅力，有著一雙藍色的眼睛，身材高挑，膚色迷人。一位歷史學家寫道，她還有「高聳而豐滿的胸部」。但是赫蒂一生中都不在意自己的外表，有時甚至長時間不洗澡。她從不穿緊身內衣，冬季就穿男人的內衣，因為更暖和。有一次，赫蒂到紐約參加冬季的社交活動，父親給她一千二百美元去買衣服，她卻拿其中的一千美元買了債券。她一生都對上流社會非常蔑視。赫蒂很早就崇拜金錢。她十三歲時，得知外祖父去世後未在遺囑中留一份錢給自己，她為此遭受沉重的打擊。外祖父的財富由兩個女兒平分，也就是赫蒂的母親和姨媽希薇亞．安。這時赫蒂心裡已經明白，她想擁有豪蘭家族的財富。在之後的幾年中，她一直努力計算，當其餘的三位家庭成員去世後，她能繼承多少財富。一八六〇年，赫蒂的母親阿比在五十一歲去世時並沒有立下遺囑。赫蒂和父親都非常想要擁有阿比的錢，他們最後請一位雙方都信得過的律師進行仲裁。最終，她父親得到十二萬美元的現金，而赫蒂只得到價值八千美元的房地產。

與此同時，由於石油和南北戰爭的緣故，新伯福的生意和財富開始流失。赫蒂的父親見大事不妙，就搬到紐約開始投資航運業。不久後，豪蘭捕鯨公司就破產清算。

赫蒂留在新伯福陪伴生病的姨媽，並開始擔心她將失去對父親的錢財的控制。他父親當時只有五十九歲，仍然很英俊，他可能再次結婚，甚至可能生出一個取代她繼承人位置的小孩。然而羅賓遜沒有再婚，他去世時將大約六百萬美元的資產留給女兒。不過赫蒂控制財富的野心還是受到了阻撓，他父親把遺產交給兩位男性管理人託管。

赫蒂與姨媽住在一起的幾年裡，她們經常為錢發生口角。姨媽花多少錢，就等於赫蒂少繼承多少錢。赫蒂認為希薇亞·安雇用的僕人太多，吃的食物太昂貴，因而不停地嘮叨。希薇亞·安對此不勝其煩，威脅要把赫蒂排除在遺囑之外。這種威脅在當時的分量很重，但是根據現在的稅法，生前完成財產轉移，比死後當作遺產處理更划算。

一八六三年，赫蒂離開新伯福遷居紐約。她參加上流社會的舞會、派對和音樂會。姨媽一八六五年去世後，赫蒂匆匆忙忙趕回新伯福去查看她的遺囑。她又一次聽到令自己失望的消息。希薇亞·安只將二百萬美元資產的一半留給赫蒂，而且這一半資產也存為終生信託的形式，每年只支付約七萬美元。赫蒂立即對這個遺囑提出質疑。她拿出另一份有希薇亞·安簽名的文件，上面寫明赫蒂和希薇亞商定，無論雙方誰先死亡，都會把全部財產留給對方。這場法律糾紛一直持續到一八七〇年，所花費的訴訟費、律師費和專家取證費高達十五萬美元。奧利弗·溫德爾·霍姆斯（Oliver Wendell Holmes）博士做證說，他相信希薇亞·安的簽名是他人模仿其筆跡寫成的。

在這場複雜曲折的訴訟進行期間，當時三十二歲的赫蒂嫁給四十六歲的愛德華·格林

（Edward H. Green）。他是赫蒂的父親在快船運輸生意中的同事。愛德華來自佛蒙特州一個古老且受人尊敬的中等富裕家庭。愛德華個子很高，風度翩翩，會講幾國語言，其中包括中文。他在二十年的時間裡，代表一家美國公司在中國和菲律賓從事茶葉、絲綢和菸草貿易。迎娶赫蒂之時，愛德華·格林的身家約為一百萬美元。愛德華與赫蒂不同，他喜歡花錢。他的生活非常奢侈，光西裝外套就有三十多套。與此同時，赫蒂從所擁有的資產中可得到的收益每天約有一千美元，但她還是每天都穿同樣的衣服。至少在消費習慣方面，很難找到比赫蒂和愛德華更不般配的夫婦。

夫婦兩人婚後的前八年是在倫敦度過。愛德華繼續做貿易，赫蒂則在金融市場中活動。他們生了兩個小孩，一個叫愛德華（通常被稱作內德），還有一個叫希薇亞。在南北戰爭後的幾年裡，面值一美元的政府債券價格下滑到只有四十美分。赫蒂大量購進這樣的美國政府債券。多數投資者認為，他們不會得到全額兌現。赫蒂還購買美國的鐵路股票和債券。在倫敦的某一年，她靠投資就賺取超過一百二十五萬美元。

赫蒂一家人在一八七四年回到美國。當時華爾街剛發生恐慌，鐵路股票損失慘重。而赫蒂·格林正是鐵路股票的大股東。一家四口搬到愛德華的家鄉佛蒙特州貝爾羅斯菲爾斯地區（Bellows Falls）。在那裡，赫蒂的怪癖，尤其是吝嗇行為變得遠近聞名。她與僕人討價還價，與當地商人發生口角，讓女兒穿別人扔掉的衣服。愛德華開始長時間不回家，二人最終分手。赫蒂和她的孩子們搬到布魯克林區一間價格低廉的公寓中。赫蒂把公司的總部設立在曼哈頓的化學國家銀行（Chemical National Bank）。由於她在這家銀行有幾百萬的存款，所以他們提供她一張免費的辦公桌。

十九世紀末，女人是否應該從事商業活動成為激烈爭論的話題。成功的商業活動需要清晰的頭腦，以及將一切建立在理性基礎上的思維方式。女人通常被看作是頭腦糊塗、易激動且易哭的生物。當時一個男人寫道：「很容易想像，當出現經濟恐慌時，幾百個投資股票的女人會做何反應，她們的女性衝動在那一刻會如何爆發……一群女人在那裡涕泗滂沱，頭髮凌亂，歇斯底里地哭喊。」一九一〇年，在一萬三千七百二十九名股票經紀人中，只有二百零七人是女性。無論男女，剛進辦公室工作時的初級職位都是「辦公室男孩」。這說明為什麼會出現那則經典廣告：「招聘——男孩一名，性別不限。」但是，一個男人可能晉升為祕書甚至經理，而女人很可能一直做「男孩」。

在赫蒂．格林的時代，職業婦女通常不是未婚就是已失去配偶。已婚婦女工作，往往意味著她的配偶軟弱無能。無論婚姻狀況如何，中層和上層社會的女性可選擇的職業很少，她們只能做家庭教師或做別人的女伴。遊手好閒是展示地位的方式。經濟學家托爾斯坦．范伯倫寫過，理想的女人要有纖細和柔弱的腰身與四肢。女人具有這些特徵，表示她不能勝任任何工作，因而必須由她的主人來供養。

富有的好處有多大——將女人變成奢侈品。曾幾何時，家庭還是基本的生產單位，男人需要女人採集的漿果，女人也需要男人捕獲的獵物；後來，男人需要女人製作的衣服、肥皂和蠟燭，需要女人釀造的啤酒，以及女人餵養的雞。而隨著生產活動轉移到辦公室和工廠，女人在創造財富的過程中，地位大大下降。她們的勞動以前使人滿意，這時卻被金錢給取代。如果她們試圖進入辦公室和工廠，會被視為競爭者。當時，哈佛大學或哥倫比亞大學的商學院研究生計畫就不接受女性。

一九〇七年，學員全是女性的西蒙斯學院（Simmons College）舉行畢業典禮，卡內基教學發展基金會的主席發表演講時說：「我認為所有女性最好的工作就是……成為一個愛人、一個妻子和一個母親。」然而，婦女在家庭中承擔的工作量一直在下降。一八〇〇到一八八〇年，白人夫婦生育小孩的平均數量從七個下降到四．二四個。在美國，生意的發展漸漸超出家族範圍，家庭合夥的企業越來越少。節儉的法國和荷蘭婦女尚且感覺到自己作為丈夫企業中的一部分，而美國婦女則經常感到自己遠離了賺錢的管道和手段。

對女人來說，籌集資本一直是個難題，因為她們可用作擔保的資金來源寥寥無幾。隨著金融市場越來越正規、嚴格和保守，公司籌資的環境漸漸變得嚴峻起來。蔑視社會傳統並從事商業活動的女性，還是傾向於從事與家庭生活有關的活動，如食品加工、紡織和女裝裁剪。一八九五年有一本為女性出謀劃策的書，《女人如何賺錢》（*How to Make Money Although a Woman*）。一九〇四年出版的書，《未經培訓婦女的一百個賺錢新招》（*100 New Money Making Plans for Untrained Women*），書中建議的工作包括「修理小擺設、小玩意兒」，教導「談話技巧」以及「照顧病殘兒童」。如果女人賺到錢，她們應當將錢存起來。「最重要的一條就是——存錢。」一八九三年的《美國婦女實用就業指南》這樣建議。「每週賺十美元同時花十美元等於未賺錢。」女性繼承的錢財常常是以信託基金的形式存在，這些信託基金往往被用穩妥的方式管理。

隨著美國的擴張和繁榮，大機構對人力的需求越來越多，尤其是銀行業、保險公司和政府部門。辦公室變得越來越複雜，有更多事務性和管理類的助理工作需要人來做。一八八〇年，參與文書和祕書工作的婦女有六千六百人；到了一九〇〇年，這一數字一躍超過二十萬人。人們一般認為女性更加溫順服貼。由於女性通常對工作的期望不會很高，所以她們不太會因為地位和工資低而抱怨。女性的收入往往與她結婚的可能性成反比。一個單身女性的工資足以養活她自己，但是不足以吸引她脫離家庭生活一個人過。

一旦女性走出家門進入職場，她們得到的建議常常是：要俯首帖耳、低聲下氣、謙虛謹慎。卡內基基金會的亨利・史密斯・普里切特（Henry Smith Pritchett）說：「有一句法國諺語說，『聰明人是那些將自己的聰明隱藏起來的人』。」

> 在幾種最適合有教養的女性的職業中，誰能夠隱藏自己的聰明，誰願意默默無聞地做大量工作，誰願意不露聲色地控制權力，誰願意參與有重大影響的工作而不聲張，誰就能夠獲得重大成功……很多女祕書手中掌握的實際權力，遠大於很多經常在報紙上拋頭露面的男人，然而她們能聰明地完成工作，而且不顯山不露水。

這些描述顯然不適用於赫蒂・格林，她的競爭對手都是十九世紀無政府狀態下的金融市場中寡廉鮮恥的男人。股票交易所裡都是些反覆無常的交易者，損人和利己是他們的快樂源泉。由於沒有規範，交易者和投資者就像沒有父母管教的孩子，肆無忌憚地搶奪東西。沒人敢站出來制止他們，因為他們掌握著能讓經濟繁榮的動力。他們透過操縱股票價格爾虞我詐，就像盲目熱情的野蠻人。「一個人在股票交易所被掠奪，就像在戰爭中被看不見的對手殺死。」當時的公司要籌資可說是輕而易舉：只需發行更多股票就行。「這種行為讓企業都成為空架子，稍有風吹草動就會垮台。」

十九世紀中期，紐約股市開始流行「活期拆借貸款」和「保證金貸款」，也就是對股票抵押品的貸款。市場中操縱和囤積股票的情況本來就非常嚴重，而活期拆借貸款進一步提升了股市的波動性。「囤積」的目的就是占有某種商品的所有股票，然後再以高價賣出。完美的囤積會讓那些「期望稍後以低價購回股票」的賣空者遭到滅頂之災。赫蒂．格林就曾用這種辦法，使著名的股票交易人艾迪生．柯馬克（Addison Cammack）陷入困境。柯馬克得到內幕消息，知道路易斯維爾和納什維爾鐵路公司即將削減股票分紅。由於預料到這支股票價格會下降，他便開始賣空。果不其然，分紅降低，股價下跌。但是柯馬克發現，他已無處去購買賣空出去的股票，這支股票全落到赫蒂．格林的手中。他對一位財經記者說：「我當時就在一個屠宰場裡，渾身上下都在噴血。」為了拿到赫蒂．格林的股票，柯馬克親手送給她一張支票，這讓她一次就賺到四十萬美元。

借助腐敗的報刊媒體，傑伊．古爾德之類的精明股票操縱者，可以摧毀整個銀行，有時甚至能導致全面的恐慌。「華爾街的恐慌往往如晴天霹靂，即使頭腦敏銳的人也看不明白，即使天才也無法逃避。」

赫蒂．格林利用股市恐慌大發橫財。她不但不賣出股票，而且她從來不用保證金購買股票，因此她手中總是握著大量的現金。她在股市恐慌之時四處購買股票。在一八九〇年的金融恐慌中，她等股市到達最低點後，就開始大量買入鐵路股票。她總是躲在幕後，儘量靜悄悄地進行交易。她後來解釋說：「我看到好東西因為沒人想要而變得便宜，就會大量買進，將它們藏起來。時機來臨時，人們就會追著我，高價購買我持有的股票。」她說，在一九〇七年的股市恐慌中，「華爾街有些實力雄厚的人來找我，想賣掉各式各樣的東西，從豪華住宅到汽車，應有盡有」。赫蒂．格林這樣的投資者被稱為「恐慌時期的鳥兒」。但是安德魯．卡內基曾說：「在恐慌時期擁有金錢的人，是明智且重要的公民。」

赫蒂．格林最樂於投資的領域是鐵路和房地產。這兩個領域也是十九世紀最受歡迎的兩個金融投資方向。之前追逐海運業的資金轉移到了鐵路方面。赫蒂．格林以威斯敏斯特公司（Westminster Company）和溫德姆投資公司（Windham Realization Company）的名義進行操作。她保守地進行長期投資，從不讓自己的投資回報率偏離六%太遠。在這方面，赫蒂．格林代表了她那個時代典型的女性投資人。她們鍾愛的投資標的是房地產抵押，透過貸款和建築聯合會以及保險公司完成交易。

赫蒂大部分的工作都是在化學國家銀行的石質地板上完成，周圍是大皮箱和手提箱。在她研究財經消息時，不斷有銀行家、經紀人和其他有事相求的人前來拜訪，求她提供意見或金錢——後一種情況往往發生得更多。她每個晚上只睡短短的幾小時，對事物幾乎是過目不忘。她很少使用自己的私人辦公室，寧願四處溜搭聽取各種消息，化學國家銀行容忍她的這種做法。事實上，任何明智的銀行都會這麼做。她的存款對銀行來說意味著幾十萬美元的利息。她開始將自己的許多衣服放在銀行裡。她離開城市時還會把其他財物存在銀行，回來後再取走。

她最早的投資之一，是林斯敦和德克薩斯中心幹線之間九十三公里長的鐵路支線。這條支線占有二十七．七萬英畝的土地，總價格為一百三十七．五萬美元。在那個時候，美國鐵路系統包含了很多不長的鐵軌，它們不經意間地將全國的城市連結起來。把這些鐵軌連接起來形成橫跨整個大洲的道路，將是那個時代最大的商業成就。然而赫蒂．格林的鐵路成為她和科里斯．亨廷頓（Collis P. Huntington）爭搶的「肉骨頭」。亨廷頓是一個貪婪的壟斷者，擁有赫蒂．格林周圍的南太平洋幹線。他們之間的長期訴訟使雙方都損失慘重，但是赫蒂熱衷於進行決戰。一八九九年，她得知亨廷頓正從某銀行大筆舉債，而且在拖欠一些債款。赫蒂就開始往那家銀行存入大筆的錢，與此同時，亨廷頓繼續從那裡貸款。有一天，她到銀行，要求馬上提走自己所存的一百六十萬美元。銀行連忙派人到亨廷頓的辦公室，收回剛給他的貸款。他被弄得幾乎破產。

赫蒂的地產投資組合包括分布在辛辛那提、丹佛、聖路易斯，以及芝加哥的幾百處土地。而芝加哥是當時美國的鐵路中心。一八八五到一九〇〇年，赫蒂在芝加哥擁有超過一七〇〇萬美元的房地產，包括辦公樓、商店、工廠以及未開發的土地。在芝加哥世界博覽會之後，她買下很多因房地產價值縮水而低價出售的不動產。這座城市的發展非常之快，聰明的投資者根本不必銷售或改進他們持有的資產。一八三〇年時，一個人用二十美元就可以在芝加哥市中心買到四分之一英畝的土地。而到了一八九四年，同樣一塊土地價值一百二十五萬美元。

某天，赫蒂在辛辛那提擁有的兩項抵押財產中，她因出售其中一塊地產而獲得巨額利潤，於是購進郊區八百英畝農田，並請人畫了一張像，同時接受一家報紙的採訪。一九〇〇年她對一個記者說：「我一天內最多賺過二十萬美元。」據說在她去世時，她擁有的地產就超過七千處。

一九〇五年，她以四%的利息借給紐約市四百五十萬美元，比當時的銀行利率低一個百分點。如果沒有管理費用，她幾乎總是很樂意「稍微下調」當前的貨幣價格。紐約市的一位前審計官回憶說：「她擁有我見過的最好的金融頭腦。」保守估計，赫蒂．格林在一九〇〇年的收入是七百萬美元，而當時美國的人均年收入是四百九十美元。

但是赫蒂·格林從不喜歡花錢，這讓她在同性之間變得與眾不同。就金錢與性別的關係而言，大家一般認為，女人把金錢看成可以換回物品的東西，而男人看重金錢的支配力量。「女人想要有足夠的錢，好讓她和家庭能生活得更舒適，或讓她過上奢侈的生活。不過一旦達到那種富裕的程度，她們通常就不再追求更多。和女人不同，很多男人即使累積了花不完的錢，他們還是會孜孜不倦地賺錢。」以這種觀點衡量，赫蒂·格林更像男人而非女人，然而也許很多其他女性更像男人。十九世紀的社會改革家桃樂西亞·迪克斯（Dorothea Dix）提到：「剝去所有華麗、詩意和浪漫的裝飾，就會暴露出多少世代的真相——就是每位女性心中都極其渴望經濟獨立。」

無論是男是女，不太花錢的富人總會招致同時代人的懷疑。他們被指責為小氣鬼、守財奴、吝嗇鬼和鐵公雞。二十世紀末《富比士》（*Forbes*）雜誌宣稱，「從性格上來說，吝嗇鬼往往委屈而憂鬱，永遠懷著懊惱的心情看待世界。」

二十世紀的運輸業巨頭丹尼爾·路德維希（Daniel Ludwig）曾是世界上最富有的人，但是他對自己的錢一直小心翼翼。直到一九九二年他去世時，他在康乃狄克州達里安的隔壁鄰居還是無法記起他的模樣。路德維希步行到辦公室，坐飛機選擇經濟艙，只有一輛老爺車。一九八六年出版了一本關於他的傳記，書名為《默默無聞的億萬富翁》（*The Invisible*

Billionaire）。名下有二百億美元的山姆．沃爾頓（Sam Walton，知名零售商沃爾瑪的創始人），他開福特敞篷小貨車，在弗雷德山胡桃酒店（Fred's Hickory Inn）之類的一般地方用餐。有一次，一位侍者正想為全球知名投資人華倫．巴菲特（Warren Buffett）倒一杯昂貴的葡萄酒，巴菲特用手蓋住自己的酒杯說：「謝謝，不用了，我要買單了。」演員卡萊．葛倫（Cary Grant）是好萊塢有名的小氣鬼，他的外號是「鐵公雞」。前紐約市長菲奧雷洛．拉瓜迪亞（Fiorello La Guardia）稱節儉的企業家羅素．薩奇（Russell Sage）為，「有史以來最小氣的吝嗇鬼之一」。

除了商業領域，赫蒂．格林在生活的其他方面都不太成功。雖然她沒有和愛德華離婚，不過他們分手後就未曾再一起生活。愛德華．格林喜歡在股市拚殺，在輸得身無分文後，他憑藉赫蒂的聲望獲取貸款。赫蒂幾次幫他保釋出來，但是他數次違背她的意願，所以赫蒂最終只提供少量的補貼給他。愛德華．格林死於一九〇二年。《波士頓先驅報》的報導是：「世界上最富有的女人赫蒂．格林的丈夫愛德華．格林，於今早死於格林家族的老宅中。」

赫蒂的兒子內德在十四歲時因乘雪橇出事而膝蓋脫臼。赫蒂替他敷膏藥，好言安慰。四年後，內德再次嚴重傷及膝蓋，需要進行治療。赫蒂和內德穿上二手衣服，在曼哈頓和布魯克林四處尋找免費診所，期望能得到免費治療。但是人們大多認識赫蒂，幾天後她向隔壁的醫生諮詢病情，醫生建議膝蓋以下截肢。內德和赫蒂都不聽醫生的意見，結果傷口出現腐爛跡象。最終，內德在一八八七年做了截肢，把那條傷腿埋在格林家族在貝爾羅斯菲爾斯的墓地。內德在匹茲堡裝上一個軟木假肢。那裡的工廠和礦山經常發生事故，後來成為義肢和義眼的生產中心。內德畢業於紐約的福坦莫大學（Fordham University），在母親的要求下，他答應二十年之內不結婚。他投身於家族的生意，監管母親的一部分投資。但是一旦負債要尋求母親的幫助時，她總是發電報回他說：「一分錢也沒有。」有一次，赫蒂的女兒希薇亞被法院詢問，她的哥哥某段時間在哪裡生活。希薇亞回答說：「與我母親在一起生活——如果那也算是生活的話。」

在赫蒂．格林的時代，富有的婦女們經常到歐洲進行「遊學旅行」。她們從祖先所在的大洲上汲取文化養分，並將有頭銜的男人帶回家，讓他們與自己的女兒們聯姻。這是一種用財富交換地位的行為，類似企業合併。鐵路巨擘或肉品加工廠主會把女兒嫁給公爵或伯爵，以幫助自己得到社會認可。從一八七四年到一九〇九年，大約有五百名美國年輕女性嫁給有爵位的歐洲人。這些婚約的結果就是約二・二億美元轉手出去。紐約望族的格拉迪斯・范德比爾特（Gladys Vanderbilt）與匈牙利伯爵的聯姻，就花費了家裡一千二百萬美元；傑伊・古爾德的女兒安娜與義大利伯爵聯姻破裂之前，就花了幾百萬美元。當被問及如何在十年間花掉這麼多錢時，這位伯爵回答說：「用在我的日常開支、我的城堡、我的宮殿、我的室內裝飾、我的參賽馬匹、我的遊艇、我的旅行費用、我的政治事業、我的慈善行動、我的慶祝活動、我妻子的珠寶和借給朋友的借款。」

赫蒂的女兒希薇亞陸陸續續接觸過西班牙公爵、英國伯爵、德國伯爵。赫蒂．格林曾這樣描述最後的這位德國伯爵：「我覺得他不像是伯爵，更像是討價還價的小販。」最終希薇亞與馬修．阿斯特．威爾克斯（Matthew Astor Wilks）確立了聯姻關係，他是約翰．雅各．阿斯特的孫子，比希薇亞大二十五歲，靠股利生活。赫蒂在得知威爾克斯有自己的財產後，就極力推動這樁婚姻，雖然她曾經稱威爾克斯是「患有痛風的老男人」。希薇亞和威爾克斯於一九〇九年成婚，婚前他簽訂了一份協議，保證不會索要他妻子家族的任何財富。

赫蒂．格林在哈德遜河兩岸搬來搬去，從寄宿公寓搬到公寓旅館，再搬到廉價公寓。她從未在一個地方停留很長的時間，哪裡都無法被稱作是她的家。有時她那隻名叫杜威的斯凱犬會成為房地產的主人，或成為房產的出租人。即使是最親近的親戚，也總是無法知道她的確切住址。她之所以居無定所，一方面是因為她多疑，另一方面是因為她不想向紐約州納稅。一八九五年，她帶著兩位律師和兩名速記員，去找紐約的稅務官員，抗議紐約市對她的個人資產做出一百五十萬美元的估價，因為這代表她將上繳三萬美元的稅款。赫蒂．格林從前一夜住過的旅館退房後說：「我不知道今天該去哪過夜。」一位代替她處理稅務糾紛的律師說：「她總是十分有趣，即使在讓人生氣時也是如此。」

在她去世的前三年，美國憲法第十六條修正案被批准，它允許聯邦政府對個人和公司徵稅。在辯論為何應該要徵收聯邦所得稅時，前美國國務卿威廉·詹寧斯·布萊恩（William Jennings Bryan）就曾以赫蒂·格林作為論據。他說，雖然赫蒂·格林擁有三百萬美元的收入，但是她對社會的貢獻還不如每年收入五百美元的工人。

如果委婉一點講，新稅收體制的執行並不順利。很多眾所周知的商人，他們透過房地產、銀行、保險公司大發橫財，卻都信誓旦旦說他們沒有私人財富。若有必要藉由發假誓來逃避稅款，他們會毫不猶豫地發誓。沒有什麼機制可用來追蹤和評估他們的資產。一九二五年九月，《紐約時報》刊登了很多富人的名字，以及他們前一年繳納的所得稅數目。在第二年要披露這類數字之前，規定將這些資料公諸於眾的法律被撤銷。美國記者費迪南德·倫德伯格（Ferdinand Lundberg）寫道：「可以肯定，如果每年一成不變地重複評估個人擁有的巨額資產，公眾的痛苦無疑將大大加劇。」

晚年時，赫蒂·格林越來越相信她父親和姨媽都是被謀殺的，而且她的親戚們還在密謀殺害她。一八九一年，她的好友、吝嗇的百萬富翁羅素·塞奇被一個搶劫犯射殺後，她的這種偏執心理就越發嚴重。赫蒂聲稱自己也害怕遭搶劫，因此申請許可攜帶槍支。自那之後，一把小口徑左輪手槍成了她放在手提包中的貼身物品。但是當有人問她為什麼帶槍時，她的回答是「主要是為了防止律師危害我」。

哪裡有財富，哪裡就有官司，赫蒂．格林就深深糾纏在幾個州的訴訟中，要麼作為原告要麼作為被告。有一樁官司打到最高法院，牽涉到五個州，開了法律訴訟的先例。她蔑視從事法律工作的人，從不錯過任何一個能當眾侮辱律師的機會。她說：「每次有律師靠近我時，我都想嘔吐。」在結束一次訴訟之後，她說：「我寧可讓自己的女兒在火刑柱上被燒死，也不願讓她承受我與律師打交道時經歷的痛苦。」幫她打官司的律師為了從她手中拿到律師費，經常要雇用其他律師。「不行！」有一次她在家裡對前來幫另一位律師討錢的人說。「哈爾丹（Haldane）每次在街上碰到我時，連行脫帽禮都要收費。」她對法官也沒什麼好感。「我年輕的法官大人，」她對負責審理案件的人講，「你不明白這個案件。我解釋給你聽。」

有一次，一家保險公司不小心為屬於赫蒂．格林的一處房產支付了稅單。保險公司的管理人員發現自己的錯誤後，他們要求赫蒂支付一千一百零五美元的賠償。她予以拒絕，所以他們對她提起訴訟。經過幾天的訴訟，法官判決赫蒂．格林不必承擔退還稅款的義務。法官說，無論存在什麼義務，那都是道德範疇的事。赫蒂對自己的律師說：「我將承擔起不退款的道德責任。」

赫蒂．格林也不是完全排斥奢侈生活，她做出的妥協之一就是搭火車時坐私人車廂。從十九世紀七〇年代開始，私人火車車廂就成為財富的象徵，就像今天的私人飛機一樣。傑伊．古爾德由於患有潰瘍，必須喝大量牛奶，所以他旅行時會帶上一頭純種奶牛。赫蒂的兒子內德委託工程師喬治．普爾曼（George Pullman）親自為他設計私人車廂，裡面包括三個高級包廂、四間廁所、一個餐廳、一個廚房和一個辦公室，造價約七．五萬美元。

赫蒂在一九〇八年立下遺囑，用她律師的話說，「肥水一點都不外流」。她的資產包括藍籌股、鐵路債券、約二千萬美元的現金，以及其他財產。她沒有捐給慈善機構一分錢。雖然多數人對此頗有微詞，但鋼鐵大王安德魯．卡內基相信，死後捐出財物並非明智之舉，因為這樣做「給人一種不好的印象，讓人覺得如果捐獻者能將財富帶走，他們根本就不會把錢留下」。赫蒂將她所有的財富都留給兩名子女。

一九一六年初，赫蒂出席一個社會名流的招待會，結果與那裡的廚師發生口角，並出現中風症狀。在後來的幾個月中，她又中風了五六次，最後在七月三日死在位於曼哈頓西十九街的寓所裡。

紐約州、新澤西州和佛蒙特州馬上對赫蒂的財產展開爭奪，官司一直打到最高法院。她的兒子和女兒最後宣稱，赫蒂是佛蒙特州的公民。當母親的控制終於解除之後，內德開始大把揮霍她的財富。內德買了很多東西送給在一起二十四年的情婦，其中之一就是價值五萬美元的鑲滿鑽石的貞操帶。

如果赫蒂·格林在二〇〇〇年的華爾街漫步，她可能會感到很驚訝，有那麼多女性透過金融市場做交易和投資而賺取大筆財富。但同時她可能會很詫異，因為人們仍舊認為在這種高風險的遊戲中，女性投資者缺乏足以擊敗男人的靈活頭腦和堅強性格。赫蒂·格林會反駁這種觀點。她曾經說過：「致富沒有祕訣，你需要做的只是低買高賣、節儉、精明，以及堅持不懈。」

Chapter 10

科技帝國的創立者——

比爾・蓋茲

Bill Gates

（西元一九五五年～）

一個非常富有的人第一次到心理醫生的診所做諮詢，他嘆口氣說：「我擁有一個人能夠擁有的一切：賢慧的妻子、孩子、健康、四間房子、僕人、我自己的葡萄園、曾是雜技演員的年輕女朋友……」

「親愛的，」醫生打斷他說，「那你應該非常幸福。」

「幸福，幸福，」病人喃喃地說，「什麼是幸福？能換成錢嗎？」

二十世紀的美國，財富取代神祇、軍隊和家庭，成為社會確定和頌揚其價值的聖壇。比爾·蓋茲成了這個社會的神。蓋茲既不是戰鬥英雄也不是君主，既不是運動員也不是總統，但他名揚天下、備受尊重，因為他賺的錢超過世上的任何一個人。

在西元後第三個千年到來之際，蓋茲正好可以作為西方經濟繁榮的典型範本。他從事技術領域的工作，而技術實際上已滲透到全球的各行各業。產品和資訊在全球以驚人的速度流動。參與工作、投資和消費的人口越來越多，他們受的教育也越來越好。美國的商店每天從巴黎進口麵包；新鮮的番茄來自荷蘭；你只需以市內電話費的價格，就可以往紐西蘭傳送即時訊息。到二十世紀末，世界已經成為媒體理論家馬素·麥克魯漢幾十年前所預言的地球村。對於許多人來說，買賣東西從未像現在如此方便。由於生產率提高、政策寬鬆和科技的進步，美國的財富迅速增長。

美國建國後的第一個百年中，致富的途徑少之又少，大家的注意力都集中在擁有土地上。但經歷十九世紀晚期的工業革命後，許多新的致富之道應運而生，例如剛起步的鋼鐵、鐵路、電報、石油和化工行業。到二十世紀下半葉時，人們能夠致富的方法好像是無窮無盡的。在二十世紀繁榮的行業很多，人們都可從中發財，包括銷售房地產、保險、娛樂產品、汽車、衣服、食物、家具、家用電器、化妝品、藝術品等，不一而足。隨著技術的進步和經濟規模的擴大，食品和燃料的成本穩定下降，貨物運輸成本更低，效率也更高，人口成倍增長，但西方國家生產率的提高速度甚至比人口增長的速度還快。在美國，原本為道德所不容的借錢消費成了司空見慣的現象。這麼多人手中有如此多錢，沒有必要完全占據一個人或一個社會的所有財富，只需從每個人身上榨取一小部分財富就夠了。在麥當勞吃上一頓只需要幾美元，但如果能銷售上百萬份這種產品，有些人就會變得非常富有。

在美國日益多樣且多變的文化中，人們開始越來越欣賞自己以及鄰居的新價值觀。這些價值觀不同於他們在某個社會已扎根四、五個世代的家族觀念。以前，他們的姓氏、家族精神和社會關係決定階級權力，但是民主和資本主義的理想推動了抱持平等意識的菁英階層理念，一個人的社會地位，更常與這個人擁有的貨幣價值有關聯。實際上，財產就是一個人的價值。哲學家喬治・桑塔亞那（George Santayana）指出，在科學、技術和思想領域，美國人更樂於談論數量而不是品質。

確實如此，最初的美國富人基本上都是透過購買大量產品和服務來展現其地位。這些產品和服務包括巨大的房屋、幾十輛轎車、像遠洋客輪那麼大的遊艇、極盡奢侈的假期、十八美元一磅的鴕鳥臘腸和價值一千五百美元的香醋。儘管這種生活水準史無前例，不過許多政治運動仍在呼籲減稅。擁有一切還不夠，人們必須擁有更多。桑塔亞那認為，諷刺的是美國人對財富的滿足感比歐洲人還弱，因為美國人的財富常常以貨幣形式出現，而貨幣流動性很強，使得貨幣持有者對它感覺冷漠。

而且，富有的美國人處於一個前所未有的位置。他們看到象徵財富的東西被廣泛、快速地複製，以至於這些象徵物很快就失去了作為地位符號的價值。在過去的幾個世紀裡，擁有珍稀物品會讓人自然聯想到優越的地位。但是在二十世紀，富人的數量呈現爆炸式成長，他們自身也出現「貶值」。在十八世紀的英國，人們嘗試走向越來越極端的時裝業，幾位有頭有臉的紳士開始關心適合自己的「款式」。現在，每個人都能負擔得起為自己量身裁衣。辨識衣服貴賤的唯一方法就是看標籤。二十世紀的歷史學家雷・金格（Ray Ginger）曾寫道：「美國的國民進入了飛馳狀態，在人類不曾涉足過的領域馳騁，沒有用來規範他們的傳統，沒有用作路標的遠見卓識，沒有休息調整的港灣，沒有墳墓之外的終點，沒有財富之外的目標，而財富又永遠無法使他們滿足。」

二十世紀最能代表時代的人物莫過於威廉・亨利・蓋茲三世（William Henry Gates Ⅲ）。他是世界上最大的個人電腦軟體製造商微軟公司的聯合創始人兼總裁。實際上，比爾・蓋茲應該算是有史以來最富有的人，但是我們無法完全肯定地這麼說，因為早期的財富經常是隱藏起來的，或者無法用當今的標準來進行衡量。即便如此，根據在二十世紀末的估算，蓋茲的個人財富僅次於法國皇帝拿破崙・波拿巴（Napoleon Bonaparte）。拿破崙擁有大量戰利品，其中包括西方國家大多數的偉大藝術珍品。但是在這次的評估之後，微軟公司的股票還在繼續上漲，這可能會使比爾・蓋茲在財富方面超過拿破崙，雖然在權力或領袖魅力方面無法比較。然而，正如一位經濟學家所說：「拿破崙是有很多錢，但他無法飛越大西洋。」

比爾・蓋茲的致富之路與二十世紀的很多人相同。他理解，只需得到每個人的一點點錢就能變得非常富有。到二十世紀末，在世界市場中有六十億潛在的消費者，與他們當中的多數人都可以迅速且有效地產生關連。中國的大門在二十世紀晚期打開，當時蘇聯的很多地區亦是如此。即使在世界的貧困地區，例如非洲、南美和印度，人們也能買得起可口可樂或一管牙膏。美國帶領全世界走向富裕，同時向全世界推銷其口味和趣味。僅在一百年前，想跨越美國東海岸和西海岸去旅行，仍然是一個需要花費幾週時間的艱苦旅程，現在，聯邦快遞已能承諾將郵件迅速投遞到地球上任何一個人手中。

想要列出人類歷史上過去一千年中，甚至是過去一百年中最富有的人，都是一種有趣但沒有希望的嘗試。要對人們的財產進行量化一直非常困難，對跨越幾千年的財富進行比較更是不可能的事。成吉思汗的五百萬平方英里土地，如何與比爾·蓋茲在微軟的股票進行比較？單是一種商品，例如曼薩·穆薩的黃金屋，在不同時代就有不同的價值。如果一個人的財富與股市、油田或豬肉緊密相連，那麼這個人的財富價值就會每天、甚至每分鐘都處於波動之中。更何況，富人一般不會輕易暴露自己的財富。即使他們樂於顯露出來，那些幾十年未進入市場的藝術品、珠寶和房產的價值又該如何估算？累積有大量富人資料的《富比士》雜誌都承認，要在一個長時期內比較個人財富，「你可以用這些數字支持任何你想得出的結論」。

如果瀏覽一些美國關於最富有的人的書籍、影視作品和網站，你會發現財富的衡量其實是不可靠的，通常要看觀察者是出於什麼角度去考量。例如，我們可以看到以下標題的作品：《安德魯·卡內基：世界上最富有的人》（*Andrew Carnegie：The Richest Man in the*

World）、《杜邦家族：美國最富有的家族》（*The DuPonts: America's Richest Family*）、《瓊・保羅・格蒂：最富有的美國人》（*J. Paul Getty: The Richest American*）、《梅隆家族：美國歷史上最富有的家族》（*The Mellons: The Chronicle of America's Richest Family*）、《山姆・沃爾頓：美國最大富翁的內幕故事》（*Sam Walton: The Inside Story of America's Richest Man*）以及《比爾・蓋茲：世界上最富有的人》（*Bill Gates, the Richest Mortal in the World*）。

一提到消費者物價指數，很多人就昏昏欲睡，但是作為跨時期衡量財富的標準，這還是值得花時間進行簡要解釋。美國聯邦政府從一八〇〇年開始就一直在匯總計算消費者物價指數，或稱CPI。藉由比較不同時間點的貨幣對於基本消費品的購買力，消費者物價指數能告訴我們，十九世紀初的一美元在今天相當於多少錢。例如，十九世紀年收入三千美元相當於現在年收入五萬美元。如作家約翰・斯蒂爾・戈登（John Steele Gordon）所指出的，這樣的收入在當時能讓一家六口生活在一間大房子裡，並且雇用五名僕人服侍。可是到了今天，在美國的多數地區，這筆錢卻只能為一間中等的房屋付頭期款。僅在一個世紀之前，食品消費占去一個人年收入的一半以上。雇用洗衣女工曾經比用洗衣機更便宜。在過去的二百五十年中，日常生活的改變超過了之前七百五十年時間裡的變化。富人的生活亦是如此。現今，這種社會和經濟變化發生得更加迅速：現在的電腦與五年前的電腦相比已是大相逕庭。

衡量新舊財富的另一種方法，就是與當時的國民生產總值進行比較。美國的國民生產總值數字可追溯至十九世紀中期，但在一九二九年之前都屬於有根據的推測。這種方法及其他類似的方法都無法適用於全球。畢竟，加茲尼的馬哈茂德和成吉思汗都擁有他們整個王國的產出。

根據國民生產總值比例的標準，死於一九三七年的石油大王約翰・洛克菲勒是美國歷史上最富有的人。他的淨資產在最高峰時大約相當於美國年收入的二%。死於一九一九年、熱衷慈善事業的鋼鐵大王安德魯・卡內基，可算作美國第二富有的人，他的資產在國民生產總值中的比重與洛克菲勒不相上下。相比之下，比爾・蓋茲的淨資產還不到國民生產總值的一%。現在美國的經濟收入總量已達到幾兆美元，所以任何個人都難以占有其中的顯著比例。這個事實同時意味著，比爾・蓋茲可能永遠無法獲得洛克菲勒和卡內基在事業巔峰時擁有的權力。

跨時代衡量財富的第三種方法，是比較最富有的人和普通國民的收入比例。根據這種計算方法，比爾・蓋茲與城市中一個普通男女相比，收入差距在歷史上可能是最大的。根據在一九九七年所做的計算，比爾・蓋茲購買價值二十五萬美元的藍寶堅尼跑車（Lamborghini），相當於一個普通的美國人花六十三美分買一樣東西。但是，這種差距是否大於馬哈茂德或成吉思汗與他們的國民的差距，那就不得而知。在這種計算中，如何把大象或翠鳥羽毛算進去？在沒有貨幣的社會中如何計算收入或購買力呢？

一九九九年，比爾·蓋茲的淨資產突破一千億美元大關。雖然二十世紀的花錢管道幾乎是無限的，但比爾·蓋茲達到了現代消費的極限。他已沒辦法將每天獲得的錢花光。他在西雅圖附近修建占地四千平方公尺的豪宅，裡面充滿科技奇蹟。例如，在他的車裡就能輸入指令：往浴缸中放水，並且隨意調節水溫和深度。他乘坐私人火車去度假。他擁有私人飛機和一個車隊的跑車。什麼是比爾·蓋茲想擁有卻沒有的？很難想像，有什麼是蓋茲現在無法購買但一〇〇年後能買到的東西——城市？海洋？月球？經濟學家威爾弗雷德·貝克曼（Wilfred Beckerman）寫道：「在美國這種經濟體中，閒暇僅僅屬於道德範疇的問題。在不久的將來，創造有效需求……吸納生產能力，將在不久的未來成為慢性病。」

比爾·蓋茲成為二十世紀末美國的文化英雄，還有另外一方面的證據。就是美國的工人階級好像對他並不反感，不像對早期的億萬富翁那樣。原因可能在於，他們自己的生活水準得到了提升。雖然他們的生活沒有持續改善，卻遠遠超過他們移民過來的祖先。他們的祖先當初租廉價公寓，每週工作六天，很多人甚至還要親手埋葬自己的子女。早期的百萬富翁很害怕勞工暴動，以及工人階級的理性革命行動。相比之下，比爾·蓋茲在西雅圖附近的微軟總部中備受愛戴，而且受到美國夢的宣傳者和追隨者的極力擁護。

小比爾・蓋茲降臨世界之時，二十世紀上半葉剛剛過去。當時多數美國人對發生不久的經濟危機記憶猶新。費迪南德・倫德伯格估計，一九一四年有七千五百位百萬富翁，而到一九二九年時這個數字增加了不止五倍，達到三萬八千八百八十九位。但就在那一年，幾乎一夜之間，股市狂瀉，三百億美元人間蒸發。美國企業元氣大傷，很快成為國家的替罪羊。大蕭條使個人消費進入一個小心翼翼的時代。富人擔心誇耀財富會誘發群眾革命。漸漸地，富人披起保護的外衣，裝扮成普通的企業人員，在辦公室消磨時光，而非到棕櫚海灘度週末。富人希望被看成與他人一樣，是艱苦勞動的生產者，而不是坐享其成的懶蟲。原來炫耀性的高檔消費是與眾不同的象徵，此時威信和權力是屬於那些親自管理生產活動的人。產業領袖之所以受到欽佩，與原始人懼怕戰士的理由類似，因為他「生性凶猛」，美國歷史學教授約翰・帕特里克・迪金斯（John Patrick Diggins）這麼說。

有幾萬美國人藉由私人公司上市來賺到他們最早的幾百萬美元，比爾・蓋茲就是其中之一。經濟學家萊斯特・瑟羅（Lester Thurow）把這種情況稱為即時財富（instant wealth）。山姆・沃爾頓、麥可・戴爾（Michael Dell）、羅斯・佩羅（Ross Perot）、威廉・惠利特（William Hewlett）、大衛・普克德（David Packard），無論他們的原始理念為何，他們都透過持有公司股票而成為百萬或億萬富翁。全球大型聯合企業將財富的累積推到一個新的水準之上。一九九九年，《富比士》雜誌估計全球有四百六十五位億萬富翁。

大公司的成長也造就出一個新的公司富人階層。他們雖然與比爾．蓋茲等不可同日而語，但仍位於美國一%最富有的人之列。在二十世紀晚期，每個CEO的平均年收入將近六百萬美元，而美國中等家庭的年收入大約為三萬美元。公司管理人員及其家庭，享受著巨額財富帶來的種種好處，而且他們常常根據自己的收入舉債消費。由於這樣的收入需要努力去賺，所以存在著可能的不穩定性，因此經常伴隨著對未來的焦慮。

公司富有階層的很多人試圖隱藏他們的財富。比爾．蓋茲一直拒絕透露或討論他的財富，除非與他的慈善事業有關。實際上，在美國很多非常富有的家族中，其成員都不為公眾所知。為什麼要遮掩？部分是因為他們容易成為他人追蹤的對象，像是職業基金籌集者、綁匪和尋找投資人的老練企業家。美國石油大王瓊．保羅．格蒂說，在他收到的所有信件中，大約有七〇%是「寫信要我寄一些錢給他們……有些人央求，有些人要求，甚至有人是威脅」。比爾．蓋茲也被別人討錢的請求給淹沒。隱私權雖然是一種昂貴的商品，但仍舊能用錢買到，所以常常成為最廉價也最有效的安全形式。當蓋茲一九九四年迎娶梅琳達（Melinda French）時，他預訂了夏威夷拉奈島的每間賓館客房、每輛車和每個宿營地，以及附近毛伊島上的每架直升機。

第二次世界大戰之後，美國人對於金錢已絲毫不存在愧疚心理。毫無疑問致富已成為他們的目標，哪怕不可能達到比爾．蓋茲這種級別。新的信條認為，占有慾是推動經濟成長和所有人生活改善的合理動力，因此得到初露頭角的中產階級的廣泛擁護。此時人們相信財富不是零和遊戲，即一個人的富有不會造成另一人的貧困。那麼如果可能，為什麼不成為富人呢？財富成為對勇氣和運氣的獎賞。人們越來越會做定量的考慮，「哪一種」變成「多少」。勞動報酬更是以薪水和福利的形式來定義。在十九世紀之前，「收入」的概念沒有什麼重要性。衡量人們財富的標準有很多種，例如他們的土地有多大，他們的牲畜有多強壯，他們的田地產出如何。二十世紀的美國要求人們知道自己的收入狀況，對收入的了解成為一種公民義務。人們學會如何將自己的財產轉換成數字——這個唯一的最終衡量標準，然後與他人的結果進行比較。一九九九年，《錢》（*Money*）雜誌的封面標題是「你如何累積金錢」。

二十世紀九〇年代的股市暴漲，很多人一夜暴富，這讓辛辛苦苦謀生的人自我感覺像笨蛋和失敗者。此現象進一步拉大了生產和消費之間的差距。為什麼不能讓每個人都成為百萬富翁？每月一期的《百萬富翁》雜誌出版了「世界能送給你的最好禮物」專刊，其中一個問題令人印象深刻：「你還沒有成為百萬富翁嗎？」旨在賺大錢的投資機會像野草一樣生長蔓延。以前，「如何用十五年時間成為百萬富翁」，可能聽起來像個快速致富的方案。但是隨著美國財富的迅猛增加，十五年已顯得太久。因此出現了以下口號：「十二個月成為百萬富翁」，「五天速成百萬富翁」，以及「馬上成為百萬富翁」。實際上，現在坐在家裡無所事事好像比成為百萬富翁更困難。一則廣告宣傳說：「你能忍受自己不是百萬富翁嗎？」知名保險經紀商貝瑞．凱伊（Barry Kaye）在全國性報紙刊登巨幅廣告呼籲：「賺幾百萬，存幾百萬，給後代留幾百萬！」凱最出名的書是《在富有中離世並免交稅款》（*Die Rich and Tax Free*），讀者可以在書中打電話進行訂購。

即使在二十世紀末，獲得財富也不像股市中的百萬富翁表現的那樣不費吹灰之力。一九八九年，《富比士》雜誌列出四百個最富有的美國人，當中有四〇%的人都是因繼承而得到財富。據分析，百年前的四千位百萬富翁中，只有十八%是透過繼承獲得財富。美國記者馬修．約瑟夫森（Matthew Josephson）寫道：「在霍瑞修．愛爾傑的老套商業傳奇中的勇敢男性，是具有『純粹』企業家精神的衣衫襤褸的農村男孩或報童，這在當今領導者中已是鳳毛麟角。」然而，美國人仍舊相信，任何具備堅定目光的人都擁有商業機會。一九九六年，哥倫比亞廣播公司做的一項民意調查問：「你是否認為在美國出身貧寒的人可以透過努力工作致富？」七十八%的人回答「是」，只有十八%回答「不」。

對彩券中獎者這種因偶然機會驟然暴富的人來說，經過短暫頭暈目眩的狂歡，接下來就會退回之前的幸福水準。「最終，彩券中獎帶來的興奮會自動消退。」心理學家菲利普．布里克曼（**Philip Brickman**）對彩券中獎者和事故受害者進行研究後得出結論，「如果判斷所有事物時，都以過去的經驗為基準，那麼漸漸地，即使最積極的事件也會失去影響力。因為它們自身將被吸收到新的基準中，從而成為以後事件的判斷標準。」其他研究者甚至認為，彩券中獎實際上會帶來更多痛苦而非快樂，因為突然的變化會對人造成巨大壓力。

其他經濟分析者擔心，假設錢越多就會越幸福，美國的相對幸福感理論，會將每個人置於快樂主義的單調論點之下。但是只有在自己得到更多，而他人並未得到更多時，才會有更多的幸福感。如果大家的收入都以同等水準增加，基本上沒人會感到更富有。昨天的奢侈品成為今天的必需品，貧困的定義也就發生了變化。雖然經濟成長好像使社會越來越富裕，但對於身處其中的人們來說，富有仍舊很遙遠，是一個需要不懈追求但永遠也無法達到的目標。

哪裡富有，哪裡就會消費旺盛。世界上從未有人像二十世紀末的美國人那樣，毫無節制地消費。無論消費方式稀奇古怪還是普普通通，人們好像有無窮無盡的理由將錢換成別的東西。實際上，有些人說「四處撒錢」已成為一種新的行為藝術，經濟學家把它命名為「超級消費」。高消費讓有些人感到不安，尤其是明顯存在貧困或機會不均的情況下。英國經濟史學家陶尼寫道：貪求社會（acquisitive society）使某些人確信，除了他們的目標以外沒有其他目標，除了他們的慾望以外沒有其他法則，除了他們認為可取的意見外沒有其他限制。這使個人成為自己的宇宙中心。在過去，封建地主花錢雇家丁來保護自己和展現自己的權力。現在，國家承擔保護公民人身安全的職責，富人不用公開展現他們的力量。他們可以將財富花在自己身上。

沒有了教會、學校、軍隊和家庭這些機構作為支撐，現代社會日益成為以科學為主要支柱的個人主義社會。社會學家賴特・米爾斯寫道，白領社會已成為「個性市場」，每個人都在其中「推銷自己」以取得進步。當然，崇拜粗俗的個人主義有利於賺錢，但卻使花錢具有更多不確定性。花錢不但變得世俗化、成為個人的私事，而且缺乏規劃。這種現象在以前並不存在。

然而，也有另一思想流派認為，關於消費的道德說教，基本上就是清教徒的胡說八道。人類學家瑪麗・道格拉斯（Mary Douglas）認為：「商品是中性的，它們具有社會用途，既可以作為屏障，也可以作為橋梁。」與此見解類似，歷史學家彼得・柏克（Peter Burke）認為，消費是人們為顯得體面而表現自己的一種方式。他指出，實際上有助於展現自我的不單是炫耀性消費，非炫耀性的消費也能傳遞訊息，炫耀性的非消費行為亦是如此。也就是說，我們應避免將炫耀性消費與體面連結在一起。

從貧窮到富有的第一個表現就是壽命的延長。在二十世紀，美國人的平均壽命延長了一倍。這歸功於戰勝傷寒和天花之類的疾病，另一方面則是由於安全程度的提高，換言之就是事故的預防。例如在比爾・蓋茲的房子裡，牆壁和天花板裡面都藏有隱蔽的攝影機，地板上的感應器能追蹤一・五公分之內的每個人。諷刺的是，這種現象與現代標榜的樂觀主義糾纏在一起。現代的樂觀主義幻想，可以透過各種干預永遠避免危機的發生。除了偶爾的乾旱和颶風，意外事件將逐漸消失。但是法國思想家亞歷克西斯・德・托克維爾（Alexis de Tocqueville）在十九世紀就寫到，「擁有優雅生活的人很快就會忘記行動的魅力，進而過分強調其風險，並同時發現，從安逸生活中振奮起來已變得非常困難」。高科技的社會加重了這種傾向，因為人類的生活與季節、地區等自然體系的關聯已越來越少，而人們在很大程度上已變得「只關注眼前」。

關於比爾・蓋茲的記述很多，他的童年和事業軌跡幾乎和他的大名一樣眾人皆知。蓋茲一九五五年出生於西雅圖，在一個信奉新教且支持共和黨的富有家庭長大。他父親是一家「白鞋」階層*的法律事務所的高級合夥人，社會關係廣泛。他母親是一位教師，同時在幾家慈善機構做管理工作。小蓋茲有兩個姐妹。他上小學時非常害羞，父母送他去一位心理醫生那裡接受幫助。「他是個很酷的傢伙。」蓋茲後來回憶說。他們還將他從公立學校轉到一所全是男孩的預科學校，他在那裡以聰明和自負而出名。他整天泡在學校的電腦室裡，後來，他以自己的技術天賦和企業家氣質，創辦一家小公司。他曾對一位年長的朋友說：「如果是我說了算，我會更容易相處一些。」

一九七三年，蓋茲進入哈佛大學。他在那裡玩賭牌遊戲，和來自西雅圖的老朋友保羅・艾倫（Paul Allen），為第一台微型電腦MITS Altair 8800開發一款叫作ＢＡＳＩＣ的程式語言。在二年級時，他從哈佛輟學。一九七五年，他和艾倫創立微軟公司。兩人已經看出，電腦世界的大筆財富在軟體，而非硬體。當時，全世界的微型電腦還不到一百台，蓋茲就立志「讓每個家庭的桌子上都擺著運行微軟公司軟體的電腦」。

蓋茲是那種典型的才華橫溢、意識超前的企業家。他從不在意自己的形象，經常邊講話邊搖擺身體、來回走動、跳來跳去、坐立不安。他思想非常深邃，卻從不顧忌社交禮儀等小細節。他的女朋友們都有相同的產業背景。用時髦的詞語說，蓋茲就是《時代》雜誌說的

＊「白鞋」階層，指屬於上流社會特權階層的傑出人物。源自常春藤聯盟的學生夏天所穿的白色便鞋。——譯者注

「超級書呆子」。他生活在自己的世界中，遵循的是自己制定的規則。二十多歲時，有一次他開車從新墨西哥州的阿爾伯克基到西雅圖，他收到三次超速行駛的罰單，其中兩次還是同一個警察開出。

無論蓋茲是個超級程式工程師，或只是個平庸的機會主義者，他很快就擁有了美國機器的靈魂。而且大家很快就發現，比爾．蓋茲和千年之際的多數富人一樣，無論多麼富有，他都不會停止工作。他的工作就是他的激情之源和他的事業。雖然他有兩個血緣意義上的孩子，但是他的工作永遠是他的第一個孩子。蓋茲曾做過計算，在微軟工作的最初六年時間裡，他平均每年只休假兩天。正如賴特．米爾斯在幾十年前指出的那樣，美國的大富豪多數都不是無所事事的閒人，從來都是如此。比爾．蓋茲說過：「在這個行業，等你認識到麻煩纏身時，就已經來不及自救了。除非一直都小心翼翼，否則你就無法過關……人們低估了資本主義機制會把最成功的公司逼向絕境的效率。」

蓋茲對自己的財富既不誇耀也不揮霍。在很多年裡，搭乘國內航班時他只坐經濟艙，搭乘國際航班時才坐豪華商務艙。他拒絕搭乘豪華轎車去旅行。他曾經說：「我不習慣讓別人等我，或者坐在別人開的車裡轉來轉去。用那種與眾不同的方式生活會非常奇怪。」蓋茲的愛好也相對適度：高爾夫和橋牌。

他對智力做的定義反應出當代生活的節奏。聰明的腦袋意味著能快速地做出反應，而深思熟慮或不緊不慢的節奏並不適合當今的商業社會。比爾・蓋茲告訴《花花公子》雜誌：「聰明就是吸收和掌握新資訊的能力。就是在進入一個新的環境後，別人一介紹完情況，馬上就能問出『這麼做怎麼樣』這種關鍵問題的能力，就是能即時吸收並馬上記在心中的能力，就是能在貌似無連結的領域中，看出實際關聯的能力。」

非常富有的人都會修建寬敞的住所，這或許是無法避免的現象。早期的富人為自己修建城堡或宮殿，但是在上個千年的多數時間裡，人們之間往往住得很遠，所以只有鄰居和過路的旅行者能欣賞到他們的豪宅。大多數農民和工匠都住在簡陋的住所中，沒有什麼家具和裝飾物。現在，就算是公司辦公室裡最普通的職員，如果冬季讓他在金碧輝煌但沒有暖氣且未經打掃的凡爾賽宮住一個月，他也會感到非常痛苦，或許還會染上致命的喉炎。

十九世紀末、二〇世紀初時，美國掀起第一輪修建豪宅的狂潮。新貴們想讓他們的家看上去像歐洲的王宮。為了湊足建豪宅的土地，他們常常一口氣買下十幾個農場。一九一〇年，兩個紐約州長島的豪富為了建設他們的家園，買下四百英畝的土地並推倒六十座建築物。其中一個告訴當地報紙：「我們夷平了諾丁漢村，就是為了能看到我們想擁有的風景。」美國早期的富人想把房屋建在高地上，以供大家觀賞和羨慕。比爾・蓋茲將住所建在山坡上，則是為了保護自己的隱私。

炫耀住宅的頂峰之作位於加利福尼亞州的聖西蒙，那裡的赫斯特城堡占地超過二千四百五十坪，有一百六十五個房間。這個住宅如此之大，導致家族成員想把它賣出去都賣不掉。美國最大的私人住宅，仍然是喬治．范德比爾特（George Vanderbilt）在北卡羅來納州阿什維爾附近的豪宅。它的設計是模仿十六世紀法國的一座城堡。它占地四千七百多坪，包括三十四間臥室和四十三間浴室。但是浴室中沒有水龍頭，因為富人不需要自己取水。在二十世紀二〇年代，由於高昂的稅額和維護費用，美國很多著名的城堡都停止使用了。從那之後，豪宅的修建從未像今天如此普遍。

比爾．蓋茲的豪宅位於西雅圖東部，工程總費用在八千萬到一億美元之間，其中包括一個造價為六百五十萬美元的游泳池。在過去，每平方英尺兩百美元的造價就已經算得上是豪華建築，而蓋茲的豪宅每平方英尺造價將近兩千美元。

蓋茲的住宅花了七年的時間才建成，被描述是高科技的住所。客人都佩戴一個電子別針，裡面記錄他們在藝術品、音樂、燈光和溫度方面的偏好。當客人在房子裡走動時，不論走到哪個房間，馬上就會播放適合的音樂並展示適合客人的藝術品。電影和新聞也會滿足客人的興趣。當兩個以上的別針出現在同一個房間時，房間就會變換成混合的風格，除非其中一個別針屬於比爾．蓋茲。如果有人打電話來找某位客人，最靠近這個客人的電話就會響起。蓋茲的妻子用來掛衣服的裝置同時也是乾洗機。他的住宅還在建造時，建築工地上的工人非常多，為了不影響交通，是由專車來接送他們。蓋茲把隔壁的住宅買下來並移平，以增加自己的住宅面積。

然而，和億萬富翁伊拉．雷納爾特（Ira Rennert）正在長島東部修建的豪宅相比，比爾．蓋茲的住所黯然失色。這座豪宅計畫占地約二千八百坪左右，有二十九個臥室、三十九個浴室、一間有一百六十四個座位的劇院、兩條保齡球球道，以及一個餐廳大小的廚房，裡面有五台冰箱。一位歷史學家說：「當今的變化是從富有到難以置信的富有，從豪宅到難以置信的豪宅。」

另一個象徵大富豪地位的投資是藝術品和珍稀物品。收購藝術品一直被當成是老派貴族的做法。但是在矽谷這種地方，沒有人看不起新貴，也沒有人會像過去的弗里克家族、摩根家族和梅隆家族那樣，有大量收藏藝術珍品的傳統。在大約有二十五萬個百萬富翁在矽谷生活，所以作家大衛．卡普蘭（David A. Kaplan）戲謔此處為「錢谷」。科技富翁們大多是相對年輕的男男女女，他們還沒學會像富人那樣講究。舊金山一家畫廊的主人，她轉述自己與一位富有的電腦公司高階主管的談話，當時她想喚起對方對收藏的興趣。「『你可以收藏自己想要的任何東西，』我對那個傢伙說，『例如早期繪畫大師的作品。』他沒出聲。『齊彭代爾式家具。』還是沉默。『米老鼠餐盒。』這時他才表現出一些興趣。」

蓋茲為了要購買達文西的一些科學手稿，付出了超過三千萬美元，出價高於世界上一些大博物館和圖書館。歷史學家麗莎·渣甸（Lisa Jardine）寫道：「透過購買價格昂貴而且物有所值的藝術品，可以將你自己從成功的企業家轉變為受人尊敬的名人，這是一種典型的文藝復興時期的做法。」但蓋茲的多數藝術品是虛擬的，也就是原作品的電腦複製圖象。他買下這些作品的電子複製權。

有幾年時間，比爾·蓋茲極其富有但相對不那麼慷慨，這讓底層的大眾頗有微詞。一九九四年，他以二·一億美元的資產成立了威廉·亨利·蓋茲基金會，開始對外捐贈，對象基本上是美國西北的一些地區研究所。外界要求他增加捐款的壓力越來越大，他回應說，任何人都可以捐錢，但他想捐得更明智一些。更重要的是，蓋茲的捐款數額龐大，現有的多數慈善機構都難以管理。一九九四年後，蓋茲又成立了比爾和梅琳達·蓋茲基金會，來管理他的另外兩個慈善組織。二〇〇〇年時，這個基金會的總資產達到約一百七十億美元。

古人為了取得好收成和軍事勝利而祭神，從這時開始，慈善事業就一直與財富相伴相隨。基督教和猶太教都要求富有的信徒幫助貧窮的信徒。在歐洲，慈善的傳統表達方式就是個人捐贈：對同村或當地的窮人分發食品和衣物。這種做法在美國得到繼承，教會在規範富人的責任方面發揮了主要作用。但是，隨著世界日益複雜化，個人色彩日益減弱，哪種社會事業最值得資助並非顯而易見的事情。小說家歐・亨利（O. Henry）說過：「如何恰當地減少窮人的痲煩，是富人最大的痲煩之一。」

在美國，個人捐贈的傳統在一八八五年到一九一五年之間受到侵蝕。當時新興的產業富豪手中積攢了前所未有的大筆錢財，他們必須為之找到出口。這些富人想鼓舞自力更生的精神，同時不願鼓勵靠救濟金為生的懶惰和依賴思想。

人們開始捐款給教育和宗教機構，這有助於窮人自救，同時為有錢階層「正名」。富豪們很快了解到，在炫耀財富方面，慷慨的慈善捐贈和展示奢華生活一樣有力。

一九一一年，安德魯・卡內基成立了他的基金會。這是當時世界上最大的慈善機構，它代表了個體慈善家時代的結束。他資助建立二千多家公共圖書館。兩年後的一九一三年，《聯邦所得稅修正案》通過，約翰・洛克菲勒也成立他自己的基金會。這一世紀的其餘時間裡，很多富人紛紛仿效。到二〇〇〇年時，美國大約有四・五萬家慈善基金組織，慈善捐款已變得非常激進。「策略投入」這樣的宣傳口號意味著：用慈善事業來推動個人目標，而不只是每年為歌劇院、樂隊和聯合公益基金會開立支票。一位慈善基金管理者說，這種捐款有

「很強的目標導向」，富人嘗試讓捐助計畫自我成長，而不是依靠每年的捐款。這是作為風險資本的慈善事業。

約翰．洛克菲勒如果還活著，應該會樂於發現，他的基金會開課教別人如何精明地捐贈。其他幾個組織也產生類似作用。但是，這種方式引起作家安布羅斯．比爾斯的反感，因為「慈善家居高臨下地進行財富分配，而非平等地捐贈」。這是一種經過淨化的捐贈，所以當今的富人與窮人幾乎沒有個人之間的慈善關係，或者說不存在什麼實質性的接觸。

和歷史上的多數富人一樣，安德魯．卡內基寧可捐助慈善事業也不願為工人加工資，因為在前一種的作法裡，最終支配錢的是他自己。與信奉寧死於富有的保險商貝瑞．凱伊不同，卡內基認為，富人在生前就應該將他們的所有財富處置完畢。「死時仍然富有的人臉上無光。」或像實業家戈弗雷．洛厄爾．卡伯特（Godfrey Lowell Cabot）說的：「你應當在生前將錢花出去，那樣才有價值。」

一九九七年，時代華納副董事長泰德．透納（Ted Turner）捐獻十億美元給聯合國，並大肆批評其他億萬富翁的小氣，稱他們為「老守財奴」。在二十世紀末，除了宗教機構之外，大量的慈善捐款還流入高等教育機構。這不但不會造成不良的社會或政治影響，而且還經常獲得「冠名機會」。比爾．蓋茲捐贈二千萬美元給麻省理工學院，該校新的電腦科學大樓便以他的名字命名。僅在一年時間裡，《財富》雜誌列出的四十位最大的慈善捐贈人中，就有十六位讓大學以他們的名字為建築命名。在愛荷華大學，蒂丕商學院是以捐贈人亨利．蒂丕（Henry B. Tippie）來命名；在波士頓學院，彼得和卡羅琳．林奇教育學院，就是為了紀念彼得和卡羅琳．林奇（Peter and Carolyn Lynch）；內華達山學院將新圖書館命名為威廉．津克圖書館和學習資料中心，是為了感念津克（William W. Zink）。

宗教機構一直是人們給予大量捐贈的地方。在二十世紀六七十年代，出現了一股「透過支持宗教組織來進行自我淨化」的風潮。出身明尼蘇達州明尼亞波里斯農業家庭的莎拉．皮爾斯柏利（Sarah Pillsbury）說：「這些富有的捐贈人認為，他們正在進行自我淨化，正在用他們的錢做一些負責任的事。我認為他們在某方面受到了傷害，他們受傷的精神使他們相信，我們的社會也處於某種病態之中。所以他們花很多時間用於自我改善，期望改變世界，使之成為一個全新的世界。」

然而，二十世紀八九十年代的大師們，則是更常教導人們累積財富，而不是透過捐贈財富來淨化自身。美國作家狄帕克．喬布拉（Deepak Chopra）激勵他的追隨者，要思考財富、對財富展開冥想、讓自己的精神充滿財富意識。財富是一種思想狀態，開竅就打開了致富之門。如財經作家蘇西．歐曼（Suze Orman）的著作書名所示，致富需要《成為富翁的勇氣》（*The Courage to Be Rich*）。其他諸如此類的書籍包括《思考致富》（*Think and Grow Rich*）、《致富完全傻瓜書》（*The Complete Idiot's Guide to Getting Rich*）、《上帝要你成為富人》（*God Wants You to Be Rich*）、《玩耍中致富》（*Play and Grow Rich*），以及《祈禱並致富》（*Pray and Grow Rich*）。所有這些作品要傳遞的觀念都是：擁有財富沒有其他方法，就是在恰當的時間和恰當的地點，採取恰當的態度。

本書描述的九個男人和一個女人就是如此——他們在恰當的時間和恰當的地點採取了恰當的態度。然而，這不過才剛剛開始。他們每個人身上都展現出獨特的性格特點，他們正是透過這些性格特點，將時勢轉變為財富。在這些特點當中，有些令人欽佩，例如勇氣、堅忍、創造力、才智和信心，有些則不提倡，例如冷酷無情、以自我為中心、優越感、粗魯無禮等。富人們向我們展示通往金錢的路，但不一定通向幸福。

富人與一般人是有所不同的，但差距並不如財富天平上顯示的那麼大。除了比爾．蓋茲之外，無論一個人多麼富有，世界上總還有更富有的人。如果將過去的千年作為下一個千年的路標，那麼不久之後，就連世界首富位置上的比爾．蓋茲，也將被另一個更有創意、雄心勃勃、福星高照、能預見未來的人取而代之。

世界上最有錢的人（二版）：
有錢人多有錢？從馬哈茂德到比爾蓋茲，如何生財？為何致富？有何不同？
The Rich and How They Got That Way: How the Wealthiest People of All Time—from Genghis Khan to Bill Gates—Made Their Fortunes

作　　者　辛西雅．克羅森（Cynthia Crossen）
譯　　者　趙恆
責任編輯　夏于翔
協力編輯　王彥萍
內頁構成　李秀菊
封面美術　Poulenc

總 編 輯　蘇拾平
副總編輯　王辰元
資深主編　夏于翔
主　　編　李明瑾
業　　務　王綬晨、邱紹溢、劉文雅
行　　銷　廖倚萱
出　　版　日出出版
地址：231030新北市新店區北新路三段207-3號5樓
電話：02-8913-1005　傳真：02-8913-1056
網址：www.sunrisepress.com.tw
E-mail信箱：sunrisepress@andbooks.com.tw

發　　行　大雁出版基地
地址：231030新北市新店區北新路三段207-3號5樓
電話：02-8913-1005　傳真：02-8913-1056
讀者服務信箱：andbooks@andbooks.com.tw
劃撥帳號：19983379　戶名：大雁文化事業股份有限公司

印　　刷　中原造像股份有限公司
二版一刷　2024年3月
定　　價　480元
I S B N　978-626-7382-96-7

國家圖書館出版品預行編目（CIP）資料

世界上最有錢的人：有錢人多有錢？從馬哈茂德到比爾蓋茲，如何生財？為何致富？有何不同？／辛西雅．克羅森（Cynthia Crossen）著；趙恆譯. -- 二版. -- 新北市：日出出版：大雁出版基地發行, 2024.03
320面；15×21公分
譯自：The rich and how they got that way : how the wealthiest people of all time from Genghis Khan to Bill Gates made their fortunes
ISBN 978-626-7382-96-7（平裝）

1. 世界傳記　2. 財富

781　　113002478